对话少年

永不褪色的紅色經典

慕津锋 编著

现代教育出版社
Modern Education Press

图书在版编目（CIP）数据

对话少年：永不褪色的红色经典 / 慕津锋编著．—北京：现代教育出版社，2022.10（2024.1 重印）

ISBN 978-7-5106-8882-9

Ⅰ．①对… Ⅱ．①慕… Ⅲ．①革命传统教育－中国－少年读物 Ⅳ．① D642-49

中国版本图书馆 CIP 数据核字（2022）第 129849 号

对话少年——永不褪色的红色经典

慕津锋　编著

封面题字　马识途
出 品 人　陈　琦
选题策划　王春霞
责任编辑　周玉梅
封面设计　赵歆宇
版式设计　王怡芳
出版发行　现代教育出版社
地　　址　北京市东城区鼓楼外大街 26 号荣宝大厦三层
邮　　编　100120
电　　话　010-64251036（编辑部）010-64256130（发行部）
印　　刷　北京飞达印刷有限责任公司
开　　本　787 mm × 1092 mm　1/16
印　　张　19.5
字　　数　255 千字
版　　次　2022 年 10 月第 1 版
印　　次　2024 年 1 月第 2 次印刷
书　　号　ISBN 978-7-5106-8882-9
定　　价　36.00 元

序 言

回顾党的百年风雨历程，无数中国共产党人为中国革命做出了贡献，他们不应被我们遗忘。如何讲好中国故事、弘扬中华民族精神、赓续红色血脉成为文学工作者当前及今后很长一段时期的重要任务。这就要求我们利用好已有的红色资源，着力讲好党的故事、革命故事、英雄故事，在青少年心中厚植爱党、爱国、爱社会主义的情感，加深他们对党的历史的理解与把握，引导他们从中汲取向上奋发的动力，凝聚起团结奋进的力量。

为庆祝党的百年华诞，我的小友慕津锋同志特地写了一本讲述红色经典创作故事的书。书中所提到的作品，大部分手稿已入藏中国现代文学馆。这些作品经过历史和人民的检验，在岁月长河中越发呈现出其特有的、厚重的中国文学艺术价值。

众所周知，新中国成立后的 1949 年至 1966 年，是中国红色文学经典创作的一个高峰期。这一时期的作品不仅描写了中国革命战争时期的社会现象，反映了那个时代中国社会的现实生活、中国革命的整个面貌，而且还塑造了一大批具有鲜明时代特征的人物形象，尤其是学生、知识分子、农民、军人形象。这些人物形象不仅涵盖了各种主要社会角色，还体现出了中国共产党领导下的中国人民典型的性格特征和精神世界。同时，还传递出中国人民内心的坚定力量。我相信这种精神力量，是永不过时的宝贵财富。

这批红色经典的出现，对中国社会而言具有极强的现实意义。

文学就是要用革命理想主义来塑造人们的思想，激励人们不断前进，进而推动中国社会的发展。正所谓人民有信仰，民族才有希望，国家才会有力量。

正因为红色经典在中国革命文学史、中国当代文学史上具有极为重要的地位，它们帮助一代又一代的中华儿女树立起了崇高的理想和坚定的信念，所以我们更应该挖掘其中的理想和信念。而崇高的理想、坚定的信念，正是青少年不可缺少的精神力量的源泉。

希望当你翻阅此书时，能通过阅读书中的内容，走近那些作家，走进他们身处的那个波澜壮阔、丰富多彩的岁月，从中感悟到人民才是中国历史的真正创作者，才是中国文学创作的真正的根。

周明

编写说明

跨越时空，馆藏加持，对话少年，展示红色经典，铭记火红岁月。

红色经典是特定的历史时期给我们留下的独特精神财富，融入了时代的血与泪，汇聚了革命先辈们顽强拼搏的革命故事。薪火弦歌，赓续传承。我们借助中国现代文学馆珍藏资料，挖掘十四本红色经典背后潜藏的动人而又真实的创作故事，让青少年更深刻地理解红色经典的内涵。

本书分为三个板块：

• 三分钟了解一本红色经典——加入音频资源，邀请各界热心读者为本书录制音频，音频内容简要精练，音质清晰。

• 红色经典创作故事——包括《青春之歌》《林海雪原》等十四本红色经典的创作故事，资料来源真实可信，穿插原始手稿、图片，让阅读有温度更有深度。

• 原文链接和阅读思考——节选原文精彩片段，链接整本书阅读，引发阅读思考，培养阅读思维。

编者努力将本书打造成一本可听、可看、可思考、可发散的阅读书籍，旨在引导青少年用红色经典丈量历史，在阅读中感受革命英雄主义气概，传承红色精神。

目录

杨沫与她的《青春之歌》

人的一生，应当像这美丽的花，自己无所求，却给人间以美。

——杨沫

三分钟了解 一本红色经典

朗读者：康春华

北京师范大学文学硕士，现供职于媒体。曾发表文学评论、人物专访多篇。

在1949年至1966年的十七年间，新中国的文学领域出现了一大批具有鲜明时代特征、社会影响巨大的长篇小说，其中最具代表性的是“三红一创，青山保林”（《红旗谱》《红岩》《红日》《创业史》《青春之歌》《山乡巨变》《保卫延安》《林海雪原》）。而这之中，《青春之歌》无疑是最“青春”、最能代表“五四”精神的经典之作。

《青春之歌》以20世纪30年代“九一八”事变至“一二·九”运动期间的爱国学生运动为背景，塑造了林道静、卢嘉川、林红、余永泽、王晓燕等一大批鲜明而又具有独特个性的人物形象，通过革命历史的经典叙事方式，揭示出知识分子成长道路的历史必然性。

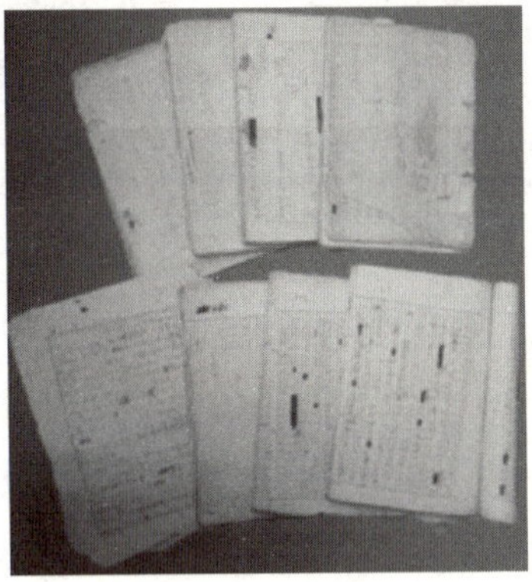

中国现代文学馆自1985年5月在北京成立后，一直致力于中国作家经典作品手稿的征集。时至今日，《红旗谱》《红岩》《保卫延安》《青春之歌》的手稿均已入藏。这之中，《青春之歌》入藏时间最早。文学馆成立后的第三年，1987年10月24日，作者杨沫便将该书手稿捐赠给文学馆。

翻阅手稿可知，该书稿曾起名为《烧不尽的野火》。

笔者查阅相关资料发现，《青春之歌》最初起名为《千锤百炼》，后一度改为《烧不尽的野火》。在杨沫修改书稿过程中，一位编辑曾建议将名称改为《青春之歌》，在作家出版社出版时该书稿最终定名为《青春之歌》。

《青春之歌》全稿分上、下两部。上半部有二十六章，下半部则有二十九章。根据这部手稿最后一页的时间可知，《青春之歌》是在1955年4月完成创作的。在创作过程中，杨沫不断进行修改，几乎每页手稿上都有她留下的修改痕迹。对于删除部分，杨沫基本上就是用毛笔直接抹去；对于添加部分，则用钢笔在空白处进行书写。全稿总计789页，全部是用蓝黑色钢笔在稿纸上手写的。该稿共有五种稿纸：竖排红格“中国百货公司北京市公司监制”稿纸、新闻总署稿纸、横排红格纸等。泛黄的稿纸、略显凌乱的笔迹无声地告诉我们，作者杨沫对于该稿投入了怎样的精力，创作过程有多么不容易。

杨沫

杨沫的“青春之歌”

杨沫（1914—1995），我国当代著名女作家，原名杨成业，笔名杨君默、杨默。祖籍湖南，1914年8月25日，杨沫出生于北京一个书香之家。父亲杨震华毕业于京师大学堂（北京大学前身），后创办私立大学并任校长，他用办校得到的大笔捐款买下大片土地，租给农户。母亲丁凤仪出身书香门第，曾在长沙女子师范学校读书。母亲经常与父亲杨震华吵架，父母不和使得杨沫从小便缺少家庭关怀。在孤寂的童年里，杨沫常在书籍中寻找乐趣。十四岁时，杨沫读完了高小一年级，为逃离封建腐朽的家庭，她跑到西郊，考进西山温泉女子中学，开始了住校生活。

在校园里，除了应付必要的功课外，杨沫将全部精力倾注在书籍中，她广泛涉猎古今中外文学名著。最初，杨沫读的是郭沫若、郁达夫、张资平、朱自清、冰心、庐隐的作品；接着，她又读起了鲁迅、茅盾、丁玲、蒋光慈、萧军、萧红及日本的厨川白村、小林多喜二、芥川龙之介等人的作品。国内宣扬反封建、争取自由民主的小说，以及欧洲、日本十八、十九世纪宣扬个性解放的文学作品深深吸引着年轻的杨沫。

1931 年春，杨震华破产逃亡，不知去向。母亲强迫十六岁的杨沫嫁给一个国民党军官。对于这种包办婚姻，杨沫毅然反抗，回到西山的学校。杨沫母亲便断绝了对杨沫的一切经济供给。

依靠同学的捐款和老师的资助，杨沫勉强读完了初三。暑假回到家，母亲对她逼迫更甚。杨沫借了几元钱到秦皇岛北戴河投奔教书的哥哥，但兄嫂经济上也非常困难。无奈之下，杨沫只有不断给同学们写信，请大家帮自己寻找工作。1931 年 9 月初，杨沫经素不相识的“朋友”张中行介绍去河北香河教书。当时，张中行正在国立北京大学求学。去香河之前，她与仗义相助的张中行见了面。初见面时，杨沫觉得张中行是那样的平易近人。交谈之后，杨沫更是感叹张中行的渊博学识。张中行也非常欣赏杨沫，喜欢杨沫的清纯、热情。“她 17 岁，中等身材，不胖而偏于丰满，眼睛明亮有神。言谈举止都清爽，有理想，不世俗，像是也富于感情。”（张中行《流年碎影》）此后，两人开始了频繁的通信联系，感情迅速升温。

1932 年初，杨沫母亲病重，托人找到杨沫，劝她回北京。杨沫回到北京后与张中行住在北沙滩附近的一个小公寓里，靠张中行家里寄来的少许钱，艰难维持生活。同年，杨沫做了母亲，那时的她做饭、洗衣、缝缝补补，过着失学失业、半饥半饱的生活。这一时期，杨沫读了许多新文学作品，她尝试着开始写作。为了表示自己心清志大，杨沫将有世俗气的学名“成业”改为“君茉”，后又嫌该名有脂粉气，便改为“君默”，蕴涵宁静而致远之意。

由于他们的小家庭生活艰难，杨沫的三妹杨成芳（后成为电影明星，艺名白杨）多次劝杨沫离开张中行。杨成芳曾对杨沫说：“大姐，你真软弱，你看他成天钻在古书堆里，一个书虫子，还成天戴着礼帽、穿着长袍，一副酸溜溜的样子，有什么可爱的？”其实，杨成芳与张中行的关系还是不错的。白杨这个艺名还是张中行取的。杨成芳考上北平艺专后，就请有学问的张中行起个艺名，张中行在他最喜欢的《古诗十九首》中取“白杨何萧萧”中的“白杨”二字送给杨成芳作为艺名。后来，由于杨沫没有工作，每天单调的家庭生活让她日益心生不满。生活的艰辛再加上两人性格上的差异，使得杨沫与张中行渐渐疏远。

1933年1月25日除夕夜，杨沫应邀来到妹妹白杨的住所——宣武门头发胡同的通顺公寓。那时，作为联华电影公司演员的白杨，正在北平演话剧。一些革命青年知识分子常在她家聚会，他们多是外地人，又都是左联领导的共产党外围组织“苞莉苞”（俄文音译，意为“斗争”）剧社的成员，当时该组织的负责人是中共地下党员于伶和宋之的。在通宵达旦的聚会中，他们常常抨击时弊，激情洋溢。除夕夜的聚会给杨沫留下了深刻的印象，在交谈中，有人向杨沫推荐了《怎样研究马克思主义》等进步书籍。对于那天的场景，杨沫在《青春是美好的》一文中曾有回忆：“听到他们对于国内国际大事的精辟分析，使我这个正在寻求真理，徘徊歧途的青年猛醒过来——啊，人生并不都是黑暗的，生活并不都是死水一潭！原来，中国共产党人为了拯救危亡的祖国，为了一个美好的社会的诞生正在浴血奋战！”正是这个除夕之夜，彻底改变了杨沫的人生，为她指明了新的生活道路。

从此，深受进步思想影响的杨沫冒险到狱中看望被捕的革命同志，为他们做事，同时还拿起笔来进行斗争。1934 年 3 月 15 日，杨沫的处女作《热南山地居民生活素描》在东北救亡总会办的《黑白》半月刊上刊登。该文记叙了热河南部山地人民政治、经济、文化生活状况，揭露出地主欺压农民的事实，对处于水深火热中的劳动人民给予了同情。此后，杨沫“不知深浅，但勇气很足，得空就写，写散文、纪事、报道和短篇小说”。杨沫还以笔名“小慧”向上海《中流》和《大晚报》投稿，短篇小说《怒涛》便是在这一时期创作的。《怒涛》描写了女知识青年美真割舍小家庭的爱，为大众的幸福，牺牲个人感情，投身火热斗争的故事。小说还集中描写了青年学生和知识分子到农村宣传抗日的场景。这篇小说是《青春之歌》最早的雏形。在国立北京大学周围的生活和学习成为杨沫早期创作的源泉和动力。

1936 年底，杨沫加入中国共产党。抗日战争爆发后，她被安排到冀中参加党领导的游击战争，主要做妇女、宣传工作。1943 年起，杨沫任《黎明报》《晋察冀日报》等报纸的编辑、副刊主编。

《青春之歌》的创作起源

小说《青春之歌》的创作，最早源于1950年。那一年，36岁的杨沫在文化部电影局剧本创作所任职（关露、王莹、颜一烟、海默、柳溪等作家都是她的同事），但那时的杨沫频繁因病休养（1939年春，作为冀中区妇救会宣传部长的杨沫，在跟随120师日夜行军打仗的过程中，因劳累过度、营养不良而染上了黑热病。后虽被一位农民用偏方挽救了生命，但未彻底痊愈，从此落下了经常头痛的病根）。在病痛与孤寂中，抗战时期的记忆经常出现在杨沫的脑海里。在当时的日记中，杨沫曾写下这些记忆："我有时回忆过去，回忆那些牺牲的战友、老百姓；也回忆我自己年轻时（包括小时候）的生活、经历，这些生活万花筒似的，时常在我眼前晃动、缭绕，我恨不得一下子把它们从心上移到纸上。……假如有一天，有一本渗透着自己的心灵，打着个人生活、斗争的烙印，也荡漾着青春的火焰的书出现在世上，我想，我就会变成一个非常幸福的人！"

杨沫

杨沫的抗战生涯最早要追溯到1937年。1937年7月抗日战争全面爆发后，杨沫参加了冀中抗日游击战争。她先后任安国县妇女抗日救国会主任、冀中十分区抗日救国联合会宣传部长、妇女部长，也在十分区黎明报社做过编辑。杨沫经常带领干部下乡宣传抗日，或跟随八路军120师兼程行军，与日寇周旋。关于这段血与火的生活，她在《我的生平》一文中回忆说：“这些生活给了我对人生比较深刻的‘理解’，给了我改造小资产阶级灵魂的机会，也给了我丰富的创作源泉……”

抗战时期，冀中地区干部伤亡率非常高，许多与杨沫有着深厚友谊的战友，两三天前还在一起工作、谈笑，忽然就牺牲了。牺牲时他们是那样的年轻。《黎明报》刻字员马敦来，圆圆的脸上总含着温和的笑；区委书记吕烽，常在夜间与杨沫一起穿行于敌人的“心脏”，在群众中开展工作；敌工科科长李守正，喜欢文学，与杨沫碰面总有说不完的话；区长王泰，子弹打光后牺牲在熊熊烈火中，就在牺牲前两三天，他还送给杨沫一只从敌人手里缴获来的精致的小怀表……这些战友为国家和民族而无畏牺牲的精神，使杨沫产生了强烈的创作冲动，她渴望把他们的丰碑搬到广大群众面前，“这思想像命令似的在我心里轰响着”。

这些清晰而深刻的记忆加之难言的病痛，总使杨沫感到自己时日无多，她认为自己应抓紧时间写出一个大部头作品。1951年9月，杨沫在读了苏联作家奥斯特洛夫斯基的长篇小说《钢铁是怎样炼成的》后，深受鼓舞。她决心要把在自己脑海中酝酿已久的书稿写出来。于是，1951年9月25日，杨沫开始动笔，她首先草拟了全书提纲，小说最初起名为《千锤百炼》（后

《钢铁是怎样炼成的》
现代教育出版社出版

又改为《烧不尽的野火》，最后定为《青春之歌》）。这是一部带有杨沫半“自传”性质的长篇小说。历时一年，1952 年该稿草创完成。后又经过六七次修改，最终于 1955 年 4 月底完成。这部小说是杨沫自己的第一部长篇小说，也是新中国成立后第一部反映小资产阶级知识女性成长与蜕变的革命文学作品。

杨沫对于该稿第二次大的修改是在 1959 年。小说《青春之歌》第一次出版后，社会上出现了各种不同意见。杨沫虚心倾听大家的建议和意见，也在认真地思考。1959 年下半年，杨沫根据各方面的意见，对这部小说进行了系统修改。在这次修改中，杨沫补写了林道静在农村工作的七章内容，约八万字，增加、修改了林道静和北大学生运动的三章内容。这次修改主要围绕林道静的形象展开，而关于卢嘉川、林红的内容几乎没做什么修改，这两个伟大的党员形象是杨沫“二十多年来在斗争生活中观察、体验所凝聚出来的真实人物”，杨沫对他们倾注了所有的爱，“在创造卢嘉川、林红这些视死如归的共产党员形象的过程中，我自己的精神境界就仿佛升华了，就仿佛飞扬到崇高的境界中。他们今天已经成了我心目中的导师和朋友，因为这样，我才感到很难把他们的形象再加改动”。1960 年，杨沫正式推出《青春之歌》再版本。

《青春之歌》的创作、出版经历

1955年年初，中国青年出版社举行了一次作者联谊会，主办人是中青社文学编辑室主任萧也牧（原名吴小武）和张羽。萧也牧在与女作家柳溪的交谈中，得知柳溪的朋友杨沫正在创作一部有关青年学生的作品。会后，他们主动联系杨沫，希望能看一下她的书稿，如可以，中青社考虑出版。当时，杨沫正忙于创作《烧不尽的野火》下半部，而已经创作完成的上半部则在朋友柳溪处。杨沫告知他们可去柳溪处看一下上半部。

1955年3月，杨沫去天津出差，搜集有关青年道德品质方面的材料。工作间隙，她于3月20日致信中青社编辑萧也牧，谈了自己的创作进度。

“小说只好在工作中赶写着，本月底完成是不成问题的。再把它修改一下，下月初即可抄给你们。……上半部你们从柳溪那儿取走了吗？是否已经开始誊写？……”

时隔11天，萧也牧给杨沫回信，谈了取稿及审阅情况。

“《烧不尽的野火》一稿的上半部，我们已从柳溪处取回，当即请人去抄，前天全都抄好了。现在没着手看，因为编辑部人手极端缺少，拟待四月初《烧不尽的野火》下半部手稿寄来后，我们当即安排时间阅读。你回北京后，请即来电话，我当去拜访你。”

1955年4月，历时四年，杨沫终于完成了这部书稿的创作与修改。不久，杨沫将完成的书稿交给了中青社，但因稿件被杨沫修改得较为凌乱，中青社重新抄写了书稿。稿件抄好后，中青社认真进行了审读，同时他们将抄稿送给杨沫再校。那时，中国主流文学出版主题多与毛主席提出的“我们的文学艺术都是为人民大众的，首先是为工农兵的，为工农兵而创作，为工农兵所利用的”相契合。而《烧不尽的野火》主要描写的是知识分子的生活，这与当时写工农兵的文学主潮有些距离。所以，中青社读完杨沫的初稿后举棋不定，不知该不该出版。后来，他们想到一个办法，要杨沫自己找一位名作家写审读意见。如果专家肯定该稿，那中青社就可以马上出版小说。这时的杨沫还是一名文学新人，后来在妹妹（著名演员白杨）的介绍下，杨沫联系到时任中国文联秘书长的著名作家、文艺理论家阳翰笙，阳翰笙答应 5 月 15 日开始抽空审读该稿。

当杨沫收到抄稿后，她抓紧时间进行了审校。5 月 3 日，杨沫去上海出差时还带上了抄稿。在上海，她让妹夫蒋君超审读了该稿，蒋君超对此稿评价不错。他认为小说下半部比上半部好，并表示他愿意将该小说改编成电影剧本。5 月 5 日，杨沫在上海致信中青社编辑张羽，谈了自己找阳翰笙审稿的情况以及自己的一个建议。

阳翰笙

“张羽同志：《烧不尽的野火》已校好，送上，共九章，请查收。阳翰笙同志答应在五月十五号以后可代审阅，请在十号以后送给他。……我还有这样一个建议，不知妥当否？在送给他看之前，最好你们编辑部先看一看，这样在他提意见时，你们就比较先有了‘底’。因为我听吴小武同志谈，你们编辑部先不看，先送给外边人看。阳翰笙同志看后，或你们看后，对这部小说的基本意见，能否出版，请早日赐知。”

中青社收到杨沫的校稿后，因时间紧迫，便直接送交阳翰笙。但阳翰笙工作非常繁忙，根本顾不上看稿。五个月后，当中青社编辑部给阳翰笙打电话时，才知道他太忙根本无暇看稿，便决定把稿子拿回来自己看，等出版社初审之后，再拿给阳翰笙复审。10月14日，中青社特意致信阳翰笙谈及稿件情况：“阳翰笙同志：杨沫同志的小说稿《烧不尽的野火》因为没有找到外审同志，我们已从您处拿回，由社内同志初审以后，将来再送您审查。”

从5月到10月，杨沫不是出差，就是参与反胡风运动和搬家。但在这期间，杨沫一直惦念着自己的书稿。她曾几次给阳翰笙打电话，询问审读情况，阳翰笙一直回复自己还没有顾上看。在得知稿件已被中青社取回后，11月5日还在上海出差的杨沫写信给中青社谈了自己的想法：“青年出版社编辑同志：寄给上海的信收到了。知道你们已经把小说《烧不尽的野火》拿了去。不知看过了没有？意见如何？我很希望早日得到你们的指导，以便修改得好一些。……这部东西，在病苦和烦忙的工作当中，前后写了四年，因此，当它初步完成后，我是多么渴望能够早日得到人们的意见啊！可是，各种机会都不凑巧，因之从今年四月迄今，竟还没有得到编辑部门的任何意见，我的焦急心情想你们是能体会得到的。我盼望你们能够拨冗看一看它，早日给一点意见好么？”

鉴于杨沫真诚而急切的恳求，编辑张羽再次认真审读了这部三十六万字的书稿，并在11月19日写出了自己的审稿意见。在审稿意见中，张羽总结了小说的内容提要，提出了小说的优缺点。优点是：小说整体来说是动人的，故事性较强，文字也还生动。

缺点是：1. 作品中充满着小资产阶级知识分子的不健康的思想和感情。2. 在描写当时的民族矛盾时，没有适当地反映阶级矛盾（斗争），特别是交织在民族矛盾中的阶级矛盾。最后，张羽写出了自己的三条处理意见：1. 请阳翰笙同志审查。2. 之后，把意见提给作者修改。3. 修改到可以出版时出版。当天，中青社便写信给杨沫，将张羽的意见以单位的名义告知她。

此时的杨沫，还是非常希望阳翰笙能审读她的这部书稿，并提出一些修改意见。有一次，当杨沫再次致电时，阳翰笙表示自己确实没有时间看稿，但他可以把稿子介绍给中央戏剧学院的教授欧阳凡海同志看，不知杨沫意下如何。在与中青社协商后，杨沫同意由欧阳凡海审阅这部书稿。1955 年 12 月 9 日，中青社致信欧阳凡海表示感谢，并说近期会安排人与他联系将书送去。六天后，张羽带着书稿去颐和园拜访了欧阳凡海。接到书稿后，欧阳凡海用了一个多月的时间看完书稿。1956 年 1 月 26 日，欧阳凡海将书稿送回中青社，并提交了一份长达六千字的审稿意见。在这份意见中，欧阳凡海首先提出了该稿的两个优点：

欧阳凡海

1. 此稿用字简练，结构活泼而紧张。读去没有呆腻之感。

2. 此稿所写人物，都相当成功。

紧接着，欧阳凡海提出了该稿存在的一些缺点：

1. 以资产阶级知识分子林道静作为书中最重要的中心人物和小说的中心线索，但对于林道静却缺乏足够的批判和分析。

2. 中心人物之一的江华，他是

工人出身，又是书中主要的党的代表人物，但他的性格却带着小资产阶级的显著特色。

3. 对林道静和卢嘉川的恋爱关系的描写，花了很多心血来布置，而且有很多篇幅以这一布置为中心，是不必要的。

4. 叛徒郑钧才在他未叛变以前是以极左的面貌在党内活动的，在他叛变后，他又以“左”的面貌混入党内隐蔽。这种描写不太恰当。

5. 作者关于党内反对“左”倾机会主义的斗争，没有很好地描写。

最后，欧阳凡海对该稿的修改提出了自己的一些看法。

1956 年 2 月 4 日，张羽带着书稿和欧阳凡海的审稿意见拜访了杨沫，也谈了中青社编辑部的一些看法。张羽本人对该稿还是比较喜欢的，他对“一二·九”学生运动比较了解，也认为这部作品会受到欢迎。他对杨沫说：“你的这部作品我们很喜欢，林道静的经历使我们也很受教育。欧阳凡海提了些意见，你觉得有什么地方需要改，由你自己决定。你改好了，我们就出。”虽然这样说，但张羽对于该小说的修改还是有些忐忑，他不知道杨沫最后会怎样修改，修改后的小说是否会符合当时文艺为工农兵服务的出版方向。

杨沫很尊重欧阳凡海提出的意见，她在日记中曾这样写道：“我决心改好它。凡海同志的许多意见是极宝贵的。但目前我没有力量，我想多酝酿一下，准备好再执笔。”杨沫当时身体状况非常不好，真要按欧阳凡海的意见修改，感觉力不能及。加之杨沫也感觉到中青社对于自己这部小说的出版有很大顾虑。所以 1956 年春，杨沫把书稿给了自己的老领导秦兆阳，请他审读。如有可能，杨沫想请老领导把稿子介绍给其他出版社。没过多久，秦兆阳便打来电话，说他已经看过稿子，感觉挺好，没什么大毛病，他已经把稿子转给了作家出版社（当时隶属于人民文学出版社）。秦兆阳当时是《人民文学》杂志的副主编，他在文学界具有相当重要的地位，他说的话也很有分量。作家出版社拿到稿子后非常重视，经过认真阅读，作家出版社认为这部手稿是一部有分量的作品，表示会尽快安排出版。5月底，责任编辑任大心联系杨沫，表示小说不用大动，只需对个别的一两处地方做些修改即可。因为要尽快落实毛主席提出的“百花齐放，百家争鸣”方针，任大心告诉杨沫6月20日以前务必要将作品改好。根据任大心的意见，杨沫经过反复思索，认真写出了一个修改方案。任大心把修改方案拿回去研究后，同意了杨沫的意见。为表诚意，作家出版社还预支给杨沫一千块钱稿费。看到作家出版社如此重视自己这部作品，杨沫非常高兴，立刻投入修改工作中。杨沫每天工作五六个小时，连续修改二十多天，终于在1956年6月20日前顺利交稿。

这时的中青社也在积极落实毛主席提出的“百花齐放，百家争鸣”方针，他们想起了杨沫的这部写青年知识分子的作品。编辑张羽赶忙给杨沫打电话，询问书稿这几个月的修改情况。杨沫告诉张羽，这部书稿她已交给作家出版社，作家出版社已经准备出版了。听到这个消息，张羽立刻登门拜访杨沫，说他们最先拿到这部书稿的，而且他们也答应杨沫改好后，会以最快的速度出书。杨沫为难地表示书稿已经交给作家出版社了，而且自己也收了稿费，作家社可能不会同意退稿。她告诉张羽还是要中青社亲自和作家出版社协商。果然，作家出版社坚持要自己出这本书，但中青社也不让步。最后，编辑任大心找到杨沫，请她自己定夺由哪个出版社出版。杨沫觉得还是在作家出版社出好，一是因为作家出版社是老领导秦兆阳亲自介绍的；二是作家出版社非常重视自己这部作品，而且还预支了稿费。为此，她给中青社写了一封信，表明自己的心意。

也牧、张羽同志：

首先向你们道歉，那部稿子文学出版社已经发稿付排了，他们计划七月发稿完毕。以前我对这些情况都不了解，后他们来人说到这些情况，我想算了，哪儿全是一样。

过去，这稿子我一直希望由青年出版社来出，中间虽耽搁很久，我都在耐心等待。可是，等欧阳凡海同志看过了，总该最后决定它的命运了，然而出版社方面却缄默起来，一直没表明态度。当时，对于一个作者，这确是一次沉重的打击。

因为这作品我整整花了四年的时间，几乎把整个生命的力量全放了进去的。说这些也不是埋怨，只是叫你们了解这些情况，我确实由于这稿子没了办法，才拿给秦兆阳同志，而由他拿给了文学出版社的。

因为你们两位曾对这稿子费了精力和心血，所以我总觉得有些抱歉，但是事已至此，只好将来再补偿吧！

在出版前，书名定为《青春之歌》。后来由于纸张紧张等客观原因，《青春之歌》直到1958年1月才由作家出版社出版。

《青春之歌》出版后的影响

令杨沫和出版社都没有想到的是，《青春之歌》出版后很快成为畅销书。青年学生、工人、农民和知识女性是该书的主要读者群。北京大学生物系三年级学生曾排队轮流看这部小说，大家都很急切，有个同学生病住院，“我们把看书的优先权给了他，这被认为是最好的关怀和很大的幸运”。有些同学好不容易拿到小说，“晚饭也不吃饱或者干脆不吃就到参考室去占座，一看就是一个晚上”。北京市电子管厂一号车间二工段乙班的 30 位青年中，就有 27 人看过《青春之歌》。远在祖国南岭山脉腹地的矿业工人刘铁山，在气候极其恶劣的条件下工作一天后，晚上还要在勉强能看清字迹的灯光下，阅读远方的朋友捎来的《青春之歌》。成千上万的新中国知识女性，也是该小说的忠实读者。《青春之歌》对女性的生存状态和女性解放问题的书写，引起了中国妇女解放运动的先驱邓颖超的共鸣。除邓颖超外，习仲勋的爱人齐心、萧克的爱人蹇先佛、邓拓的爱人丁一岚等，都非常喜欢《青春之歌》。正因该书受到如此欢迎，所以至 1959 年 6 月该书共印刷 13 次，发行量高达 121 万册。

该书出版后，在文学界也产生了积极影响。作家何其芳认为该作品受读者欢迎的原因，在于其“火焰一般的革命热情”；巴人、马铁丁认为作品中革命的激情、鲜明的爱憎、热情的笔调、正义的力量等，是该小说吸引读者的主要原因。当然，也有其他不同意见。读者郭开就尖锐地批评杨沫是以同情的态度写林道静的小资产阶级思想，而没有写出林道静与工农相结合的思想。《中国青年》《文艺报》《读书》等报刊相继刊登有关文章，这引发了一场关于《青春之歌》的大讨论。文学大家茅盾先生则非常支持杨沫的这部小说，他在1959年第四期《中国青年》发表了《怎样评价〈青春之歌〉》一文。在文中，茅盾明确肯定了《青春之歌》“是一部有一定教育意义的优秀作品”，“林道静是一个富于反抗精神，追求真理的女性”。在文中，茅盾先生指责武断粗暴的批评者：“如果我们不去努力熟悉自己所不熟悉的历史情况，而只是从主观出发，用今天条件下的标准去衡量二十年前的事物，这就会陷于反历史主义的错误。”

杨沫

小说出版后，读者给杨沫的来信络绎不绝，大家都在询问林道静、卢嘉川等书中人物是否还活着。有一个战士表示，自己一口气读了两遍《青春之歌》，他迫切地想知道林道静现在在什么地方工作，原名叫什么，她的身体怎么样，并说部队里很多同志读完后，都关心她、怀念她。武汉军区空军司令部某部甚至发来公函，请求杨沫提供林道静的具体地址，以便直接与她联系，更好地向她学习。有几个南京的女学生来信说，她们曾几次到雨花台寻找卢嘉川的墓，非常遗憾没有找到……

由于小说《青春之歌》出版后在全国产生了深远影响，1958年上海电影制片厂便把《青春之歌》列入拍摄计划，并选好了导演和演员。但由于周扬、陈荒煤等领导坚持剧本由杨沫自己来改编，并且要由北京电影制片厂来拍摄，上影厂的改编和拍摄请求都被否定了。很快《青春之歌》被北京市定为国庆十周年献礼影片，时任北京市委第一书记的彭真指示邓拓、杨述等人“一定要用最好的胶片，把《青春之歌》拍好”。为寻找扮演林道静的最佳人选，导演崔嵬在全国发起一场“寻找林道静”的活动。通过媒体报道，广大群众对林道静的扮演者纷纷提出建议。白杨、张瑞芳等著名演员，都想饰演这个角色。但导演崔嵬力排众议，大胆起用了湖北歌剧院的演员谢芳。事实证明，崔嵬导演的选择是对的。谢芳饰演的女主角林道静端庄而坚定，她握拳宣誓入党的特写画面已成为中国电影史上的经典镜头之一。时隔多年，已是耄耋之年的谢芳在谈及这部电影时，曾感慨道：“小说出版一年后，就拍成了上下两部电影，《青春之歌》是一个奇迹。”

影片拍摄完毕，陈毅等党和国家领导人专门参加审查该片，并给予了肯定。在陈毅的推荐下，周恩来总理夫妇邀请导演、编剧和主要演员来到中南海西花厅家中，和他们一起在餐厅临时改的小放映室里，观看了电影《青春之歌》。杨沫在日记中详细记录了这个时刻：“总理坐在中间，两边是邓大姐和我。……影片放映中，周总理忽然扭头小声对我说：‘小超很喜欢看你的小说《青春之歌》……’，我讷讷地说不出话来。此刻我能对总理说什么呢？当影片放映了将近三个小时，就要结束了，总理又对我说：‘小超身体不好，看电影只能看到一半。可是今天她能把这么长的影片一气看完了。’”

1961 年 7 月 13 日，邓颖超在收到杨沫寄赠的《青春之歌》再版本后，致信杨沫，谈了她对《青春之歌》的喜爱。“《青春之歌》电影我看过不止一次，小说也看到‘忘食’。”

电影《青春之歌》在全国上映后，北京、上海、武汉等城市的影院全部爆满，很多影院更是循环放映该片，许多观众都是饿

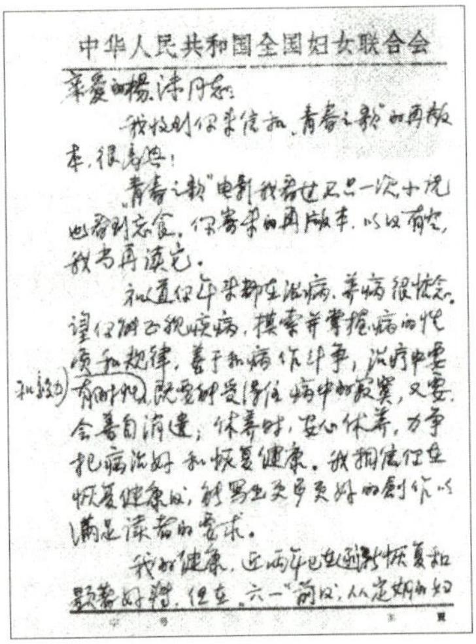

中华人民共和国全国妇女联合会

亲爱的杨沫同志：

我收到你寄来信和《青春之歌》的再版本，很感谢！

《青春之歌》电影我看过只是一次，小说也看到忘食。你寄来的再版本，以后有空，我当再读它。

知道你几年来都在治病，养病很忧念。望你战胜疾病，摸索并掌握病的性质和规律，善于和病作斗争，治疗中要有耐性（和毅力），既要耐受得住病中的寂寞，又要会善自消遣；休养时，安心休养，力争把病治好和恢复健康。我相信你在恢复健康后，能写出更多更好的创作以满足读者的要求。

我的健康，近两年也在逐渐恢复和显著好转。但在"六一"前后，从定期的妇

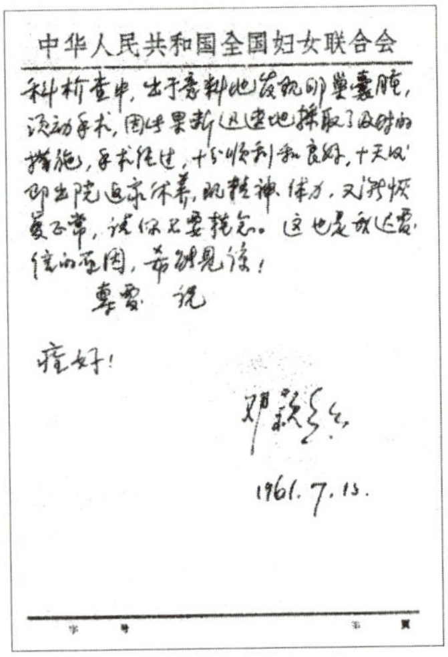

中华人民共和国全国妇女联合会

科检查中，出于意料地发现卵巢囊肿，须动手术，因此果断迅速地采取了及时的措施，手术经过，十分顺利和良好，十天后即出院返家休养，现精神、体力，又渐恢复正常，请你不要挂念。这也是我迟覆信的原因，希你见谅！

专覆 祝

痊好！

邓颖超

1961.7.13.

邓颖超致信杨沫

着肚子通宵达旦排长队买电影票。抗战时期流行的歌曲《五月的鲜花》也因这部电影，再次在全国范围流行。日本共产党主席野坂参三在广州看过这部电影后，专门撰文《中国知识分子所走的道路》，指出林道静的道路就是日本青年应该走的道路，并说**“女主人公在入党时举手向党和人民宣誓，用她那充满了喜悦和自豪的目光凝视着红旗的神态，给人留下了深刻的印象”**。他号召日本青年阅读中国作家杨沫的小说《青春之歌》。不久，《青春之歌》在日本二十多个城市陆续上映，一年中一部拷贝共放映了 3249 次。许多日本青年工人看过影片后，纷纷提交加入日本共产党的申请。1961 年，当谢芳跟随中国妇女代表团访日时，东京的大街上出现了足有一层楼高的林道静的巨幅剧照和画像。日本观众热情地称呼谢芳为“林道静”。在朝鲜和越南，《青春之歌》影片也深受欢迎。

1994 年 6 月 28 日，八十岁的杨沫立下了一份遗嘱，她决定将自己的代表作《青春之歌》的版权、10 万元稿费以及一批珍贵的手稿、文物全部无偿捐赠给中国现代文学馆。这份遗嘱现珍藏

在中国现代文学馆手稿库中，其内容为：

遗　嘱

我把我的拾万元人民币积蓄，赠给现代文学馆。并把我所有著作的版权及稿酬，也全部赠给现代文学馆。

（我今年八十岁，也许还要活几年。那么生活中会用去些，也可能适当减少对现代文学馆的赠予。）

杨沫

1994.6.28

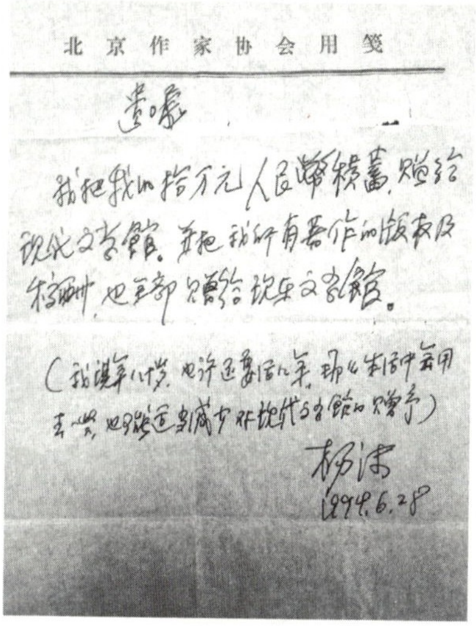
北京作家协会用笺

遗嘱

我把我的拾万元人民币积蓄，赠给现代文学馆。并把我所有著作的版权及稿酬，也全部赠给现代文学馆。

（我今年八十岁，也许还要活几年。那么生活中会用去些，也可能适当减少对现代文学馆的赠予）

杨沫

1994.6.28

杨沫遗嘱

1995年3月，中国作协第四届主席团第九次会议在上海召开，杨沫出席了这次会议。会议间隙，杨沫主动找到中国现代文学馆负责人，表示自己要将一批著作、藏书捐给文学馆。为完整接收杨沫先生捐赠的这批珍贵资料，中国现代文学馆特地成立了“杨沫文库”。对于杨沫要将《青春之歌》的版权一起捐赠给文学馆的想法，文学馆人听后都十分感动。

1995年7月，杨沫因膀胱炎住院治疗。之后，她的身体便一天不如一天。1995年11月30日，是杨沫生前清醒的最后一天。那一天，杨沫说了很多话。上午，她说要治好病，自己还有很多事要干，她要继续干下去。这时，中国作协领导翟泰丰和陈建功正好来看望她。杨沫对他们表示：自己是个共产党员，一辈子为

杨沫

党做事，稿费要捐出来给中国现代文学馆。“我的一切，都是党的，都是党给的，我永远是党的人！”随后，杨沫又交代了自己曾经立下的遗嘱，她再次决定把《青春之歌》的版权、10万元稿费以及一批珍贵手稿、文物捐赠给中国现代文学馆。

1995年12月11日，杨沫先生去世，享年81岁。

为完成杨沫先生的遗愿，1996年3月8日，“杨沫图书、版权、稿费捐赠仪式”在北京文采阁举行。中国作家协会领导、中国现代文学馆主要负责人、杨沫家属共同参加了这次捐赠仪式。在捐赠仪式上，马青柯代表杨沫家属将《青春之歌》的版权正式捐赠给中国现代文学馆。

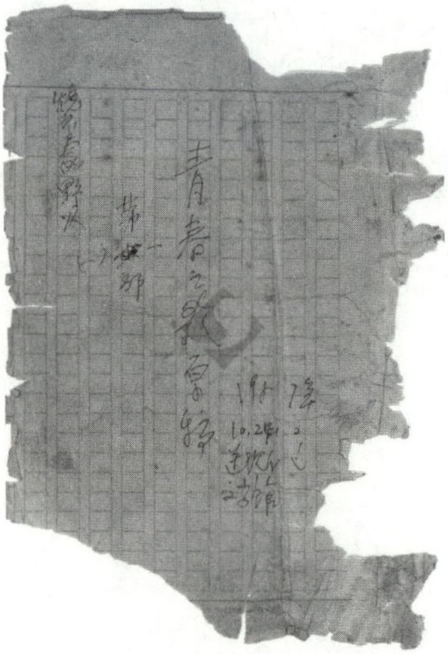

《青春之歌》手稿1

谈及杨沫的这次版权捐赠，中国现代文学馆原馆长、著名作家舒乙曾评价道：“杨沫先生捐赠版权是中国文学界破天荒的第一次。”（《杨沫的遗嘱》）

中国现代文学馆原副馆长、著名学者吴福辉先生在《中国现代文学馆的诞生与发展》中也说：“比较晚成立的‘杨沫文库’因作者开创了不仅赠书赠物并赠送版权的先例，而显得十分特别。”

杨沫先生在《青春应当是鲜红的》中曾说过：“青春应当

是鲜红的。一个人只有把他的生命和时代、和祖国、和人民的命运结合在一起，这生命才有意义，才灿若星辰，才不虚度年华。”杨沫先生是这样说的，也是这样做的。她用自己的文学创作和捐赠行动，践行了一位中国共产党党员的誓言，她把自己的一切都献给了伟大的中国共产党。

2021 年是中国共产党成立 100 周年，也是杨沫先生入党 85 周年，同时还是《青春之歌》创作 70 周年，笔者以此文向杨沫先生致敬！感谢她为中国当代文学史贡献出这样一部红色经典！同时也感谢她对中国现代文学馆的巨大信任与支持！

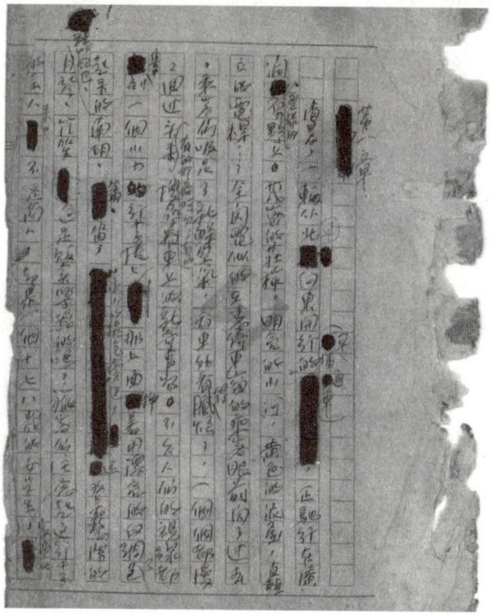

《青春之歌》手稿 2

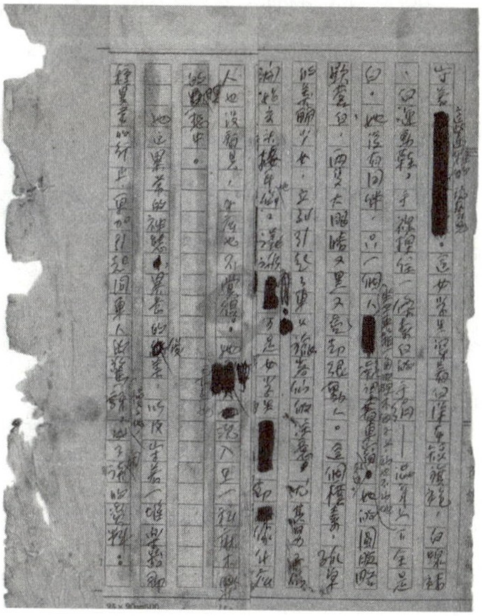

《青春之歌》手稿 3

原文链接

青春之歌（节选）

早晨，天气晴朗，天边淡淡地飘着几朵白云，海水就像天色一样蔚蓝、明净，锦缎般闪着银色的光辉。远远的，就在这样平静的沉睡般的海面上，许多只挂着白帆的渔船随风荡漾。对着这雄伟辽阔的大海，林道静几天来紧紧压缩着的痛苦的心，渐渐舒展开来了。

…………

她站在一个小山的顶端，默默地对这些奇丽的景色望了一阵，接着由于一种年轻人好奇的冲动，使她跑下了山巅，向紧靠海边的一个个的红色小木屋奔去。

在这儿，在这世外桃源的仙境中，有了人世喧嚣的声音。一片平坦的海滩上，游泳者的笑声、闹声和娇声娇气的呼喊什么的声音，清晰地传到了她的耳朵里。这时，她才知道自己已经走进了有钱人避暑的海滨区。

她站在稍远的一颗老松树下好奇地观望着。一群群的外国人和中国的少爷、小姐，穿着各式各样颜色鲜丽的游泳衣，有的躺在海滩上，有的好像白鹅张着两臂，嬉笑着扑到海水里。停在岸上的只有少数外国老太婆，和中国的太太们。她们撑着洋伞，有的还带着小狗，悠然地坐在铺着洁白被单的沙滩上，欣赏着海景，谈着闲话。还有一个女人把一杯白色的乳汁，可能是牛奶，倒在一只洁白的盘子里喂着小狗吃。道静正看着，忽然听见一个女人尖声地喊叫起来。她向那边一望：这是个年轻的中国女人，站在一个老太婆的洋伞旁边，服装阔绰而妖艳，特别是一双珠子耳环，远远的望见它在阳光下闪耀。这时这个女人正跳着脚大声叱骂着什么人："小挨刀的！洋伞这半天还没拿来呀！晒死人，你这小贱货赔得起命吗？"

这时天色已将近中午，炎热的沙滩上，一个短衣女孩子正向这个骂人的女人跟前急步跑着。但是沙地是软的，她越急越跑不动。那女人就跺着脚大骂着。好容易女孩子跑到女人跟前了，气喘吁吁地正把一把粉红色的绸伞递给她——啪、啪两个耳光打在女孩子的脸颊上……

道静不看了，她扭身向回走。出来了这半天，该是回去的时候了。

她的心情已经不如出来时那么轻松愉快。……

"绕过去！这里不能走！"突然，一个男子粗野的喊声把她吓了一跳。她抬头一看：山崖上矗立着一幢巍峨而富丽的洋楼，楼周围是一堵坚固的围墙。一个好像镖客模样的男人在围墙外雄赳赳地站着。他瞪着眼睛对闯到这儿来的道静挥着手，并且指指一旁墙上钉着的大木牌。

道静站住脚，心里又气又恼。可是她还是好奇地随着镖客的粗大手指看了看那块木牌：华人与狗不得通过……她这时才看清一面美国国旗正在这幢楼前的高高的旗杆上迎风飘舞着。她向这木牌，向这旗杆和旗子使劲瞪了两眼，二话没说，扭头就走。

"什么狗世界！外国人在中国耀武扬威……"她心里突然像堵上了一块铅板。

她没有心绪再看下去，只想赶快回到杨庄。

…………

她大步走着，远远地望见有几个灰色的帐篷孤岛似的立在沙滩上……忽然，挨着帐篷不远的一块岩石后面传来了小孩子的哭声。道静惊异地听了一下，就急忙朝那里跑去。

一个中年的、脸色好像黄蜡般的瘠瘦的女人，坐在一块岩石旁边的柳树底下，她一边给一个瘦小的婴儿喂奶，一边还拿着细绳补缀着破烂的渔网。孩子吃两口奶又哭起来，她还是不停地补。道静走到她跟前，她紧蹙着双眉，并不觉得有人在跟前。

“小要命鬼呀！别哭啦！”这中年妇人用干哑的喉音对小孩喃喃着。“大人吃不饱，你，你就得受点委屈呀！乖乖……”

小孩吐出了奶头，哇的一声哭得更凶了。显然因为瘦弱的母亲没有奶水，饥饿折磨着这像小柴棍一样的孩子。母亲一见这情景，把没有补好的渔网一扔，突然向张着小口干号的孩子生起气来：“小要命鬼，你死！死！跟你那穷爹一起死去吧！老天爷呀！……”母亲猛地把头伏在孩子的脸上，轻声地啜泣起来了。

道静本来是向这女人问路的，一见这情形，她僵住了。……她不知道说什么好，只想用手去扶起那个压在小孩胸上的头发蓬乱的头。小孩子是这样瘦弱，大哭了两声就只能轻轻喘着，张着小嘴不出声了。

女人受惊似的抬起了头。一看是个年轻的姑娘站在面前，她怔怔地望着道静嗫嚅着，“你……你……要干啥？”

道静这时才听出这女人是山东口音，她的声音里带着惊慌和恐怖……

女人两眼是枯涩的，好像鱼眼一样的暗淡。她呆呆地瞅着道静，半天才自言自语似的喃喃道：“俺老家是山东的。年景不好跟男人逃荒到这里。有人说在这里给洋人做工挣钱多，俺一家三口就来了……不到三个月，他……他给洋人盖避暑的洋楼，就，就摔死啦！……”女人的手不动了，她直直地瞪大眼睛瞅着道静，木然的没有表情的神情，反而比哀哭更凄惨。“老家也回不去，要着饭，给打鱼的补网……”这女人喘了口气，轻轻摇晃着将要睡着的孩子，无力地说：“小姐，俺也活不长啦，孩子也快啦——病，没的吃……早知道，一家子死也死在老家呀。”……“唉，死了好，省得活受罪。叫洋人、有钱人享福去吧！唉，小姐，您是避暑来的吗？看，那边海滩上他们玩的多乐和呀。”

“不，不是！”这女人最后的两句话，像针似的刺了道静一下子，她顾不得再说什么赶快走开了。

阅读加油站

小说描写了饿得如小柴棍一样的孩子与海滩上喝牛奶的小狗，像黄蜡般的瘠瘦的母亲与穿着各式各样颜色鲜丽的游泳衣的女人们，两者之间形成了强烈的对比，反映了当时社会的不公以及底层劳动人民的悲惨遭遇。

林道静看到海滩上避暑游泳的人群、小狗、阳伞和被打骂的女孩，看到“华人与狗不得通过”的木牌，看到凄惨的母子，感受到了世道的不公，她的心情不如出来时轻松愉快了，反映了林道静的正义感、爱国情怀、反抗意识和怜悯之心。

周立波与他的《山乡巨变》

我要真像条牛才好，鲁迅先生教我们“俯首甘为孺子牛”嘛！

—— 周立波

三分钟了解 一本红色经典

朗读者：张杰

华东师范大学西方哲学硕士，《华西都市报》首席文化记者，《当代书评》主笔。曾在《青年作家》等杂志上发表诗作。

《山乡巨变》是作家周立波创作的一部长篇小说。小说描写了湖南清溪乡农业生产合作社从初级社到高级社的发展过程。1955年团县委副书记、共产党员邓秀梅奉命来到偏僻山村清溪乡和农民一起建立合作社。但一些私心较重的老农却不肯入社，邓秀梅对他们进行耐心细致的思想教育，并挫败了阶级敌人的破坏活动，最终合作社赢得了秋季丰收。

《山乡巨变》展现了合作化运动前后，中国农民走上集体化道路时的精神风貌和新农村的社会面貌，剖析了农民在历史巨变中的思想感情、心理状态和理想追求。该小说是作者周立波20世纪50年代深入家乡农村，深入农民生活，深入群众的艺术结晶。

周立波

革命作家 周立波

周立波（1908—1979），原名周绍仪。“立波”是他20世纪30年代在上海从事革命文学创作时使用的笔名，该名源于英文“Liberty”。

1908年8月9日，周立波出生于湖南省益阳县（今益阳市赫山区）资江畔邓石桥清溪村一个中农家庭。在县立第一初级小学读书期间，周立波开始阅读《红楼梦》《西游记》《聊斋志异》等中国古典文学名著。1924年秋，周立波考入长沙省立第一中学。在徐特立、周谷城、王季范等人的影响下，年轻的周立波开始接触进步思想和新文学。第一次大革命失败后，周立波辍学回到益阳县在高小任教。1928年春，为追求革命真理，周立波随回乡的族人周起应（即周扬，当时为上海大夏大学学生）一起来到上海，租住在公共租界劳勃生路东海里一个狭小的亭子间中。不久，周立波考入上海劳动大学经济系学习。在校期间，他加入了党的外围组织“革命互济会”，经常参加散发传单、游行示威等进步学生革命活动。1930 年 4 月底，周立波因散发传单被学校开除，无奈只得暂时返回家乡。九一八事变爆发后，周立波再赴上海，在上海神州国光社当校对员。这段时间，他开始自学英语，阅读革命文学书籍，并经常与周扬探讨中国革命问题。1932 年 2 月，周立波参加神州国光社工人罢工斗争，在张贴罢工宣言时，被租界巡捕逮捕入狱。在狱中，周立波积极参加牢内的党组织活动。被保释出狱后，1934 年 9 月，周立波加入“中国左翼作家联盟”，负责编辑“左联”会刊。1935 年 1 月，周立波光荣加入中国共产党，成为“左联”党团成员，并负责《时事新报》副刊《每周文学》的编辑工作。这一时期，周立波积极从事左翼文艺运动，并翻译了《被开垦的处女地》《秘密的中国》等著作。1937 年“七七事变”爆发后，在中共上海地下党组织的安排下，周立波奔赴山西八路军前方总司令部和晋察冀边区，成为一名战地记者。这一时期，周立波先后创作了报告文学《晋察冀边区印象记》和散文集《战地日记》，他用自己手中的笔热情讴歌了英勇善战的八路军前方将士和顽强不屈的边区人民。1938 年冬，周立波到湖南沅陵领导地下党工作，并编辑《抗战日报》。1939 年 5 月，周立波被周恩来调往桂林，任《救亡日报》编辑，并担任中华全国文艺界抗敌协会桂林分会筹备委员。同年 12 月，根据组织安排，周立波前往延安，担任鲁迅艺术文学院编译处处长兼文学系教员，后被选为陕甘宁边区文化界救亡协会执行委员、中华全国文艺界抗敌协会延安分会理事。在工作之余，周立波先后创作出《牛》《麻雀》《第一夜》《阿金的病》《夏天的晚上》

《纪念》等短篇小说。

1942 年，周立波在延安参加了“延安文艺座谈会”，他听了毛泽东同志所做的《在延安文艺座谈会上的讲话》（后简称《讲话》）。毛泽东同志在《讲话》中所谈到的“一切革命的文学艺术家只有联系群众，表现群众，把自己当作群众的忠实的代言人，他们的工作才有意义”，对周立波影响很大。1943 年 4 月 3 日，周立波在延安《解放日报》上发表了一篇高度赞扬《讲话》的文章《后悔与前瞻》：“在不远的将来，我们的新文艺，一定会有丰富的收成，毛主席的方针，一定会好好的实现。在不远的将来，革命历史上和现实生活里的真正的英雄，刘志丹，赵占魁，吴满有和申长林，会光彩夺目地走进我们的书里，鼓舞我们，并且教育我们的年青的一代。”

这次会议使周立波认识到，要想写出为广大人民群众所喜闻乐见的富有时代气息的文学作品，自己必须要深入群众、深入生活。

此后，周立波更加积极主动地深入部队、农村、工厂，与广大群众同吃同住同劳动，在火热的革命斗争中体验生活、了解民情，这也为他以后的文学创作打下了坚实的生活基础。

1944 年，周立波开始担任《解放日报》社副刊部副部长并主编文艺副刊。同年冬，他任八路军南下第一支队司令部秘书，随军南征。1945 年抗战胜利后，周立波出任中原军区《七七日报》《中原日报》报社副社长。1946 年，为开辟东北解放区，周立波随军前往东北。在东北，他积极响应中共东北局号召，作为一名土改工作队员深入松江省珠河县元宝区（今黑龙江省尚志市元宝镇），参加了当地轰轰烈烈的土地改革运动。在土改工作中，周立波收集了大量东北农村进行土改运动的真实素材。1947 年，周立波开始创作他的第一部长篇小说《暴风骤雨》。该小说创作历时两年，讲述了1946年到1947年间东北土地改革的全过程。小说塑造了一个个鲜明动人的人物形象，细致又真实的文字深入人心。小说《暴风骤雨》气势恢弘，反映了解放战争时期东北地区的土地革命运动，展现了伴随中国共产党土地革命改革而来的农村社会变动的大风暴。《暴风骤雨》发表后，社会反响强烈，东北解放区将它作为土改工作必备参考书发给每一个土改工作人员使用。1951年，《暴风骤雨》荣获苏联斯大林文学奖。这次创作，让周立波深切地体会到《讲话》精神对于自己创作实践的重大指导意义，从而也更加坚定了他今后要沿着创作与工农兵群众相结合的现实主义文学道路继续前进的信心。

《山乡巨变》的创作起源

周立波家乡一景

新中国成立后经过三年多的努力，中国共产党带领全国人民取得了抗美援朝战争的胜利，中国的国民经济也得到全面恢复和初步发展。1952 年，党中央提出了过渡时期的总路线，其中对农业的社会主义改造成为重要内容之一。1951 年和 1953 年，党中央先后作出两个关于农业合作化的决议：《关于农业生产互助合作的决议（草案）》《中共中央关于发展农业生产合作社的决议》。在这两个决议的指导下，中国农业合作化运动获得了很大发展。农业合作化运动初期主要是发展生产互助小组。1953 年 9 月以后，进入以发展农业生产合作社为主的阶段。当时的统计材料表明，合作社 80% 以上都增产增收，并且一般都是互助组优于单干户，合作社又优于互助组。因此，互助合作运动受到广大农民的欢迎，大家积极要求入社。在老解放区，参加合作社已开始成为一种群众性的行动。

1954 年末，为深入了解全国农业合作化运动的实际情况，在北京工作的周立波决定回到家乡湖南省益阳县邓石桥乡清溪村体验生活。回到家乡后，周立波参加了该县谢林港区发展互助组，并协助建立初级农业生产合作社，周立波和乡亲们亲如一家。他很爱学习，那时的周立波时常兴致勃勃地看乡亲们驭牛、“骂”牛、“喷”牛、相牛、用牛，还喜欢听他们讲乡下的事情，不但听得认真，还爱打破砂锅问到底。这期间，他写出了反映党的农村基层干部带领群众走社会主义道路、试办初级农业生产合作社的短篇小说《盖满爹》。该小说的原型是周立波在乡下认识的一位木匠出身的乡农会主席、互助合作委员会主任黎盖。

但周立波对自己这一时期的文学创作并不满意，“我的头脑里充满了印象。但等提起笔来时，却又写不出什么。道理何在呢？这是由于印象虽多，但都很表面！对于人的心理、口吻、习惯、性格和生活细节都不熟悉，提起笔来，能写什么呢？”周立波已不满足于自己这种走马看花、蜻蜓点水般的走基层创作方式。

这段基层生活使周立波下定决心，决定今后文学创作将致力于反映新中国社会主义农村新貌和农民新生活。为了真正做到这一点，经过认真考虑，1955 年 10 月，周立波举家搬到湖南省益阳县桃花仑乡竹山湾居住。为便于做群众工作，周立波担任了桃花仑乡党委副书记。在家乡，周立波每天和社员们一起学习、开会、生产劳动。晚上，收工回家后，他便坐在书桌前，有时读毛主席著作，有时学习合作化运动政策，之后再将白天劳动中的事记录下来。双抢季节，他还和社员们一起在似火的骄阳下割禾、插稻。为此，他的背上晒起了许多水泡。有一次，在扯田塍子角时，周立波用力过猛，摔倒在田里，社员们笑称他为“泥古牛”。周立波则风趣地对社员们说：“我要真像条牛才好，鲁迅先生教我们‘俯首甘为孺子牛’嘛！”

干农活时，周立波和社员们一样，腰里系块浅蓝色围巾，扎脚勒手下田劳动。1956 年初，大海塘村里抽干了一口老山塘，村民们都去挑塘泥肥田。要挑起上百斤担子沿着又窄又陡的跳板担上塘坑，这可不容易。社长陈桂香不想让周立波去，还藏起了他的扁担。没想到周立波从邻居家借来一根扁担，挑起塘泥来了。

周立波家乡风景一瞥

住在竹山湾时，周立波的生活非常规律。每天鸡一叫，他就起床锻炼身体，打太极拳，然后洒扫庭除。他一般会上午写作，下午参加集体生产劳动，晚上不是去开会就是走访或找群众聊天。由于周立波性格谦和，平易近人，幽默风趣，乡亲们都爱和他亲近、谈心、拉家常，甚至连夫妻吵架的事也要请他去说和。就这样，周立波跟很多乡亲都成了好朋友。

周立波不抽烟不喝酒，但当他知道邻居邓益亭（《山乡巨变》中“亭面胡”原型）爱喝酒时，就在家里备着点酒。家里炒了好菜时，他总会叫邓益亭过来喝一杯。邓益亭筋骨有点痛，周立波到长沙开会，回来时还特意给他带回两瓶上好的虎骨酒。对于邓益亭，周立波是极为喜欢的。邓益亭是个作田老把式，当他在田里吆牛耕田时，周立波就站在田塍路上，细细观察，看他用牛的动作，听他“骂”牛的话语。田间休息时，他们就坐在田塍上“喷牛经”，有时候周立波还挽起衣袖，自告奋勇当邓益亭的下手。对于邓益亭，周立波曾有过这样一段评述：“邓爹是位种过四十多年田的老实农民，正派、厚道、朴实，也有点保守，爱喝几杯酒，常常贪杯误事，是位很典型的农民。在竹山湾住时，他常和我‘喷牛经’，我小说中有许多有关耕牛的细节描写，就是平日同邓爹交谈中学来的；在塑造‘亭面胡’这个人物时，邓爹是个主要的模特儿。”

周立波将自己全身心地投入到农村工作中。为支持公社办高级社并丰富社员的文化生活，他捐出自己的稿费给社里建畜牧场、修果园，发展多种经营。同时，他还时常接济生活困难的村民。每当队里干部和乡亲们过意不去、不愿接受这些钱时，周立波总是说：“这稿费本是人民的钱，取之于民，用之于民嘛！”

周立波常用自己的钱资助村里孩子读书，希望能改变孩子们的命运。邓焕章就是这样一个幸运的孩子。邓焕章是邓益亭的二儿子。当邓焕章即将初中毕业时，他面临着继续求学还是回家务农的选择。当时，邓家人都主张邓焕章回家务农，这样可以多给家里挣几个工分，或者跟着外公去学医，也算学门谋生手艺。但当周立波知道这件事后，他力劝邓益亭让孩子接着读书。并且为解除邓家的后顾之忧，周立波主动提出，邓焕章的学费由他来出。就这样，在周立波的资助下，邓焕章后来继续上了中学，之后更是考入大学，后来成为我军总参谋部少将。

社长曾五喜与周立波也是非常要好的朋友。他们常在一起商量工作，干农活。当年，周立波曾根据曾五喜的事迹创作过新闻通讯《曾五喜》。对于周立波的真性情，曾五喜心里一直留有深刻的印象。

“周老虽是大作家，但同农民合得来。一次，我正在田中踩草，周老见了也自动脱掉鞋袜，卷起裤脚下田，边踩边问情况。那年，我22岁的大儿子，在劳动时触电身亡。周老连忙赶来慰问，眼泪双流。他见我无钱给儿子买棺材，连忙赶到乡政府同干部商量，把没收地主的一口楠木棺材给了我，帮助把儿子埋了……”

正是由于周立波的这些举动，他给乡亲们留下了美好的印象，大家都亲切地称他为“立波胡子”。

由于实行了农业合作化，当地农民的工作生活热情高涨，这使得农村面貌也在短时间内发生了巨大改变，这种巨大变化激励着周立波拿起笔去创作。为更好地收集创作素材，周立波曾用五个笔记本记下了二十多万字的人与事。

1956 年 6 月，经过充分准备，周立波开始动笔创作自己新的长篇小说《山乡巨变》（正篇）。起初，小说的名字叫《茶子花开的时候》。在创作中，为把农业合作化的整个过程编在故事中，周立波着重考虑了人物的塑造。他运用具有冲突效果的典型事件和观察入微的精细描写，塑造了众多栩栩如生的人物形象。比如，年轻干练的邓秀梅、大公无私的刘雨生、性格沉稳的李月辉、真挚可爱的“亭面胡”、顽固勤劳的陈先晋、固执单干的“菊咬筋”等等。周立波将这些代表了现实中各个阶层、各种类型的人物在农业合作化运动中的不同心态和行为进行了生动刻画，使每一个人物形象都生动鲜活。

在创作中，周立波还特意使用了一些当地的方言土语。为了能让读者看懂，周立波采用了三种方法：一是减少使用过于冷僻的字眼；二是必须使用估计读者读不懂的字眼时，就加注解；三是反复使用，使得读者一回生，二回熟，多见几次，就理解了。在写作中，周立波非常注意章与章之间的衔接，为使故事的逻辑顺畅，他巧妙地运用文学创作技巧进行写作。

在周立波创作《山乡巨变》期间，他的亲戚满妹的一个女邻居来找他打听自己的丈夫，才发现她的丈夫已另娶他人。女邻居的遭遇和面容给周立波留下了深刻印象，从她的遭遇中，周立波发展出了小说中李盛氏的恋爱故事。

1957 年 12 月，历经一年多的时间，周立波基本完成了二十三万多字的小说《山乡巨变》（正篇）的创作。在正篇即将完成之际，周立波考虑到小说的篇幅，以及自己还要写《山乡巨变》的续篇，便把之前多写的有关秋丝瓜和龚子元的一章删去了。小说初稿完成后，周立波特意将书稿送给湖南省委书记周小舟看，请他提意见。周小舟在百忙中抓紧时间看完了书稿。不久，当周立波从北京返回湖南时，周小舟约他在长沙面谈。见面时，周小舟非常热情，以一个读者的身份，谈了自己对小说的看法。周小舟说："你的小说写得很好，很吸引人，只是书名叫《茶子花开的时候》，是不是过于含蓄了一点？而且与人家的《葡萄熟了的时候》也有雷同的地方。"周小舟建议周立波可以再考虑一下书名。周立波听从了周小舟书记的意见，将书名改为《山乡巨变》。

在《山乡巨变》中，周立波为读者着力树立起邓秀梅、刘雨生、李月辉、"亭面胡"、王菊生、张桂秋等一批个性鲜明、栩栩如生的人物形象。特别是"亭面胡"这位老农形象，是那样的丰满与立体。在尖锐的矛盾冲突中，周立波通过刻画人物富有个性的行动，突显人物性格。在人物形象塑造上，《山乡巨变》中的人物源于生活，高于生活，周立波对生活原型进行加工、改造、提炼、升华，使得人物丰满立体。

1958年1月至6月，小说《山乡巨变》在《人民文学》杂志连载。小说一经发表，就在社会上引起了强烈的反响和讨论。读者认为小说《山乡巨变》中的许多人物形象塑造得特别的具体、生动。这部小说中人物形象之所以能够成功塑造，与周立波注重观察、分析日常生活有密切关系。周立波在《关于〈山乡巨变〉答读者问》一文中，也曾谈及这一点。

"这些人物大概都有模特儿，不过常常不止一个人。比方，王菊生的形象，有些是我的一位堂弟的缩影，有些是另外两个富裕中农的行状。面糊是我们这带乡间极为普遍的性格，我们一位邻居恰巧是具有性格的鲜明性特征的贫农。但书上也不全是写他，我碰见的面糊不止他一个。陈先晋这个人物的家里我只拜访过一次，平素，从别人的口里，主要是从他亲戚的口里，多次听到谈起他，而且，我也观察和分析了和他属于同一类型的另外几个较为守旧的农民。”

小说中的人物和现实生活原型其实是不能等同的。但由于周立波刻画的人物形象过于生动，很多人在读完小说后，都会不由自主地同生活中的原型联系在一起，这往往给生活中的人物带来困扰。《山乡巨变》就出现了这个问题，这让作者周立波非常无奈。1959 年冬，“秋丝瓜”的原型就找到周立波家中来，“秋丝瓜”在小说中是富裕中农，对合作化有抵触情绪。小说出版后，当地人民公社竟然根据小说情节把他归为破坏人民公社的斗争对象。“秋丝瓜”浑身是嘴也说不清，只有请周立波来拯救他。周立波一边叹气一边给人民公社写信替他辩解。周立波的堂弟也曾跑来质问周立波，为什么把平时他们谈心的话都写成“菊咬筋”的事，出他的丑，周立波也只好耐心地给他解释。

鉴于《山乡巨变》在读者中产生了重要影响，《人民文学》杂志社特意在“编读来往”栏目中刊登了《山乡巨变》读者的来信，讨论《山乡巨变》。当有读者对周立波淳朴厚实的风格提出异议时，著名文学理论家唐弢于 1959 年 7 月在《人民文学》发文为之辩解，他在文中说：“在一切成熟的——不管是年轻的或者年老的作家的笔底，新的风格正在成长。暴风骤雨是一种风格，风和日丽也是一种风格；绚烂是一种风格，平易也是一种风格。不同的风格都可以为社会主义服务，而且服务得很好。”同年 9 月，《文艺报》刊登了人民文学出版社“建国十年来优秀创作”目录，其中《山乡巨变》排名第三。

在《关于〈山乡巨变〉答读者问》中，周立波特意向读者提到了自己要写续篇的打算。1959 年初，周立波开始创作《山乡巨变》续篇。同年 6 月，《山乡巨变》（正篇）由作家出版社出版发行。出版时，作家出版社特意强调，该小说为“《暴风骤雨》的续篇，描写了中国农村的又一次暴风骤雨”。同年 8 月，《山乡巨变》再次由人民文学出版社出版发行。同年 11 月，周立波创作完成十九万多字的《山乡巨变》续篇 。1960 年初，续篇由《收获》杂志第 1 期全文发表。1960 年 4 月，《山乡巨变》续篇由作家出版社出版。1963 年 6 月，经周立波修订，《山乡巨变》正、续两篇合并为一卷，由作家出版社出版。

对于这部四十二万多字的长篇巨著，周立波先后进行了六次大的修改，其中在益阳修改了三次，回北京又改了三次，他亲自誊写的字数达六七十万字。

《山乡巨变》出版后的影响

1960年第三次文代会上，文学大师茅盾在他所作的《反映社会主义跃进的时代，推动社会主义时代的跃进》中，对《山乡巨变》有积极评价。

“从《暴风骤雨》到《山乡巨变》，周立波的创作沿着两条线交错发展，一条是民族形式，一条是个人风格；确切地说，他在追求民族形式的时候逐步地建立起他的个人风格。他善于吸收旧传统的优点而不受它的拘束。这是一眼就可以看出来的。《山乡巨变》续篇可以作为例子说明他在民族形式和个人风格上所取得的成就；他是越来越洗练了，而且，在繁锣密鼓之间，以轻松愉快的笔调写一二小事，亦颇幽默可喜。这部作品，结构整齐，层次分明，笔墨干净，勾勒人物，朴素遒劲，这些都是他的特点。作者好用方言，意在加浓地方色彩，但从《山乡巨变》正续篇看来，风土人情、自然环境的描写已经形成了足够的地方色彩。”

1960年以后，小说《山乡巨变》相继被改编为同名湘剧和花鼓戏，在湖南演出后颇受欢迎。后经董子畏改编、贺友直绘画，该小说被绘制为同名四册连环画，由上海人民美术出版社于1961年7月至1965年3月间陆续出版，行销全国，并在1963年第一届全国连环画创作评奖中，荣获绘画一等奖。这套被誉为“中国连环画史上具有划时代意义的作品”的推出，无疑扩大了小说《山乡巨变》的影响力。

1960年到1962年，《山乡巨变》正、续篇先后被苏联汉学家克里夫佐夫译为俄文，分别以《春到山乡》和《溪水清清》作为书名，在苏联莫斯科外国文学出版社出版。在为这篇小说撰写的序言中，克里夫佐夫赞扬："小说的字里行间充满着中国农村的乡土气息，散发着山茶花的浓郁芳香，是一个积极主动投入生活的作家的精心创作。"日本东京新日本出版社，也很快在日本推出了日文版《山乡巨变》。

周立波的《山乡巨变》，开创了中国新的乡土文学，并对湖南文坛产生了重要影响。那一时期，周立波还担任了湖南省文联主席。在他的发掘与关心下，一批湖南青年作家如谢璞、未央、刘勇、孙健忠、向秀清等崭露头角，从各县市基层单位调到省文联创作室从事专业创作。这群年轻人住在长沙市司马里王家菜园二号省文联机关内，他们诙谐地把自己比作"菜园"里的"叫鸡公"。他们满怀热情地写作，但过了不久就觉得"墨水断源"，笔头枯涩，这引起了周立波的关注。有一次，谢璞拿着他写工厂的一篇小说去见周立波。周立波看了几行后，问他："这个工厂你有亲戚朋友吗？"谢璞说没有。他又问："你常去那里吗？"一听对方回答"只采访过一次"，周立波幽默地笑了："狗咬蚊子——瞎碰的！你不熟悉它，写不像的。"他对谢璞说："你要搞写作，就不要自作聪明显本事，这样写是浪费时间，文字游戏来不得。"不久，这群"叫鸡公"们被赶出了"菜园"，纷纷回各自的老家生活去了。他们每年有大半年时间泡在农村，写出了一批好作品。周立波又担心他们在乡下待久了读书少，便采取在长沙办"读书班"的方式让他们得到提高。周立波亲自给他们讲课。在授课中，他常称自己的作品是"从泥巴里拱出来的"，并一再强调写作最怕失真：

“阳雀子生的蛋上有血丝子，作品上如果有作家心上的血丝子就美，就真，就耐读了。”

周立波是一位坚持现实主义创作道路的作家，他的作品吸收了古典文学的简练生动，又有着突出文学的民族风格和地方色彩，带有浓郁鲜活的湖南乡土味。他的创作理念与方法，也深刻地影响了湖南的一批青年作家。他们接续了周立波的现实主义写作风格，迅速成长为新时期文学湘军的中坚力量，使湖南这片文脉深、文气重的热土，焕发出夺目的文学光华。

1979 年 9 月 25 日，由于抗日战争时期留下的旧伤复发，周立波被紧急送往医院救治，不久即溘然长逝。在遗嘱中，周立波要求妻子把他个人的积蓄全部捐献给国家。

苏联著名作家普列汉诺夫曾这样评价周立波：“周立波是中国近代文坛上一颗闪耀的巨星，他手下的笔杆子，把中国旧世界打了个落花流水，然后又在旧社会的废墟上，用智慧建设着新生活。”

原文链接

山乡巨变（节选）

邓秀梅足日足夜忙着开会和谈话，没有功夫回面胡家吃饭，总是在乡政府隔壁老龙家，随便用点家常饭。老龙婆婆看见她是上头派来的，人又和气，有一回给她蒸了一碗蛋，她不肯吃，并且说道："我喜欢吃你们的擦菜子，擦芋荷叶子，酸酸的，很送饭。你们要特别搞菜，我反而不爱，不得吃的。"老龙婆婆听她说得明白和恳切，也就依着。她来吃饭，有什么，吃什么，再不额外添菜了。

邓秀梅每天回寓，常在深夜。从乡政府到亭面胡家，虽说不到两里路，但有一段山边路，还要翻越一个小山坡。坡肚里有座独立的小茅屋，住着一个被管制分子。夜深人静，她一个人独来独往，李主席有点不放心。他又告诉她，有年落大雪，坡里发现一些碗口粗细的老虎的脚印。坏蛋，老虎，都有可能从山上冲出，扑到她身上，伤她的性命。李主席劝她还是住在乡政府。

"我回去住。"他说，"把这房间腾给你。"

"你住回去，不是也要赶夜路？"邓秀梅反问。

"我家隔得近，又不要过山。"

邓秀梅默了默神，还是打定主意住在老百姓家里，彻底地做到三同一片。她说：

"你不要操心，还是让我住在盛家吧。至于赶夜路，我有手枪，不怕。"

这时也在旁边的盛清明笑了起来说：

“手枪不能打老虎，也很难对付坏蛋。这样吧，秀梅同志，我们每夜派民兵送你。”

“莫该你们的民兵都不怕？”

“他们怕什么？乡里人都搞惯了。”

“他们搞得惯，我也搞得惯。”

心性要强的邓秀梅谢绝了民兵护送的提议。每天深夜里，她从这条必须爬山过岭的路上，至少走一回，走时不觉得，等回到寓所，闩上房门，熄了油灯，困在床上，把头蒙在被窝里，想起这段路，不免稍微有一点心怯。但是她始终不开口要人，久而久之，也习惯了。

“走夜路，打个火把就不怕老虫。”有一回，亭面胡这样忠告她。

“为什么？”邓秀梅偏起脑壳问。

“老虫怕火烧胡子，远远望见火把光，就会躲开你。”

“你亲眼见过？”邓秀梅笑笑问他。

“没有，听人说的。”

“眼见为实，耳听为虚，听人说的靠不住。”

这个心性高强的女子，每天深夜里，有时亮起手电筒，有时手电也不打，一个人在这空寂无人的山野间来往。普山普岭的茶子花香气，越到夜深，越加浓郁。

阅读加油站

这一片段出场的人物是县团委书记邓秀梅，她是县委派到清溪乡领导农业合作化运动的干部。她沉着老练，胆大心细，作风深入。刚入乡就在村口认识了贫农盛佑亭，接着又和年轻姑娘、积极分子盛淑君打上交道，人未进乡政府大门，却从群众中摸到了许多情况。

从这段文字可以看出邓秀梅拒绝搞特殊化，和群众打成一片的决心，不愿给群众带来一点儿麻烦，也能感觉到她心性要强的一面。

杜鹏程和他的战争小说《保卫延安》

这一切，在我心里产生的不是抽象的意念，而是激动人心的巨大形象。

——杜鹏程

三分钟了解 一本红色经典

朗读者：张明瑟

毕业于北京大学中文系，现为《人民日报》文艺部编辑。

《保卫延安》是作家杜鹏程创作的第一部长篇小说，也是他的代表作之一。该小说全面地描绘了1947年3月到7月的延安保卫战。在该小说中，杜鹏程塑造了一大批丰满、生动、高大的英雄形象。这之中，既有周大勇、王老虎这样叱咤风云、威震敌胆的基层指挥员，又有李振德那样的根据地革命老英雄，还有彭德怀、陈允兴、李诚、赵劲、卫毅等指挥若定、驰骋疆场、有胆有识的我军将领。

该小说通过对党中央撤离延安后，西北野战军在西北战场上开展的青化砭伏击战、羊马河战役、蟠龙镇攻坚战、长城线上突围战、九里山阻击战和沙家店歼灭战等几场重大战役的描写，热情讴歌了人民解放军指战员的宏伟气魄和革命英雄主义精神，生动地展现了在延安保卫战中中国人民解放军由战略防御转为战略反攻这一历史发展过程的全貌，进而深刻反映了第三次国内革命战争时期中国急剧变化的政治、军事形势。

创作《保卫延安》的初衷

1949 年，杜鹏程开始动手创作《保卫延安》。最初，杜鹏程是想写一部长篇报告文学。他打算从 1947 年 3 月以毛泽东为核心的党中央主动撤离延安写起，直到 1949 年末一野一兵团进军帕米尔高原为止，记述西北解放战争的整个过程。谈及自己的创作初衷，杜鹏程在《保卫延安》手稿中曾专门写下这样一段“开头的话”。

讲人民解放军艰苦奋斗、英勇善战这种故事的人，实在不少了。我为什么还要讲这一篇故事呢？说起来话长：

一九四七年三月，部队从晋中出动，过黄河保卫毛主席的时候，我到二纵队 X 旅 X 团第一连当文化教员。后来又调到营部当工作员。部队从陕北打倒（到）西安，从西安打倒（到）甘肃、青海，过祁连山，以后万里进军，通过塔里木盆地的戈壁沙漠，一直进到帕米尔高原……在帕米尔高原上保卫国防，在塔里木盆地上参加生产。战士们常常说：“把咱们打仗的事情编起来吧！这是蛮有味道的。”战士们这样说有两个意思：第一，我们部队有些新同志他们听了部队过去艰苦奋斗的故事，会受到一番教育。第二，老战士希望把这个故事编起来，一方面回忆过去艰苦奋斗的战争，可以增进今天保卫祖国和建设祖国的信心；一方面把我们部队那些活着的和牺牲了的英雄们的名字和事迹记下来。大家推我来编。

杜鹏程动手创作《保卫延安》时，新中国刚刚成立不久，整个国家百废待兴。此时的中国文学也步入了一个新的起点，新的征程。那一年，文艺界负责人周扬在第一次文代会上直截了当地向全国作家发出倡议："假如说，在全国战争正在剧烈进行的时候，有资格记录这个伟大战争场面的作者，今天也许还在火线上战斗，他还顾不上写，那么，现在正是时候了，全中国人民迫切地希望看到描写这个战争的第一部、第二部以至许多部的伟大作品！它们不但将要写出指战员的勇敢，而且还要写出他们的智慧、他们的战术思想，要写出毛主席的军事思想如何在人民军队中贯彻，这将成为中国人民解放斗争历史的最有价值的艺术的记载。"

周扬的这一倡议表明，当时中国文艺界对未来一段时间中国文学的创作走向进行了一种设计：作家要描写战争，通过战争的胜利来歌颂中国共产党的胜利，来表现中国历史的本质的发展。于是，歌颂革命战争，并通过描写战争来普及现代革命历史和中国共产党史，成为 20 世纪 50 年代公开发表的当代文学作品中最富生气的部分。刚刚结束不久的抗日战争和解放战争成了众多作家竞相反映的热门题材。而"延安保卫战"正是解放战争时期一场关乎中国革命走向的关键之战。远在新疆的杜鹏程并没有参加第一次文代会，但他的创作恰恰与当时的文艺方针"不谋而合"，而且是"适逢其时"。同时，杜鹏程的创作有着得天独厚的条件。1947 年，26 岁的杜鹏程加入西北野战军第二纵队独立第四旅第十团二营六连，成为一名随军战地记者，西北野战军著名的战斗英雄王老虎就在六连。在部队里，杜鹏程与战士们同吃同住，给他们讲政治课，教他们识字，此外还替他们写决心书，写家信。渐渐地，杜鹏程与六连的干部战士结下了深厚友谊，并逐渐熟悉他们的身世、性格、生活习惯以及战斗表现。与此同时，杜鹏程还经常接触到西北野战军各级指挥员。二纵司令员王震得知杜鹏程是记者后，还曾特意找他谈话，鼓励他要经受住战火的考验，并努力写出反映广大指战员英勇战斗的好作品来。

1947 年 3 月，延安保卫战爆发。国民党胡宗南精锐部队十四万余人，分别从洛川、宜川出动，企图三天之内攻取延安。而西北野战军在彭德怀指挥下，在兵力不足三万人且装备远远不及对手的情况下，与胡宗南的国民党军在陕北周旋、拼杀，展开了一场保卫延安、保卫党中央的殊死搏斗。战争进行得十分惨烈，几个月后，杜鹏程所在的西北野战军二纵即减员过半，他所在的六连由原来的九十多人锐减为十多人。长期与他住在一起的王老虎，以及第一次见面就送给他一条新毛巾的营长黄培枢，都在榆林三岔湾的战斗中壮烈牺牲；战士许柏龄临上战场前，留给杜鹏程两封信，一封写给党支部，另一封写给他的寡母，而他最终也没有回来；曾经给过杜鹏程很多帮助和鼓励的团参谋长李侃，为了使山沟里的数千名战友脱离险境，英勇无畏地献出了自己的生命……这些感人的英雄事迹激励着杜鹏程，他在自己的日记中记下了一个又一个难忘的战斗场面。他有时将装日记本的包袱放在膝盖上垫着写，有时在宿营以后在老乡的锅台上趴着写，即使在硝烟弥漫、子弹横飞的阵地上，他也照写不误。数年之间，杜鹏程写下近二百万字的日记和素材。1949 年 7 月，杜鹏程被任命为新华社第一野战军分社主编。同年 10 月，新疆和平解放，杜鹏程随一野一兵团司令部乘飞机由甘肃飞抵迪化（今乌鲁木齐）。随后，杜鹏程跟随部队参加了在新疆的多次扫清余匪的战斗，他们穿沙漠，过草原，跨戈壁，越高山，趟河流，直到 1949 年末进军至帕米尔高原。

这一阶段的艰苦卓绝的解放战争以及无数英雄人物所表现的

自我牺牲精神，都给杜鹏程巨大的冲击，使他萌生了要将西北战场这一伟大的人民解放战争诉诸笔端、昭示后人的强烈冲动。他说："难道这些积压在我心里的东西，不说出来，我能过得下去吗？……也许写不出无愧于这伟大时代的作品，但是，我一定要把那忠诚质朴、视死如归的人民战士的令人永生难忘的精神传达出来，使同时代的和后来者永远怀念他们，把他们当作自己做人的楷模，这不仅是创作的需要，也是我内心波涛汹涌般的思想感情的需要。"

创作《保卫延安》的经历

1949年11月下旬，杜鹏程被任命为新华社野战二支社社长兼记者。不久，新婚的杜鹏程带着妻子张文彬随同一野一兵团二军进驻南疆重镇喀什。在喀什，杜鹏程整日采访报道，筹办维吾尔文报纸，带领记者进行社会调查，忙得不可开交。妻子张文彬则为他保存战友遗物，整理一些必要的资料。一间刚接收的平房，成为杜鹏程的办公室与写作间。1949年12月，杜鹏程开始列写作提纲，前后反复四次，其间还到随军采访的原独四旅进行深入调查。二军政委、喀什军区政委兼南疆区党委第一书记王恩茂得知情况后，给予杜鹏程极大的支持和关怀，当面勉励他说："不管有多大困难，也要把保卫党中央、保卫毛主席、保卫延安、保卫陕甘宁边区这部具有伟大历史意义的书写出来，让它安慰死者，鼓励活者，教育后者。"

那时由于喀什纸张奇缺，妻子张文彬就特别留心搜罗，甚至托人从各处收集来一些旧报刊、旧标语、旧簿册以及老百姓用以糊窗户的麻纸。当杜鹏程在这些花花绿绿、大小不一的废纸上写作时，为了省纸，他不得不把字写得小之又小。

经过充分准备，1949年底，杜鹏程正式动笔创作这部报告文学。当时他所能依靠的创作资料有：一本油印的毛主席《中国革命战争的战略问题》，新华社各个时期就战争形势所发表的述评及社论，自己在解放战争中所写的新闻、通讯、散文特写、报告文学和剧本等，还有他在战争中所写的近二百万字的日记，以及部队油印小报、历次战役和战斗总结。一捆捆材料堆在他那狭小的写作间地上，要想进屋里去，杜鹏程必须跳着“翻山越岭”。那一时期，杜鹏程白天还要骑马出去采访、发消息、写通讯，反映我军打仗和生产建设情况。只有晚上夜深人静时，忙了一天的他才能坐下来写这部作品。两个月里，“夜不成眠，食不甘味，时序更替，似乎和我无关……”，杜鹏程不知熬过多少通宵，杜鹏程终于按时间顺序把他在战争中的所见、所闻、所感真实地记录了下来。1950 年 2 月，近百万字的初稿完成，全是真人真事，写稿子用的纸是部队缴获的国民党的粗劣报纸和宣传品的背面，还有前文提到的妻子张文彬搜罗的各种纸张。这样写就的初稿足有十几斤。

谈及这次写作经历，杜鹏程曾有过深情回忆：“写着，写着，有多少次，遇到难以跨越的困难，便不断反悔着，埋怨自己不自量力。可是想起了中国人民苦难的过去，想起了我们脚下的土地，想起了那些死去和活着的战友，抚摸着烈士遗物，便从他们身上汲取了力量，又鼓起勇气来……钢笔把手指磨起硬茧，眼珠上布满血丝，饿了啃一口冷馒头，累了头上敷上块湿毛巾……写到那些激动人心的场景时，笔跟不上手，手跟不上心，热血冲击胸膛，眼泪滴落在稿纸上……”

初稿完成的当天，杜鹏程疲惫至极，他倒头便睡，直至两天两夜后，他才从睡梦中惊醒。由于几天没吃东西，他饥饿至极，便拉上几个记者一同上街吃羊肉包子，他的食量和狼吞虎咽的样子令同事们大惊失色。过后，有位记者与杜鹏程妻子张文彬说：“你这老杜可不得了，一下子吃了那么多包子，这哪儿是吃，简直在喝油。”

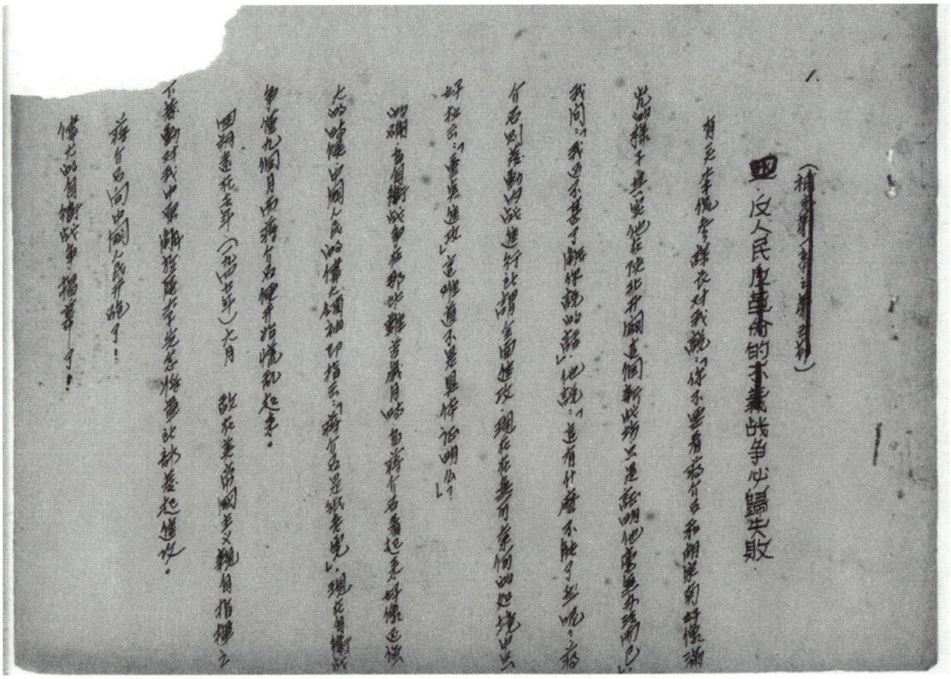

《保卫延安》手稿

1950年底，初稿刚完成不久，杜鹏程就接到从家乡寄来的母亲病危的电报。他心急如焚地拿着电报赶忙去找自己的兵团司令，这位领导深表同情，让杜鹏程搭乘当时西北唯一的一架军用飞机赶回陕西。杜鹏程在西安下了飞机，在严寒和风雪中步行数日，终于回到家乡。当时，他还随身携带着一大捆自己刚刚创作完成的报告文学《保卫延安》初稿手稿。当他赶到家中时，母亲早已没有了呼吸。杜鹏程坐在自己随身携带的那捆稿子上，伸出双臂，抱起了永远不能再回答他的母亲，放声痛哭。为母亲办完丧事后，杜鹏程搬到韩城县人民政府，他打算在这里对这部初稿进行第二次修改。该稿名为“报告文学”，实则是杜鹏程对自己“战地日记”初步整理的资料长编，文字质朴无华，极具真实感。杜鹏程“用了一个多月的时间，夜以继日地工作，把这部稿子修改了一遍”。在修改时，杜鹏程的眼前常浮现出母亲的面容，还有那血染的山川湖泊、戈壁沙漠。从母亲身上，杜鹏程看到了中国人民悲惨的过去；从战士们身上，杜鹏程又看到了被压迫、欺凌了百年的中国人民奋起抗争的那种排山倒海的力量。1951 年 5 月，杜鹏程完成对这部报告文学的第二次修改。但修改后，对于自己眼前这部长篇报告文学稿子，杜鹏程认为“虽说也有闪光发亮的片段，但它远不能满足我内心的愿望。又何况从整体来看，它又显得冗长、杂乱而枯燥”。于是杜鹏程“苦苦思索，终于下定了决心：要在这个基础上重新搞，一定要写出一部对得起死者和生者的艺术作品”。

正是这次回乡，让杜鹏程决定将自己最初一百多万字的稿子重新进行删减、修订，体裁也由报告文学转为长篇小说。1951 年春夏之交，杜鹏程背着稿子重新回到自己在新疆的工作岗位。此后，杜鹏程在繁忙的工作之余，开始对这部作品进行不断修改。无论他到哪里，都随身携带着这部手稿。

杜鹏程修改《保卫延安》

“调我到大城市学习，我就把稿子带到大城市；让我到草原上工作，我就把稿子驮到马背上；外出开会，或者去看非看不可的电影，便把稿子抱在怀里，生怕把它烧毁在经常失火的边疆城市。”在1952年2月23日的日记中，杜鹏程曾写道：“到北京新华总社来学习一两个月，每天利用夜里、中午休息、下午休息的时间修改作品。”

1951年7月、9月、11月和1952年2月，杜鹏程在迪化先后对《保卫延安》进行了第四次、第五次、第六次、第七次修改。1952年5月，《保卫延安》第八次修改完成于北京。

1953年春，杜鹏程对《保卫延安》的修改还在进行中。这时突然出现了一个他意想不到的机会，使杜鹏程有充分的时间完成最后的修改。当时军委总政治部计划创作一部保卫延安的电影剧本。当他们得知杜鹏程正在创作《保卫延安》小说时，要求借调杜鹏程参加剧本创作。杜鹏程到北京后，电影剧本创作班子一时集中不起来，后来又在剧本主题方面意见不统一，剧本创作暂时搁置。杜鹏程便充分利用这一难得的时间，在总政文化部的一间小房子里，一边等待剧本创作开工，一面夜以继日地修改《保卫延安》。正是在这一时期，杜鹏程将一部打印稿寄给中国作协副主席、人民文学出版社社长兼总编辑、著名文艺理论家冯雪峰审阅，请他指正。冯雪峰是杜鹏程恩师柯仲平的好友，柯仲平在此前曾特地写过一封推荐信给冯雪峰，请冯雪峰对杜鹏程创作的《保卫延安》多提意见。冯雪峰收到稿子后，在百忙中认真阅读了小说，后来又几次约杜鹏程到他家里，当面谈了他的一些具体看法和意见。杜鹏程根据冯雪峰的意见对手稿又进行了认真修改，最后该小说顺利通过终审。

为了将这部作品修改为自己认可的小说，杜鹏程不断推翻之前的另做内容，进行新的创作。他“把百万字的报告文学，改为六十多万字的长篇小说，又把六十多万字变成十七万字，又把十七万字变成四十万字，再把四十万字变为三十多万字……漫长岁月里，九易其稿，反复增添删削何止数百次”。

经过近五年的创作，《保卫延安》由报告文学初稿二十二回一百多万字，变为长篇小说八章六十五节三十多万字。作品结构变化十分明显，其中有两点表现最为突出：

1. 初稿以二纵队军事活动为主线；定稿小说中心线索则变为周大勇及其连队的战斗生活。这一变化使得全书结构更加紧凑。

2. 初稿多展现的是战斗场面，一味对打，整体感觉单调枯燥；定稿小说中的战斗则虚虚实实，不乏战斗间隙的部队生活场景。

不久，小说《保卫延安》被解放军总政治部列入“解放军文艺丛书”，准备1954年中旬由人民文学出版社出版。《解放军文艺》杂志社在此书尚未出版时，抢先在1954年1月、2月分别选发了“蟠龙镇”和“沙家店”两章。1954年6月，《保卫延安》由人民文学出版社正式出版。

冯雪峰点评《保卫延安》

前文提到1953年夏季，杜鹏程在北京再次完成对《保卫延安》的修改，特地做了一份打印稿寄给人民文学出版社社长兼总编辑冯雪峰，希望得到冯雪峰的评价指导。寄出稿件后，杜鹏程很想当面向冯雪峰求教，他也曾几次去拜访冯雪峰，但都没有寻到，杜鹏程对此有些失望。

1953年12月初，杜鹏程突然接到冯雪峰的来信。

“你的信及《保卫延安》打字稿，我都收到了。心里很感激。你几次找我都没遇见，我都不知道，这是很惭愧的。你的作品，我一定挤出时间在最近一星期看完。本月十五号左右你来找我如何？”

冯雪峰

收到《保卫延安》的打印稿后，冯雪峰真的是“挤出时间”来抓紧审读这篇小说。那时冯雪峰工作很忙，他只能在晚上回到家中读这部书稿。一天晚上，他的夫人听到他咳嗽得很厉害，便过来看他。原来炉子的火熄了，冯雪峰又没有披大衣，结果手脚都快冻僵了。他的夫人摸他的头，很烫，可能是冻感冒了。冯雪峰站起来，搓着手，一边来回走动，一边说：“这位作者在哪儿住着？现在，我想找他谈一谈。”他的夫人见他病成这样，便说：“夜里四点了，你到哪里去找人？我马上给机关打个电话，让车子开过来，拉你到医院看病。”冯雪峰竟大声说：“看什么病！”

白天在上下班乘坐的东四大街有轨电车上，冯雪峰也聚精会神地看这部稿子，甚至在开会时，他也抽时间看稿。冯雪峰越看越喜欢这部战争题材小说。那时的他一见到相熟的作家朋友，便把这部作品详细地介绍给人家。他有时甚至不去乘车，而愿意步行，边走边思索。他旧呢子大衣的腋下，总是夹着这部《保卫延安》打印稿。很快，冯雪峰又给杜鹏程写来第二封信。

“你的小说，我兴奋地读着，已经读了一半以上，估计很快可以读完，我因事多，否则，我一定一口气读完，不愿意中断的。如果你有时间，十一日五时半到我家吃便饭，趁吃饭，我们谈一谈。”

冯雪峰在当时的中国文坛地位颇高。他的会见邀请，使 32 岁的杜鹏程“心里掀起巨大的感情的波涛”。12 月 11 日下午五时多，杜鹏程依约来到冯雪峰位于北京崇文门内苏州胡同 16 号的小院。那时，天已傍晚。杜鹏程按响门铃，冯雪峰亲自开门，他们没有客套寒暄，只是很亲切地点点头。进了门，借着灯光，杜鹏程才看清这位令人尊敬的前辈，“瘦而高，身板硬朗，面孔微黑，头发苍白，一双不大的眼睛里闪着诚挚的光芒”。当杜鹏程坐定后，冯雪峰没有任何客套，指着放在茶几上的《保卫延安》打印稿，开口便问：“你觉得你写的作品怎么样？”听到这句话，杜鹏程一时不知该怎样回答。当冯雪峰再次问他时，杜鹏程说：“我心里很矛盾，甚至可以说很痛苦，我简直说不清……”

听到杜鹏程这样说，冯雪峰用手按着那一大摞书稿，很有感触地说：“这是可以理解的，一个运动员用全部精力向前跑的时候，终点和周围的事物，他都是顾不上看的。……像你这样的年纪就能写出这样的作品，尤其是能写出描绘彭德怀将军形象这样的文章，真是很不容易。要我写我也不一定能写出来。……这是一部史诗，虽然在艺术上还比不上《铁流》《水浒》及《战争与和平》那样辉煌,但可以说这是一部史诗的初稿,将来你还可以不断修改。我之所以说修改要在将来，而不是现在，是因为这个作品的不足之处反映了我们现有的文学水平。等待将来我们水平提高了，你的经验也多了，你自然有能力把它搞成和古典杰作争辉的作品。”

接下来，冯雪峰也直率地指出小说在人物和情节描写、语言以及抒发感情的方式等方面存在的问题。冯雪峰指着第六章第一节的开头说：“你写‘无定河呜呜地向东流去’！你去看看中外的那些好作品，人家绝对不会这样去写一条历史上有名的河流！……你写东西是创作，读者读作品时也在进行创作。要相信和尊重读者。要含蓄，要让人有回味余地，不要一有机会你就跳出来讲一大套道理，而且不管人物处境怎样，都要说到‘党的培养呀’等等，这是不必的。你我谈话，没有说到党的培养，难道这能说明我们忘记自己是共产党员，难道就忘记了党的培养吗？不会的。生活的实际情况是怎样的就怎样写；尊重生活，对一个作家来说，没有比这更重要的。”

听到冯雪峰指出自己作品中存在的问题，杜鹏程浑身冒汗，满脸通红。看到杜鹏程这种窘状，冯雪峰也感到自己的话可能有些重了，他缓和了一下自己的语气说：“虽然指出了作品一些缺点，但这些意见你可以听，也可以不听；最重要的是，这部作品为我们的新文学事业带来了一些新东西，这使我非常高兴。”

第二天，冯雪峰又给杜鹏程打来电话，说昨天的谈话他意犹未尽，希望杜鹏程晚上能再到他家谈一次。当杜鹏程再次来到冯雪峰家后，冯雪峰坐下来便直入主题谈了起来。他告诉杜鹏程，他已经向《人民文学》杂志社做过推荐，希望他们先选发该书的部分章节。随后他又说，自己已与人民文学出版社几位负责同志商量过了，希望作者用两周时间将一些地方修改好，然后加快印刷，争取3月出版。

杜鹏程根据冯雪峰及出版社编辑部提出的意见，又用了两个星期，对稿子再次进行了修改。当人民文学出版社将清样（指准备印刷前的校样）送来后，杜鹏程又作了修改，出版社只好又进行重排。等二校清样送来后，责任编辑嘱咐杜鹏程，千万别再大动了。可杜鹏程又对清样进行了修改，有些章节改动有些大。结果这些章节出版社又要重排。等三校清样送来时，责任编辑再次嘱咐杜鹏程，绝对不要大动了。可杜鹏程仍对清样进行了些许改动，这使得一些已经排好的页码又要重排……责任编辑把情况告诉了冯雪峰。冯雪峰后来见到杜鹏程，笑着对他说："作为一个作家，我对你把稿子进行反复修改，非常赞成。可是编辑部的同志说吃不消。这是一个矛盾。"对此，杜鹏程也感到有些抱歉。但冯雪峰却认真地说："别把这些事情放在心里，一个作家就是这样。果戈理初稿很粗糙，也是经过多次修改，一次比一次更好——这从别林斯基的评论文章中可以看出来。"

对于这部自己非常喜爱的小说《保卫延安》，冯雪峰不仅积极推荐发表，还亲自上阵为该书写评论。一天晚上，杜鹏程来看望冯雪峰。当他进屋时，冯雪峰正在书桌台灯下奋笔疾书。见到杜鹏程，冯雪峰示意他坐下。借这个机会，冯雪峰夫人赶紧对丈夫说："你还没有吃饭！"冯雪峰焦躁地摇着头："开了一天会，刚坐下写了几个字，吃什么饭。”接着，他将自己正在写的评论《〈保卫延安〉的地位和重要性》递给杜鹏程说：“你看看，这是我写的文章。”这篇两万字的长文，在总体上，对于《保卫延安》给予了极高的评价。它从细节的叙述、人物的刻画等方面，指出小说《保卫延安》为中国新文学带来的不可忽视的、有价值的元素。

《保卫延安》出版后的影响

《保卫延安》封面

小说《保卫延安》一经面世，便轰动全国，好评如潮。短短三年内再版三次。1954年6月，该书第一次出版。初版为小三十二开竖排本。1955年年底，杜鹏程对该书又进行过一次修改，删去数千字，增添了两三万字。对于这次修改，杜鹏程在1958年9月所作的“后记”中有提及：“一九五六年初，这本书重排的时候，我曾经修改过一番：删去了数千字，增添了两三万字。虽然个别地方改动比较多，但是从总的方面说这些修改都是属于技术性的。这次重排也在字句方面作了一些改动。”

1956年1月，人民文学出版社在此修改基础上出版了《保卫延安》第二版，该版为大三十二开竖排本。1958年，杜鹏程又对该书作了一些修改，不久便又重新出版。

《保卫延安》第一次出版后，时任人民文学出版社社长兼《文艺报》主编的冯雪峰，在1954年第14、15两期《文艺报》上先后发表两篇重要评论：《〈保卫延安〉的地位和重要性》《论〈保卫延安〉的成就及其重要性》。在《论〈保卫延安〉的成就及其重要性》中，冯雪峰高度评价《保卫延安》这部小说："这部作品，大家将都会承认，是够得上称为它所描写的这一次具有伟大历史意义的有名的英雄战争的一部史诗的。……他所描写出来的人物的性格，都是深刻的、丰满的、生动的。……这部作品确实成功地、辉煌地创造了像周大勇、王老虎、李诚、卫毅等这样的人民英雄的典型。关于彭德怀将军的这一幅虽然还不够充分的，然而已经传达了人物的真实精神的生动的肖像画，是我们文学上一个重要的成就。"

1956 年 2 月 4 日，杜鹏程因在《保卫延安》等文学作品创作上的杰出成就，在中南海受到毛泽东主席的亲切接见。

1960 年 7 月 22 日，时任文化部部长、现代文学大师茅盾在第三次文代会开幕式上，作了题为《反映社会主义跃进的时代，推动社会主义时代的跃进》的报告。在报告中，茅盾对杜鹏程给予积极称赞："杜鹏程的风格的发展，是值得注意的。只要把《在和平的日子里》同《保卫延安》作一比较，已经可以看出显著的不同……他的作品中的人物好像是用巨斧砍削出来的，粗犷而雄壮；他把人物放在矛盾的尖端，构成了紧张热烈的气氛，笔力颇为挺拔。"

国务院总理周恩来阅读该小说后，对其艺术描写的真实性给予了充分肯定："我们部队打仗就是这样，彭总这个人也就是这样。"

柳青曾评价杜鹏程："说他不隔，和生活不隔。……老杜的感情和战士不隔，世界观和战士不隔。……不用和老杜交谈，看作品就知道作家吃了多少苦。"

《保卫延安》中的人物源自现实

在小说《保卫延安》中，杜鹏程以实际生活中的西北野战军军人为原型塑造了英雄群像。

在谈及创作《保卫延安》中的彭德怀形象时，杜鹏程说：“这一切，在我心里产生的不是抽象意念，而是激动人心的巨大的形象。伟大的中国革命造就了许多光辉灿烂的巨人——毛主席、周副主席、朱总司令……我是带着广大指战员强烈的崇敬心情来描绘彭德怀将军的形象的。他是来自现实斗争生活，也是来自广大指战员的心里。”

在行军途中和群众、部队聚会上，杜鹏程曾听到过许多有关这位“彭大将军”的战斗故事。这使得杜鹏程很想近距离接触这位将军。1948 年秋，在陕北黄龙山的一个窑洞里，彭德怀召集西北野战军全体前线记者谈话，这让杜鹏程第一次有机会近距离接触彭德怀。在这次会议上，彭德怀说了三四个钟头，他谈到延安保卫战的重大意义和新闻工作者的责任，也谈到了他自己：“我这个人没有什么，要说有一点长处的话，那就是不忘本。”当杜鹏程亲耳听到彭德怀的话语时，激动不已。采访中，彭德怀质朴谦和，平易亲切，他说甘愿当“扫帚”供人民使用，觉得他自己就是比群众和战士多吃一口野菜，也是深为惭愧的！杜鹏程深深感受到彭德怀总司令那颗对党忠心耿耿、时时把人民群众和战士们放在心上、“先天下之忧而忧，后天下之乐而乐”的心，这颗赤子之心正是彭德怀一生的真实写照。

小说主人公周大勇的形象源于杜鹏程所在的西北野战军二纵一位名叫温广生的连长。在保卫延安的战斗中，曾有一个排与部队失联后重新归队。杜鹏程由此真实事件演绎出周大勇率领连队在长城内外孤军奋战的故事。

小说中的孙全厚则是由报告文学中的老范（范绍通）、老阎等几个实际人物合并构成。1948 年，杜鹏程曾发表过一篇报告文学《英雄老范》（合写），在初稿中这个人物便以真实姓名出场。

而宁金山这个人物在初稿中已经出现，但没有其弟宁二子。杜鹏程设计兄弟二人同为“解放战士”，又在“迎新”会上相认，这是在后来的修改过程中形成的。

团参谋长卫毅原型是西北野战军二纵某团参谋长李侃，孤胆英雄王老虎原型即二纵四旅同名基层指挥员。

对于这些人物，杜鹏程说过：“干部、战士们的英雄行为、思想品质深深地教育和感染了我。我深切地爱他们，他们的音容笑貌在我脑海中都是活生生的，经久不忘。我能讲出许多干部、战士的出身、经历、性格特点、生活习惯，特别是他们的战斗经历等。……周大勇连队的故事就是以这个连队为基础的。……我和他们相处多年，对他们的思想感情、风俗习惯、生活语言等等，虽然没有深入研究，但还是有一定的了解。可以说，假设没有这几年的生活基础，也是写不出《保卫延安》中陕北人民群众的形象的，写不出他们的历史、他们的斗争和生活状况。就是在语言方面，我也深受陕北人民的影响。……在大时代中结识各种人，认识各种事物。作家丰富的阅历、人生的经验，是他创作的财富。”

正因如此，在阅读《保卫延安》时，读者能感到一种真实。这种真实不仅是文学的真实，更是历史的真实，同时还是情感的真实。

《保卫延安》手稿入藏中国现代文学馆

杜鹏程将《保卫延安》及其相关手稿视若生命，他一直都将其珍藏在身边历经几十载。在他去世后，为给这些手稿找寻最好的归处，他的妻子张文彬于20世纪90年代曾亲自来到位于北京西三环万寿寺的中国现代文学馆，向当时的负责人舒乙提出捐赠意向。舒乙问张文彬："有多少？"张文彬用手一比画，说："两尺多高的，有两摞。"随后她又补充了一句："一个人背不动。"很快，文学馆便派了两位同志前往西安杜鹏程家中取《保卫延安》等手稿。这两位同志不久便背回了两大捆手稿。其中《保卫延安》手稿最多，有《保卫延安》的写作大纲、人物表，有《保卫延安》报告文学版第一稿、第二稿。其中，第一稿共3514页，一百多万字。在该稿最后一页，杜鹏程写道："一九五〇年二月初草拟，五一劳动节完稿于喀什噶尔，一九五一年二月五日，即农历除夕之日二次修改，一九五一年五一节三次修改完于韩城。"第二稿则有1451页，在该稿第1213页，杜鹏程写有一段特别详细的修改时间："一九四九年十二月在喀什写提纲到一九五〇年二月初稿完成于帕米尔高原下。一九五一年二月二次修改于新疆喀什。一九五一年五月三次修改于韩城。一九五一年七月四次修改于迪化。一九五一年九月五次修改于迪化。一九五一年十一月六次修改于迪化。一九五二年三月七次修改于迪化。一九五二年五月八次修改于北京。"读完此段文字，笔者感觉此稿或许不是报告文学第二版。但因该稿并不完整，也没有任何其他线索可以说明该页的由来。

小说版书稿共有五稿。第三稿有270页，第五稿有428页。在每一稿中，杜鹏程都作了较大修改，密密麻麻的修改处数不胜数。正是这些修改，让我们看到杜鹏程为这部文学作品到底付出了多少心血。

杜鹏程夫妇与女儿杜稚

当张文彬女士向文学馆慷慨捐赠这些珍贵手稿时，文学馆人感受到了一份来自家属的沉甸甸的信任与嘱托。杜鹏程家属希望中国现代文学馆不仅能保存好这些文学档案，还能利用好、研究好、展示好这些资料，让这些文学档案真正地、长久地“活下去”，从而发挥它们最大的历史价值和文学价值。2010年11月，《保卫延安》手稿入选《中国现代文学馆馆藏珍品大系·手稿卷》。2017年6月，杜鹏程和《保卫延安》成为中国现代文学馆主办的“文艺报·经典作家”活动的当月研究主题。2019年9月，为庆祝中华人民共和国成立70周年，中国现代文学馆举办了“初心与手迹——中国现代文学馆馆藏红色经典手稿大展”的活动，《保卫延安》手稿再次入选该大展。

原文链接

保卫延安（节选）

有一个战士跑上来向周大勇报告:“炊事班老孙又昏倒了！”

周大勇急急地离开队伍行列向后跑去。通信员小成也跟着连长向后跑去。周大勇通红的脸上汗水混着沙土。他浑身是汗，衣服透湿，像刚从河里跳出来一样。

周大勇跑到老孙跟前，看见一个炊事员抱着老孙。他一条腿跪下去，从炊事员怀里把老孙抱过来，紧紧地搂到胸前。

那个炊事员站起来，说:“连长！老孙，老孙不行啦！”

周大勇说:“去！快去帮助指导员。看，那不是指导员？他又扶着谁！”

那个炊事员望着老孙，迟迟疑疑停了好久才走开。

老孙眼发直，干枯的嘴唇咧开，脸涨得通红，脖子上暴起发紫的血管。他的嘴唇动着，仿佛给自己的同志和这世界留句什么话，但是说不出来。不大一阵工夫，他的呼吸由急促变得微弱了，脸由通红变成灰白……蜡黄……

周大勇紧紧地搂着老孙，眼珠子一动也不动地盯着老孙那半闭的眼睛，心神错乱地嘟哝:“有一口水就好了！有一口水……”通信员小成也机械地重复:“有一口水就好了！”

一口水一条命呀！

敌人三架飞机，绕过来又栽下来，一条条的火箭，穿在周大勇周围的沙子里爆炸了。炸起的沙土扑在周大勇和老孙的脸上。周大勇用自己的胸膛遮掩住老孙。

周大勇望着那俯冲扫射的敌机，眼里喷火。

团卫生队队长骑着马赶来了。他跳下马，喊“有办法，有办法，这针药有效。”

卫生队长拼命地把注射器的针尖往老孙胳膊上的血管里扎，可是扎不进去。生命离开了老孙，血管、筋肉都僵硬了！

周大勇把老孙轻轻放到地下，站起来。他把自己的破衣袖子撕下一片，想盖在老孙脸上，免得沙子吹进老孙眼里。可是周大勇拿上那块破布，呆呆地站在那里，像是他不知道自己要干什么；像是他的心脏停止跳动，血液停止循环，思想也木然不动了！

老孙啊，老孙！同志们走路你走路，同志们睡觉你做饭。为了同志们能吃饱，你三番五次勒裤带。你背上一口行军锅，走在部队行列里，风里来雨里去，日日夜夜，三年五载。你什么也不埋怨，什么也不计较；悄悄地活着，悄悄地死去。你呀，你为灾难深重的中国人民献出了自己的一切啊！

…………

部队哗哗哗地前进着：战士们，担架队员们……走啊！走啊！老孙没有走完的路，同志们要走完！

战士们用眼光向倒下去的同志致敬。听不见长吁短叹，看不见愁眉苦脸，只有一种沉重而又严肃的空气，充满在天地之间。

周大勇双手撑在腰里，再一次地望望老孙那老成忠厚的脸相。啊，这个跟他周大勇同生死共患难的战士，永远放下了自己的行军锅，永远再不会向他说：“连长，我没啥能耐，吃点苦总还行……我好赖是个党员。唉，我做的事太少……连长，你跟指导员劳累的，教人心疼！”周大勇心里绞痛：有多少英雄好汉倒下去了啊！有多少热血浇在中国的土地上了啊！

周大勇和小成用黄沙掩埋了老孙的尸体。趁团供给处的队伍过来的工夫，周大勇要了一片炮弹箱子上的木板，用刺刀削了削。他从文书手里接过来毛笔，在木板上写着：

共产党员孙全厚，五十七岁，山西孝义人，为中国人民解放事业而光荣牺牲！

周大勇把这个木牌插在老孙的墓前，望着它，望着它！

周大勇擦了擦头上的汗，背上老孙留下的行军锅，正要去赶自己的连队，团政治委员李诚上来了。李诚满脸是沙土，嘴唇干得裂开小口子，鼻孔里塞了一团棉花，上嘴唇还有干了的鼻血。他的马满身是汗，口里流着白沫。

李诚跳下马，看了看木牌，站在坟墓旁边，脸上一条条的皱纹像刀子刻的一样。他抬起头，眼睛一眨也不眨地望着前进着的战士。

突然李诚向战士呼喊：

“同志们！一个战士倒下了，千百个战士要勇敢前进！一个共产党员倒下了，千百个共产党员要勇敢前进！大山沙漠挡不住我们；血汗死亡吓不倒我们。前进！哪里有人民，我们就到哪里去；哪里有苦难，哪里就更需要我们。前进，勇敢前进！战胜一切困难。”

这用全部生命力量喊出的声音，掠过战士们的心头，在无边无际的沙漠上空雷似地滚动。

战士们踏着沙窝，急急地向前走去。他们那黑瘦的脸膛上、眼窝里、耳朵里、嘴唇上，都是厚厚的一层沙土；两腿沉重得像灌满了铅。但是，他们都挺起胸脯扬起头，加快脚步，一直向前走去。他们都坚毅地凝视迎面移来的沙漠，凝视远方。

沙漠的远方，一阵旋风卷起了顶住天的黄沙柱。就算它是风暴吧，就让它排山倒海地卷来吧！

阅读加油站

1. 选取典型事件。这篇文章节选详细叙写了老孙牺牲的经过与周大勇埋葬战友的情形，再现了革命军人抛头颅、洒热血的战斗场景，讴歌了革命英雄主义精神。

2. 选取典型环境。天空中敌机轰炸，地面上狂沙肆虐，战士们饥渴、疲惫。小说以典型环境来衬托解放军战士的革命英雄主义精神。

3. 选取典型场景，以小见大。小说叙写了一个连队不怕牺牲、英勇无畏的行军、战斗场景，以小见大，展现了全体解放军战士的精神风貌，赞扬了可贵的革命英雄主义精神。

管桦和他的《小英雄雨来》

我应当凭自己的良心，带着一种崇敬的心情，描写那个时代儿童团员的爱国精神，教育下一代，这是我创作小说《小英雄雨来》的目的。

——管桦

三分钟了解 一本红色经典

朗读者：慕语涵

北京朝阳外国语学校小学部五年级学生。喜欢写作、画画，其作品曾刊登于《语文世界》等刊物。

现代著名作家郁达夫曾说过："一个没有英雄的民族是不幸的，一个有英雄却不知敬重爱惜的民族是不可救药的。"

中华民族是一个英雄辈出的民族，而英雄要从儿童时代便开始培养。

在新中国"十七年文学"中，就有一部讲述少年英雄的红色经典小说。该小说名叫《小英雄雨来》，原名为《雨来没有死》。小说讲述了儿童团员雨来聪明勇敢地应对侵略者的英雄事迹。小说共有六个雨来小故事：一是游泳本领高，二是上夜校读书，三是掩护李大叔，四是勇斗鬼子，五是宁死不屈，六是机智逃生。小说发表后，小英雄雨来成为中国整整一个时代全国少年儿童心目中的英雄。时至今日，他依旧是孩子们学习的榜样。

雨来的诞生，与它的创作者管桦的亲身经历有着十分密切的联系。

管桦

管桦的成长经历

管桦（1922—2002），原名鲍化普，1922 年 1 月 9 日出生在河北省唐山丰润县三女河乡女过庄村。8 岁，他进本村小学读书。初中时，因家境贫困他被迫辍学。为帮助家里，管桦常到荒野拾柴。夏收时，他去田里拾麦穗。冬季闲暇时，他便在家里读《红楼梦》《水浒》《西游记》《七侠五义》等中国古典文学作品，这为他的创作打下了最初的文学基础。

抗战爆发后，管桦所在的村子成立了儿童团。儿童团的具体任务是：第一，宣传抵抗侵略者。第二，侦察敌情抓汉奸。第三，站岗放哨送书信。第四，帮助军属来做事。第五，尊敬抗战官和兵。第六，学习生产都不停。在中国共产党的领导下，从东北的白山黑水到山西的黄土高原，从山东的沂蒙山区到苏北的芦荡湖河，从蜿蜒的长城脚下到晋察冀一望无际的华北平原，抗日根据地到处都活跃着儿童团的身影。其中，最为活跃和出色的就是晋察冀边区的儿童团，他们站岗、放哨、送情报、捉汉奸，利用自己年纪小、不被敌人注意的特点，经常深入敌后，无数次出色地完成了上级交给的任务。晋察冀边区抗日儿童团当时还开展了“五不运动”：不给敌人带路，不给敌人送信，不吃敌人的糖，不念敌人的书，不告诉敌人藏粮的地方。

1938 年 7 月，管桦的父亲鲍子菁参加了由冀东党组织领导的冀东二十万工农抗日大暴动，先后收复日军盘踞的九座县城，切断了北宁铁路，给日本侵略者以沉重的打击。鲍子菁后调入八路军冀东军区政治部工作。这一时期，管桦曾短暂前往天津志远中学读书，在那里，他广泛地阅读了鲁迅、茅盾、巴金、丁玲、田汉、老舍、王统照等众多现代作家的文学作品，这使得他的写作水平有了很大的提高。当冀东抗日根据地成立后，鲍子菁便把家人从天津接回。1940 年，管桦进入设在晋察冀边区的华北联合大学文艺学院学习。当时，为了不连累家人，许多学员参加革命后都改了名字。管桦入校后，起初将自己改名为“管华”，但学友们听后便跟他开玩笑：“管理中华，野心太大了吧！”管桦觉得大家说得有道理，便在“华”字左边加了一个“木”字，改为“桦”，他的解释是：“我喜欢树木，抗战胜利后，我就管理一片树林。”从此，管桦这个名字叫开了，后来更是成为他的笔名。在校期间，管桦学习了大量革命文学知识，并“第一次听到福楼拜、莫泊桑、大仲马等作家的名字和老师对他们作品的分析”，这极大地开阔了他的视野，提高了文学素养。

1942 年，管桦从华北联和大学毕业，被分配到中共冀热边特委主办的《救国报》任随军记者。这期间，他创作了自己的第一篇抗战短篇小说《行军》，后在《挺进军报》发表。从此，管桦开始了自己长达六十年的文学生涯。1943 年，管桦调往冀东军区政治部尖兵剧社工作，先后担任文艺演出队副队长、队长和冀热辽军区文工团副团长等职务。这期间，他创作了众多歌词、剧本、文艺通讯和小说。

抗战胜利后，管桦随部队去往东北地区。1946 年，他光荣地加入了中国共产党。

《小英雄雨来》的创作经过

1948年，管桦因病从部队转业，调任东北鲁迅文艺学院研究员。这使得他有更多的时间专心从事文学创作。在东北期间，管桦先后创作了话剧《归队立功》、话剧《蒋敌伪合流》（合写）、中篇小说《荆各庄的故事》、歌剧《国军现形记》（合写）。其中《归队立功》受到冀热辽军区通令嘉奖，并荣获朱德奖章。

这一时期，管桦还根据自己的亲身经历，开始创作短篇小说《雨来没有死》。小说不仅融入了管桦童年时的经历，还加入了他成年后的经历。管桦作为八路军随军记者独自活动时，需要从一个村庄到另一个村庄采访。在采访的日程中他需要有向导引路，给他带路的往往都是那些十几岁的儿童团员。这些孩子们常常在夜里带领管桦翻山越岭，穿过敌人的封锁线。让管桦惊讶的是，尽管儿童团员们年龄不大，但无论碰到什么样的困难和危险，他们都不会畏惧。当管桦抵达目的地与孩子们道别时，孩子们脸上总是露出骄傲、幸福、得意的笑容。他们勇敢、机智、不怕苦的特点，以及对敌人的仇恨，都给管桦留下了终生难忘的印象。

有一年春天，管桦途经丰润县城北的上水路村时，恰逢日本侵略者来“扫荡”，当时除了埋设地雷准备打麻雀战的民兵留在村里，满山遍野都是往北转移的老人、妇女和儿童。忽然有一个八九岁的男孩见管桦身着八路军服装，便跑过来拽住他的衣襟说：“我要跟着你当八路军打鬼子！”管桦说：“八路军不能背着小孩打鬼子，快找你妈妈去吧。”那孩子说：“今儿个高低是跟你去当八路军了，就兴你们大人抗日救国？”那孩子依旧拽着他的衣襟不放，管桦无奈地说：“得让你妈妈送你来，八路军才能要。”当那孩子东张西望寻找妈妈时，管桦才得以走脱。后来他听说，在这次“扫荡”中，进犯至遵化县与丰润县交界的鲁家峪村的一股日军，抓住了一个孩子，却被孩子带进了地雷阵里，炸死了许多鬼子，孩子也壮烈牺牲了。他猜想到是不是自己遇到过的那个孩子。

1945年夏秋之际，冀东军区八路军某部攻打玉田县城，管桦和尖兵剧社的其他几位同志要去前线采访，在城南庄负责给他们带路的是个十三四岁的孩子。管桦对那孩子说：“村里没大人吗？”那孩子带着兴奋自信的表情说：“你们奔哪儿？我把你们领到那儿不就结了吗？”大家出了村子，眼前是一片开阔地，正北约五里地就是玉田县城。大家走着走着，忽然发现东面白菜地尽头，约二百米远处高耸着一座炮楼，却没有枪声。管桦问那孩子：“炮楼里还有鬼子没有？”话音未落，敌人的机关枪子弹就像雨点般扫射过来，大家连忙俯卧在地上。过了一会儿，见敌人没再开枪，带路的孩子站起身来问是否还往前走，管桦冲他大喊一声：“快卧倒！”可是已经晚了，那孩子被炮楼里飞出的子弹击中了太阳穴，当场牺牲。此后，每当夜深人静时，管桦凝望着天空，他觉得每颗星都亮得像儿童的眼睛，这些眼睛充满了纯真，正瞧着他。他想起自己也曾在儿童团孩子们的带领下，在暗夜中行进。当时，周围的树林、沙丘、荒坟就像一团团黑影，令人感到阴森恐怖。可儿童团的孩子们挺着胸脯，眼睛闪闪发亮，他们是那样的勇敢。寂静中，管桦只听见他们嚓嚓嚓的脚步声，以及从远处传来的清脆的机关枪声和大炮闷雷般的轰响。

在东北鲁讯文艺学院从事创作时，管桦总会回想起当年的抗战岁月。抗战时期，那么多孩子参加了各地儿童团，他们以自己弱小的身躯勇敢地抵抗日本侵略者，与敌人进行坚决的斗争。这些孩子都知道自己是中国人，从心底里爱自己的家乡，爱自己的祖国。这成为管桦创作这篇小说的动力。

晚年的管桦在回忆自己最初创作《小英雄雨来》的目的时，曾说过："抗战时期，全国无论是成年人还是少年儿童，也无论是男人还是妇女，在共产党的领导下，同仇敌忾，不仅给敌人以沉重的打击，也使我们中华民族得以重生。我应当凭自己的良心，带着一种崇敬的心情，描写那个时代儿童团员的爱国精神，教育下一代，这是我创作小说《小英雄雨来》的目的。"

管桦笔下所塑造的主人公雨来，其实是抗日战争时期众多冀东少年儿童的一个缩影，在他身上也有管桦小时候的影子。小说中芦花戏水、星夜攻读、智护交通员的情节，以及苇丛雏鸭、五谷飘香的田园风光，还有鲜活的方言土语，都是曾经的真实生活。

《雨来没有死》初稿，是管桦一气呵成写完的。写完后，管桦首先请时任鲁艺研究室主任的周立波审阅。周立波被小说主人公雨来的精神所吸引、感动，他称赞这篇小说写得有骨头有肉，非常值得读，是一篇不可多得的佳作。周立波鼓励并指点管桦继续写下去，要写成一部真实反映冀东人民抗日斗争的中篇或长篇小说。不久，《雨来没有死》发表在《晋察冀日报》上。小说发表后，受到广大读者的一致好评。

新中国成立后，管桦先后在天津音乐学院、中央乐团和北京市作协工作。1955 年，在《雨来没有死》的基础上，管桦经过精心构思，创作了中篇小说《小英雄雨来》。谈及创作动机，管桦坦言是要让孩子们懂得爱国，"爱国主义教育应当从娃娃抓起，如果一个人连自己的家乡都不热爱，还谈何爱国？”。

雨来雕像

20 世纪 90 年代后，为使“雨来”的爱国主义精神得到发扬光大，管桦晚年打算在家乡还乡河畔建一座小英雄雨来纪念园，以便让孩子们更多地走近小英雄，学习小英雄，自觉地接受爱国主义和革命传统的教育熏陶。管桦的这一想法很快得到家乡人民的大力支持。1998 年，占地面积约 8000 平方米的“小英雄雨来纪念园”在唐山丰润还乡河公园落成。在园中的醒目位置，矗立着一尊小英雄雨来的雕像——雨来身穿对襟粗布上衣，下挽裤腿，赤着双脚，袒胸露脯，双拳紧握，身姿坚定，他稚气的脸上嘴唇紧抿、目光毅然，注视着涓涓不息的还乡河。在雕塑基座上，管桦亲自题写了“我们是中国人 ，我们爱自己的祖国”。在雨来纪念碑上，管桦亲笔赋文写道：“一九三七年，日本法西斯侵略中国，中国进行全民族抗战。青壮年参加八路军，拿起枪抗击日本侵略者。冀东还乡河两岸各村的民兵、老年人、妇女、少年儿童，为保卫祖国家园，与敌人进行顽强的斗争。在那个战争年代，像雨来那样站岗放哨，手拿红缨枪，挺起小胸脯，给八路军送信、带路的情况，是很多很多的。”

自“雨来”诞生，管桦便精心守护着他和他身上的那种爱国精神。“雨来”也为年轻的管桦射出了“爱情之箭”。

“我俩经过组织上的介绍，又经过相互了解，双方政治方向一致、感情相投，愿在党的培养下终身共同献身于革命事业，呈请组织批准结婚。　李婉 管桦”

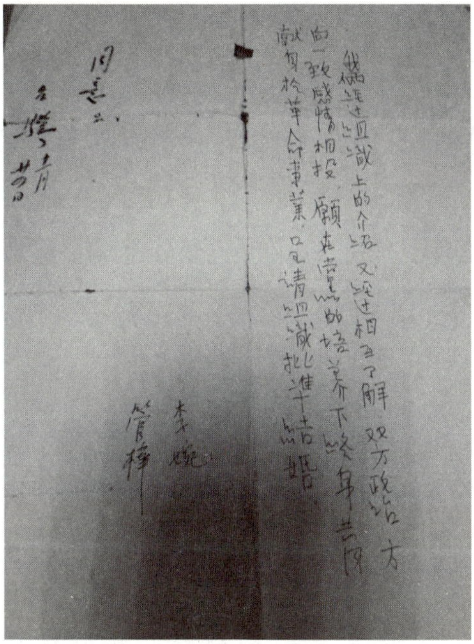
经过组织上的介绍，又经过相互了解，双方政治方向一致，感情相投，愿在党的培养下终身共同献身于革命事业，呈请组织批准结婚。

李婉
管桦

同意
吕骥
十一月
廿四

管桦和李婉的结婚证书

这是一页收藏在中国现代文学馆的管桦、李婉夫妇的结婚证。短短几句，交代了两人是怎样认识的，又是怎样交往的，双方的感觉如何，然后表明了双方的决心，最后请组织考虑。落款也很有特点：女士的名字在前，男士的在后，真是体现了解放区新时代的精神风貌。很快，组织领导便在结婚申请上签署了同意意见，“同意 吕骥 十一月廿四日”。这样，结婚申请就成了两人的结婚证。

原文链接

小英雄雨来（节选）

特务把雨来带到村西北河边上。二百多敌人在堤岸旁边坐着。一个特务说："去了半天，逮这么个小崽子来啦！"

逮雨来的特务回答说："别看他人小，胆子可不小呢。敢夺我的枪！"

鬼子和特务吃惊地瞧着雨来头上的八路军帽，和腰间扎着的牵牛花藤蔓。一个紫黑脸膛宽鼻子的特务，在雨来的胸脯上打了一拳，瞪着眼珠子，咬着牙，说："就欠拿刀子把你肚子里的八路气儿放出来！"

这个特务又把雨来的军帽使劲往下拉，遮住两眼。那些鬼子兵，露出大黄板牙，哈哈大笑。

雨来用手猛地把帽子往上一推，戴得端端正正，一声不响地挺直身子。他缠在腰间的花朵和绿叶，也一动不动地撅翘着。

满脸大胡子的鬼子指挥官，在那又长又密的眉毛底下闪动着一对凶恶的圆眼睛，嗖的一声抽出指挥刀，放在雨来的脖子上，用中国话说："小害（孩）带路！死拉（了）的没有！"

雨来没有回答，心里暗暗打主意，怎么办呢？把敌人带到哪里去呢？

鬼子指挥官见雨来直瞪着眼睛不说话，以为这小孩吓昏了，把刀从他脖子上拿开，语气变得温和起来，好像是安慰雨来，说："害怕的不要，给皇军带路，死拉（了）的没有！"

雨来心里想："把他们带进地雷阵，这倒是个好机会。"

见雨来还是直瞪着眼睛不说话，那个瘦脸上长满小红疙瘩的特务弯下腰，直望着雨来的眼睛，大声叫道："听见没有？给皇军带路就把你放了，要是不带路就割掉你的脑袋！"

雨来心里说："要是顺顺当当地答应给他们带路，他们也许还要疑心呢，不能叫敌人看出破绽来。"

鬼子指挥官见雨来只是直瞪着眼睛不说话，就把刀在他头上挥动着，吼叫："带路！带路！

那个紫黑脸膛宽鼻子的特务，在雨来的背上打了一拳，又顺手往前一推，叫声："走！"雨来这么被推搡着在前面走，二百多个鬼子和特务在后面跟着。雨来站住脚，脸上装出恼怒的神情，说："这么推搡，还不把我推到地雷上？"

鬼子指挥官向那特务挥了一下手。特务向雨来说："好，好，不推搡啦。就这么乖乖地给皇军带路！"

到了村东的大路上，连鬓胡子指挥官，耗子一样的小圆眼睛滴溜溜地转动着，瞧瞧那些土块下面的红绿纸条，又瞧瞧雨来。紫黑脸膛宽鼻子的特务急忙上前问雨来："这些都是地雷吗？我就不信！

雨来回答说："不信？对啦，没有地雷。你去踩一踩吧！"

紫黑脸膛宽鼻子的特务伸出大巴掌，给了雨来一个脖儿拐，咒骂着："小兔崽子，我知道你没安好心眼儿！"

雨来一会儿把敌人领到漫地里，一会儿又领到大路上，弯弯转转，在这片假地雷阵里走。雨来故意扯开嗓子喊叫一声："小心地雷呀！"

一个鬼子兵，正好踩到松软的地上，以为踏着地雷了，惊叫一声，趴倒在地上。这一叫，整个鬼子大队都呼啦呼啦闪到一边，叽里咕噜趴下来，吱哇乱叫。

趴了一会儿，不见雷响，才松口气站起来。很多鬼子，因为刚才把脸埋在土里，弄得满脸沙土，只露着滚动的小眼睛。一个个缩头缩脑惊慌的样子，仿佛都吓掉了魂。

雨来带着敌人继续往前走。广阔的田野上，一块两块没有收割的豆子地，火焰似的高粱穗儿，雪白的棉花球，耸入云天的白杨树，这一切都仿佛瞪着眼睛，等着看鬼子怎样踏到地雷上。

一块没有刨掉的秫秸，哗啦哗啦抖动着干叶子。还乡河水打着漩涡，阳光下闪耀着发白的浪花，以及水鸟的叫声，都使鬼子心惊肉跳。

雨来故意领着敌人从那写着几个大字的路边经过。一个个鬼子兵走过时都战战兢兢地瞧一眼地上那行特别显眼的白粉笔字：这儿是中国的土地！

雨来见很多鬼子兵的腿都打着哆嗦，腮帮子嘴唇乱动。雨来心里说，他们在嘟哝些什么呢？诅咒天皇不该把他们送上中国这块可怕的土地吗？还是祈祷天皇保佑他们走出这天罗地网呢？

如果他们是咒骂天皇，就狠狠地咒骂吧！如果是祈祷，就最后祈祷吧！他们所抢夺的土地，马上就要变成他们冰冷的坟墓了。因为雨来已经把他们带到了真正的地雷阵。

阅读加油站

雨来和几个朋友去侦察敌人的动向时不慎中计，落入敌手。特务和日本鬼子威逼雨来引路，他临危不惧，想要把敌人引到地雷阵中。经过一番斗智斗勇，雨来成功将敌人引入地雷阵，他又装作失足滚进河里机智脱身。最终，敌人在地雷阵中损失惨重。

郭沫若与他的诗集《前茅》

每个时代都有每个时代的精神，时代精神一变，革命文学的内容便因之而一变。

——郭沫若

三分钟了解一本红色经典

朗读者：赵雨佳

首都师范大学文学硕士，研究方向为中国现当代文学。2019 年起任职于中国现代文学馆，参与馆藏宣传、研究、整理等工作。

郭沫若与他的诗集《前茅》

郭沫若

诗集《前茅》是郭沫若 1928 年出版的一本著作。该书为“创造社丛书”第二十二种，由上海创造社出版部出版。诗集《前茅》共收录郭沫若诗作二十三首，包括《前茅》（序诗）、《黄河与扬子江对话》《留别日本》《上海的清晨》《励失业的友人》《力的追求者》《朋友们怆聚在囚牢里》《怆恼的葡萄》《歌笑在富儿的园里》《黑魆魆的文字窟中》《我们在赤光之中相见》《太阳没了》《前进曲》《暴虎辞》《哀时古调九首》。除《暴虎辞》作于 1921 年，《黄河与扬子江对话》和《哀时古调九首》作于 1922 年，《太阳没了》作于 1924 年外，其余都作于 1923 年。该书由目次、序诗、正文三部分组成，正文 55 页。

1928 年 1 月 15 日，《前茅》付排；1928 年 2 月 10 日，该书第一次出版，共印制 3000 册；1928 年 11 月 15 日，该书再版，印制 1000 册。

诗集《前茅》体现出郭沫若 19 世纪 20 年代上半期在诗歌创作中的“现实主义倾向”，这与他同一年代出版的另外三本诗集《女神》《星空》《恢复》均有所不同。《恢复》和《女神》表现出郭沫若的革命理想主义：《女神》是通过幻想的形式、夸张的形象来表现；而《恢复》则是通过现实中革命者具体的情操、行为来表现。《星空》则反映了诗人当时在思想感情上处于一种既对现实有了更深的憎恶和不满，又希望自己能在大自然里或者在超现实的空幻境界里，找寻暂时的逃避和安慰的矛盾状态。

自五四运动退潮后，郭沫若同当时大多数中国知识分子一样陷入了苦闷与彷徨之中，他曾经激情澎湃的诗歌创作灵感似乎也已经成为过去，他认为自己“像产生《女神》时代的那种火山爆发式的内发情感是没有了”。在新的革命运动的酝酿和准备期中，很多具有革命民主主义思想的知识分子，包括对中国现实有深切了解的新文学运动旗手鲁迅在内，都由于一时未找到正确的革命道路，内心感到“寂寞荒凉”。郭沫若也是如此。

虽一直在日本学医，但郭沫若早就认为医学根本救不了中国，在他看来更能唤醒民众的是文学。为此，郭沫若努力探索着中国文学的革命之路。1921 年 6 月，郭沫若与郁达夫、成仿吾等人在东京成立了文学社团“创造社”。1921 年 7 月初，郭沫若从日本回到上海，开始精心筹办《创造季刊》，并筹划出版“创造社丛书”。1921 年 8 月 5 日，郭沫若诗集《女神》由上海泰东图书局出版。《女神》是“创造社丛书”的第一本，摆脱了中国传统诗歌的束缚，充分反映了“五四”时代精神，在中国现代文学史上开拓了新一代诗风。1922 年 5 月 1 日，郭沫若等人精心打造的《创造季刊》创刊号在上海出版。创刊号醒目的封面上画有怀胎十月的“夏娃”，她望着一艘桅高帆满的航船环绕地球漫游，期待远征的孩子们能创造出一个崭新的宇宙。

这一时期，郭沫若还写出了以《论文学的研究与介绍》和《论国内的评坛及我对于创作上的态度》为代表的“大文章”，并创

《少年维特之烦恼》封面

作了大量诗歌、小说，还翻译出《茵梦湖》（施笃谟作，1921年上海泰东图书局出版）、《少年维特之烦恼》（歌德原作，1922年4月上海泰东图书局出版）。由于五四运动倡导反对封建婚姻、争取妇女解放，《茵梦湖》《少年维特之烦恼》翻译出版后，深受中国读者，特别是年轻知识女性的欢迎。

1923年3月，郭沫若大学毕业。虽说可以独立行医，但他却不能再继续享受官费待遇。唯一固定的经济来源断绝之后，其生活一时难以为继。从日本回到上海后，郭沫若“生计亦不裕，或竟窘”，于是他“勤奋地著译，靠卖稿为生”。1923年，他翻译了德国尼采的《查拉图斯屈拉钞》。1924年1月，他翻译的《鲁拜集》（莪默·伽亚谟原作）由上海泰东图书局出版。在上海的这一段时间，郭沫若对文学倾注了自己全部的精力。他先后与创造社朋友创办了《创造周报》《创造日》，还积极参加各种文学活动，不断发表演讲，起草众多文学宣言。他曾前往上海美术专门学校、上海大学和中华学艺社年会发表题为《生活的艺术化》《印象与表现》《文艺之社会的使命》等演讲。他在起草的《中华全国艺术协会宣言》中，呼吁一切爱和平、爱自由的青年艺术家赶快“觉醒”，将艺术的熏陶“普及于人寰”。郭沫若在这里所说的“艺术运动”，是富有革命意味的。在为日本大阪《朝日新闻》所写的《我们的文学新运动》一文中，郭沫若高呼“反抗资本主义的毒龙”，宣称“我们的运动要在文学之中爆发出无产阶级的精神”。

这一时期，中国的无产阶级革命运动也进入了新阶段。1922—1924年，在中国共产党的领导下，中国工农运动出现了新的高潮，工人相继进行了一系列有较大影响的罢工运动（“安源路矿工人大罢工”“香港海员罢工”“开滦煤矿罢工”“二七大罢工”）。这些罢工运动显示出中国共产党领导下的工人阶级的伟大力量。同时南方的中国农民运动，也在中国共产党的带领下蓬勃地开展起来。中国共产党所宣传的马克思列宁主义在中国开始得到传播，这些都为之前陷入低潮的中国革命带来了新鲜血液与希望。这种蓬勃发展的革命形势让陷入苦闷期的中国广大知识分子备受鼓舞，他们热烈欢呼中国革命新时代的到来。虽然这一时期，郭沫若与他创办的创造社遭遇了极大的困境，但他也为革命新时代感到欣喜。1923年10月底，杂志《创造日》在出完第一百期后宣告停刊；1924年2月，《创造季刊》宣布终刊；《创造周报》也陷入艰难窘境。郭沫若自己的家庭生活也因经济收入极不稳定而陷入困境。但这些丝毫没有影响郭沫若对于革命光明的追求。

经过时代思潮的洗礼，郭沫若开始对艺术与人生的关系有了深刻的认识。“文艺要忠实地反映现实生活”成为郭沫若创作诗集《前茅》的宗旨，他开始摆脱自然和泛神论的影响，告别苦闷、孤寂和彷徨的情绪，积极正视现实，开始反映人民的疾苦，歌唱无产阶级革命运动带给中国的希望。郭沫若认识到要想结束中国军阀连年混战的罪行，结束帝国主义、封建主义给中国广大人民带来的极大的灾难，只有进行一次彻底的革命，才能消灭这些“毒菌”（督军）和“菌队”（军队）。

正因如此，郭沫若这一时期的诗歌创作辞别了《星空》中那种沉深苦闷和低徊情趣，开始正视坎坷的现实，以粗犷的声调歌唱革命。他看出，假使不像“俄罗斯无产专政一样，把一切的陈根旧蒂和盘推翻，另外在人类史上吐放一片新光”，中国就“永远没有翻身的希望”；他预感到“静安寺路的马路中央，终会有剧烈的火山爆喷”，他要同“世上一切的工农”一起，“把人们救出苦境”“使新的世界诞生”（见《前茅》中《黄河与扬子江对话》《上海的清晨》《前进曲》诸篇）。

列宁照片

《太阳没了》是郭沫若1924年初为世界无产阶级领袖列宁逝世而作的，该诗是诗集《前茅》中的重要一篇。诗人描画出全世界劳苦大众对失去伟大革命导师的无限哀痛，颂扬了列宁的伟大功绩。在诗中，郭沫若说他要秉着“赤诚的炬火”，同全世界劳动人民一起，继续做“逐暗净魔”的工作。这首诗在“四海的潮音都在同声哀悼”的时候，给读者以革命的鼓舞。

《我们在赤光之中相见》则是《前茅》中一首耐人歌吟、启人深思的诗篇。郭沫若通过黑夜必将消逝和光明必将到来，预示革命的最终胜利。他没有用直接告白的方式表露自己的革命热情，而是用一连串富于象征性的诗句显示了这样一个颠扑不破的真理：黑暗腐朽的反动统治终必灭亡，人民群众的革命理想必将实现。

但创作《前茅》的郭沫若，对于马克思主义的接受还处于萌芽阶段，他对无产阶级的了解更多还只是停留在口号上面，并未真正与实践相结合。这使得这些诗缺乏生活实感,有概念化的问题。正如郭沫若在《前茅》(序诗)中写道:“这几首诗或许未免粗暴,这可是革命时代的前茅。这是我五六年前的声音,这是我五六年前的喊叫。”对于《前茅》在艺术上的缺陷,郭沫若曾坦诚地说过:“《前茅》并不高妙,只有点历史的意义。”但是我们应该看到在作“革命时代的前茅”这一点上,这些诗尽到了历史职责。诗人在创作这些诗歌时也开始自觉地站在了时代的高度,用自己理性的思想和社会责任来指导创作,诗人郭沫若做出了自己的历史贡献。

《社会组织与社会革命》封面

1924年4月,迫于生活压力,郭沫若再次前往日本。为了寻求革命之路,这一年的春末到夏初,郭沫若在日本开始翻译河上肇的著作《社会组织与社会革命》。郭沫若边读边译,他感到以前自己听到的列宁是暴徒的传闻真是无稽之谈,他认识到马克思列宁主义学说其实很有价值。对河上肇《社会组织与社会革命》一书中的部分内容,郭沫若则有自己的一些看法,他认为河上肇不赞成早期的政治革命之企图其实不是马克思的本旨。为了保证自己翻译尽可能准确,郭沫若特请友人何公敢借来 *Soviet Russia*(《苏俄杂志》)。根据这本杂志,郭沫若将书中有关章节的引文又极为细致地校改了一遍。1924年7月1日晚,郭沫若校完末章《政治革命后俄罗斯之经济的地位》

的最后一句后，情不自禁地在后面加上了一段“附白”，说“此文于社会革命之道途上非常重要，国人对此颇多误解，有人以为列宁改宗，遂援引为例，欲于中国现状之下提倡私人资本主义者，这真是污辱列宁，贻害社会了。译此文意，倍感列宁之精明和博大，追悼之情又来摇震心旌，不禁泪之潸潸下也”。

这次翻译使得郭沫若对马克思主义理论有了系统了解，为此他曾说过：“把我从半眠状态里唤醒了的是它，把我从歧路的彷徨里引出了的是它，把我从死的暗影里救出来了的是它。”郭沫若确信“马克思主义在我们所处的这个时代是唯一的宝筏”。翻译完成后，郭沫若称自己为“马克思主义的信徒”，其政治思想开始转变。这种政治思想上的转变带来了他文艺观的变化。自此之后，郭沫若开始注重文学的社会性，他开始尝试用马克思主义基本理论来分析中国社会的现状，分析统治阶级的反动本质，以及认识中国社会革命的对象。

1926 年，根据中国社会思潮的变化，以及文学自身的发展规律，在学习了众多无产阶级理论后，郭沫若提出了“革命文学”的口号，明确了文学的时代精神与社会使命。他认为“每个时代都有每个时代的精神，时代精神一变，革命文学的内容便因之而一变”。同时，郭沫若还强调文学的现实性与战斗性，“今日的文艺，是我们现在走在革命途上的文艺，是我们被压迫者的呼号，是生命穷促的喊叫，是斗士的咒文，是革命豫期的欢喜”。他号召广大进步的文艺作家要紧跟时代步伐，“你们要把自己的生活坚实起来，你们要把文艺的主潮认定！你们应该到兵间去，民间去，工厂间去，革命的漩涡中去……”。

在革命大潮的鼓动下，1926 年郭沫若毅然投笔从戎，参加了北伐战争，经历血与火的生死考验。1927 年 9 月，郭沫若在中国革命陷入低谷时，毅然在瑞金加入中国共产党。面对挂在简陋教室墙上的党旗，郭沫若高举起他那只创作过《女神》《前茅》的右手，双目紧盯着党旗。在领誓人的带领下，郭沫若高声宣读着入党誓词。入党仪式结束后，周恩来、谭平山、恽代英等纷纷走上前向郭沫若表示祝贺和欢迎。从那一年起，郭沫若开始了自己作为一名共产党员的革命文学生涯。在中国共产党的领导下，在无产阶级理论的指引下，郭沫若逐渐成为继鲁迅之后，中国文化战线上又一面光辉的旗帜。

郭沫若雕像

原文链接

黄河与扬子江对话（节选）

黄河与扬子江流贯了中华之后，同会于黄海。

他们最近在黄海的中央彼此谈起话来。

（黄）扬兄弟，久违了呢。

（扬）哦，黄兄，你也到了这儿吗？我们真的久违了呢；我们自从昆仑山下一别后，你取道北边，我取道南边，我们没想出在这儿再会。

（黄）啊，说起来真痛心极了。你不知道住在北边的人好苦。我自从通过了黄土之后，便带了一身血水出来。他们这几年来无一天不在流血。他们头上顶着些什么“毒菌”，更还有许多数不清的什么“菌队”。这些“毒菌”和“菌队”无日无夜都在毒杀他们，他们的血液流得遍地都是；连我也被他们的血液充满了。啊，我真哀怜他们。

（扬）唉，黄兄，南边又不是一样吗？你看，我的一身不也是血液吗？我流到四川的时候，还受过些人们的眼泪，他们的血液是被本身的“毒菌”和外来的“菌队”吸完了，他们只剩得些清淡的眼泪在流。我流出四川来，洞庭湖送我一摊血水，鄱阳湖也送我一摊血水，沿途都是血水流来，我的一身都弄得血腥臭了。那些“菌队”和“菌队”们为争食人肉分脏不平，他们在人头上打起战来真是厉害，死的人真是不少！你不看我带了许多尸骸出来了吗？

…………

就这样，那澎湃的歌声传遍了中国：

“人们哟，醒！醒！醒！
你们非如北美独立战争一样，
自行独立，拒税抗粮；
你们非如法兰西大革命一样，
男女老幼各取直接行动，
把一大群的路易十六弄到断头台上；
你们非如俄罗斯无产专政一样，
把一切的陈根旧蒂和盘推翻，
另外在人类史上吐放一片新光；
人们哟，中华大陆的人们哟！
你们是永远没有翻身的希望！

“人们哟，醒！醒！醒！
已往的美与法——是十八世纪的两大革命，
新兴的俄与中——是二十世纪的两大革命。
二十世纪的中华民族大革命哟，
快起！起！起！

“快在这二十世纪的世界舞台上别演一场新剧！
人们哟，没用永在泪谷中唏嘘！
你们把人权恢复了之后，
人类解放的使命，世界统一的使命，
要望你们二十世纪的两个新星双肩并举！
人们哟，起！起！起！”

阅读加油站

《黄河与扬子江对话》是《前茅》中的一篇，黄河代表北方，扬子江代表南方，黄河与扬子江流贯了中华之后，同会于黄海。他们将自己的“所见所闻”交流沟通，道出了当时中国所受的苦难。最后发出高昂的“歌声”，号召千千万万的中国人民捍卫家园，为自己、为新的使命而奋斗！

“职业革命家”马识途与《清江壮歌》

我的朋友和家人也鼓励我，把当时地下斗争中可歌可泣的革命事迹和烈士们在狱中英勇战斗、慷慨牺牲的事迹写出来。

——马识途

三分钟了解 一本红色经典

朗读者：慕津锋

中国现代文学馆征集编目部主任，副研究馆员。已发表文章150多篇，出版馆藏研究著作《大师的脚注》。

1966年3月，人民文学出版社推出了四川作家马识途创作的革命题材小说《清江壮歌》，正是这部小说让马识途走进了广大读者的世界。2022年是长篇小说《清江壮歌》出版56周年，这一年马识途先生已是107岁高龄的老人,但他依旧笔耕不辍。2021年下半年，这位老人推出自己的第一本学术专著《马识途西南联大甲骨文笔记》。同时，他还在创作自己的另一部长篇小说《真有办法的人》。在回顾自己走过的百年人生时，马老曾说自己是一位“职业革命家”“业余作家”和“不成器的书法家”。

1966年3月出版的《清江壮歌》

2021 年 106 岁的马识途

“职业革命家”马识途

马识途，原名马千木，又名马千禾，1915 年出生于四川省忠县（今属重庆市）石宝乡一个书香之家。年幼的马识途即被送进本族祠堂的家塾发蒙读书。私塾中严格的教育和训练使他受益匪浅，打下了厚实的古典文学和隶书书法的底子。马识途在上中学时，学校还从黄埔军校武汉分校请来几位新教员，在课堂上给同学们讲授了“新三民主义”“联俄、联共、扶助农工”三大政策。马识途深受这些教员的影响，也参加过学校的一些进步活动。1931 年“九一八”事变发生后，年仅 16 岁的马识途在北平积极参加学生爱国运动。1935 年 12 月 9 日，“一二·九”学生运动爆发。消息传到上海后，正在上海浦东中学求学的马识途立刻参加到上海学生示威游行的队伍中。1937 年马识途考入南京中央大学。在学校马识途结识了同学刘惠馨，不久马识途秘密加入中共外围组织——南京秘密学联小组。1938 年 3 月，23 岁的马识途在武汉加入中国共产党。入党后，马识途的第一个任务便是一个月内为到长江局工作的周恩来副主席找到一位年轻的有政治觉悟的司机。年轻的马识途光荣地接受了这项任务，并在一个月内顺利完成。不久，党组织通知他停止公开露面，切断与所有亲朋好友的社会关系。钱瑛特地找他谈话，要他准备做一名“职业革命家”。所谓“职业革命家”，是我们党在白区工作中最重要的组成部分，从事最神圣的“职业”，这些以革命为职业的同志们担负着地下党各级领导机构中的重要工作。他们隐姓埋名，除了从事必要的掩护职业外，不会在任何地方抛头露面。做“职业革命家”，必须耐得住寂寞，牢固坚守革命信念，要“富贵不能淫，贫贱不能移，威武不能屈”。他们无所谓青史留名，甘愿做无名英雄，随时准备把自己的鲜血和生命奉献给人民革命事业。“职业革命家”是一群心高志远、大智大勇，用“特种材料”做成的人。马识途听后，毫不犹豫地接受了党对他工作的安排。

1938 年 10 月，马识途随中共鄂西北省委前往襄樊。1939 年春，24 岁的马识途开始担任枣阳县委书记，负责清理农村党组织，重建党的地下机构。之后，马识途又任南（漳）宜（城）安（康）中心县委书记，并同时担任国民政府南漳县主任秘书及县民教馆馆长，在民教馆主办战时农村青年训练班，培养进步青年。当年 5 月，他调任光（化）谷（城）中心县委书记。同年 10 月，马识途受命前往宜昌，担任中共恩施特委书记；刘惠馨任特委委员、妇女部长兼特委秘书。1939 年冬，马识途、刘惠馨在恩施经组织批准结婚，一起从事革命工作。1940 年 8 月，钱瑛到恩施传达中央和南方局的指示，组建鄂西特委，何功伟任书记，马识途被任命为特委副书记。1940 年 12 月，马识途的女儿出生。当月，根据组织要求，为应对国民党反共高潮，马识途前往宣恩、来凤、咸丰、利川，疏散党组织。1941 年 1 月 20 日，因前特委秘书郑建安的叛变，马识途妻子刘惠馨与时任中共鄂西特委书记何功伟被国民党逮捕，女儿也随母亲入狱。当马识途在利川从组织部长王栋那里得知刘惠馨、何功伟被捕的噩耗后，如五雷轰顶。但为了避免党组织受到进一步破坏，马识途强忍着悲伤，立即与王栋分别派人通知特委下属各县领导人立即撤退或转移。为防止何功伟妻子许云落入敌手，马识途紧急前往万县接应，未遇后，他立即前往重庆南方局向钱瑛汇报工作。因为补救措施得当，恩施地下党组织未遭受进一步损失。后根据南方局“隐蔽精干，长期埋伏，积蓄力量，以待时机”的方针，1941 年 10 月，马识途以“马千禾”之名前往西南联大求学。在西南联大，马识途一面刻苦求学，一面积极团结进步师生。入校后不久，马识途就参加了著名的“讨孔运动”。1942 年 9 月，在西南联大校门口，马识途遇到疏散到昆明的鄂西特委驻重庆联络员何功楷（何功伟的弟弟），才得知妻子刘惠馨与何功伟已于 1941 年 11 月 17 日在恩施牺牲，以及自己的女儿下落不明的消息。马识途听后内心万分悲痛，但想到自己身上肩负着党交给的使命，马识途明白自己必须要坚强地努力工作。不久，马识途奉命与齐亮、何功楷重组中共西南联大党支部。党支部成立后，马识途积极领导昆明学生运动，团结昆明进步师生，与老师闻一多建立起深厚的友谊，并与美国志愿援华航空队中具有民主思想的士兵建立了“国际统一战线”。抗战胜利后，马识途奉调成都担任成都工委、川康特委副书记，领导四川革命解放运动。1948 年 4 月，中共重庆市委书记刘国定被捕叛变；1949 年

1月下旬，川康特委书记蒲华辅也被捕叛变，马识途被国民党反动派全城搜捕。为将组织损失降到最低，马识途不顾个人安危，一面向香港倪子明、川北（三台通信处）、川南（专署陈离处）、西昌（电信局黄觉庵处）工委发报报警，一面与成都市委副书记彭塞联系分别转移在成都的相关地下工作人员。2月，在完成人员、组织转移工作后，马识途前往香港汇报工作。因刘国定和蒲华辅的叛变，马识途的堂妹马秀英和堂妹夫齐亮（马识途西南联大同学及党支部同事）、好友罗广斌（《红岩》作者之一）在成都相继被捕，马秀英和齐亮后在重庆歌乐山牺牲。11月中旬，马识途随一野贺龙部队南下四川，为解放成都做出了重要贡献。

在得知妻子刘惠馨牺牲、女儿下落不明的消息后，马识途在从事革命工作之余也一直秘密地找寻自己的女儿。不知为什么，他一直坚信女儿还活着。新中国成立后，马识途更是多方打听，苦苦寻觅。直到1960年，他终于找到自己失散近二十年的女儿。

马识途的红色小说《清江壮歌》

受家庭影响，马识途很小便喜欢文学。1935年1月，20岁的马识途在上海叶圣陶主编的《中学生》杂志发表了自己的第一部文学作品《万县》。在后来从事地下党工作及新中国建设之余，马识途坚持革命文艺创作。截至2020年，马识途先后写下了750余万字的文学作品。其中，有长篇小说《清江壮歌》《夜谭十记》《巴蜀女杰》《京华夜谭》《雷神传奇》《没有硝烟的战线》，中短篇小说《老三姐》《找红军》《回来了》《秋香外传》《三战华园》《小交通员》《接关系》，纪实文学《风雨人生》《沧桑十年》《在地下》《百岁拾忆》，短篇小说集《找红军》《马识途讽刺小说集》，散文集《西游散记》《景行集》，杂文集《盛世微言》《盛世二言》，诗歌集《未悔斋诗钞》等。

在众多文学作品中，《清江壮歌》无疑是最引人注目的。《清江壮歌》是马识途根据亲身经历创作的一部革命小说。它被认为是新中国“十七年文学”中一部较有影响的红色经典著作。小说从任远1960年找到失散20年的女儿开始，讲述了贺国威、柳一清、任远等人曾经在恩施地区的革命故事。

贺国威、柳一清、任远是20世纪30年代走向革命的知识分子，他们怀着推翻旧中国、建立新中国的理想来到清江河畔的鄂西恩施开展秘密的地下党工作。在艰苦的斗争环境中，他们满怀豪情，坚信真理，坚信胜利，不怕牺牲地忘我工作。“皖南事变”发生后，国民党反动派在恩施地区掀起了新的反共高潮。因叛徒陈醒民的出卖，贺国威、柳一清被捕入狱，柳一清被捕时刚生完孩子不久。在狱中，贺国威、柳一清与国民党反动派进行了坚决的斗争。尤其是柳一清不仅经受住了敌人的严刑拷打与折磨，还含辛茹苦地养育着自己的女儿，表现出了一位母亲伟大的母爱。贺国威、柳一清在狱中不仅积极团结党员、群众与进步学生，还与狱外的任远相互配合，筹划劫狱。在走向刑场时，贺国威毫不畏惧，柳一清更是临危不乱，将自己的女儿巧妙地置于路边的草丛中，使孩子逃脱大劫。一对普通百姓后来收养了这孩子，孩子的亲生父亲任远二十多年后终于找到了她。这些故事既是小说，其中大部分也是真实的历史事件。小说出版后感动了许多读者。

该小说中的男女主人公贺国威、柳一清是马识途以自己曾经并肩战斗的同志何功伟、刘惠馨为原型写的，而刘惠馨正是马识途的妻子，小说中的任远原型正是马识途本人。

《清江壮歌》创作起因

1960年4月下旬，担任中科院西南分院党委书记、副院长的马识途正在上海开中国科学院学部委员会议。会议期间，马识途接到湖北省公安厅电报，说已找到他失散近二十年的女儿，希望他能立刻前往武汉。

马识途与女儿吴翠兰

1941年11月17日，刘惠馨与何功伟被敌人枪杀于恩施五峰山下，马识途与刘惠馨的女儿下落不明（当时被一位周姓妇女抱走，后转送恩施甘溪线务段工人吴有华夫妇收养）。马识途一直坚信女儿还活着，从那时起，他便在从事革命工作之余，寻找女儿。1958年，当马识途在北京向自己的老上级钱瑛提到自己一直在寻找孩子的事情后，钱瑛建议马识途向公安部门寻求帮助。湖北省公安厅得知此事后，特意成立专案组。历时一年多，专案组终于在武汉找到马识途失散近二十年的女儿吴翠兰，并立即电报告知正在上海开会的马识途。

抵达武汉后，马识途在查看相关档案和照片后，确认这个名叫吴翠兰的女大学生正是自己与刘惠馨烈士的女儿。4月29日，马识途赶往北京。当晚，在北京工业学院马识途与女儿吴翠兰相见。不仅如此，马识途还意外得知何功伟烈士的孩子也在这所大学求学，和女儿同一年级。4月30日，马识途与女儿吴翠兰前往天安门游览。当晚，马识途还与女儿作诗《致湖北省公安厅感谢电》："离散二十年，父女庆团圆。多劳公安厅，特电表谢忱。"5月1日凌晨，兴奋不已的马识途又作诗《喜逢佳节庆团圆》。

马识途找到失散近二十年的女儿的消息很快传回四川。等他回到四川后，四川作协主席沙汀等人建议马识途应以找到失散女儿为引子，将自己与何功伟、刘惠馨等烈士在湖北恩施从事地下斗争的传奇故事写下来。除了沙汀等人，马识途的家人与朋友也都鼓励他，把当时地下斗争中可歌可泣的革命事迹和烈士们在监狱中英勇战斗、慷慨牺牲的经过写下来。

其实早在很多年以前，马识途就曾想过要将何功伟、刘惠馨的故事写下来。这一点，在1961年5月湖北《恩施日报》（当时名为《鄂西报》）发表的《告读者》中，马识途就有提及："要写点文字纪念何功伟、刘惠馨（一清）两位烈士是很多年前的事了，一直没有如愿以尝……去年（1960年）'五一'国际劳动节前夕在党的关怀和湖北省公安厅的努力下，我在北京与刘惠馨烈士临刑时未满一岁、下落不明的女儿团聚。'五一'狂欢节日，我们父女二人携手漫步在天安门前慈祥和庄严的毛主席像下，看红旗在蓝天迎风飘荡。广场上的人们欢呼雷动……真是百感交集，热泪横流……一种负疚的感觉猛袭心头，我是应该写一点纪念他们的文字了。"

正是在这种怀念烈士的强烈的感情冲击下，也在多方的鼓励下，马识途开始创作《清江壮歌》。

《清江壮歌》创作经历

1960年夏，马识途开始创作小说《清江壮歌》。当时他担任着中共中央西南局宣传部副部长、西南局科委副主任、中科院西南分院副院长三个职务，繁重的行政领导工作使得他不可能脱产写作。白天他要正常上班，日常行政工作一点儿也不减，写作的事只有等到他晚上回到家后“开夜车”来完成。创作期间，马识途几乎每个晚上都要熬到后半夜。有时白天他已忙到精疲力尽，回到家一见到摆在桌面上的方格稿纸，他的头就痛起来，但马识途咬着牙努力坚持着。其实他的日常行政工作没受任何影响，但单位里还是有些闲言碎语。听到这些话语，马识途甚至想过放弃。可是那时的他已经从感情上“进入角色”，一块儿战斗过的烈士，特别是何功伟和刘惠馨常常走进马识途的梦乡与他相见，与他谈笑风生，他们要求马识途一定要把他们的事迹写出来，要让新中国的年轻人知道他们为新中国的成立做出过怎样的贡献。如果不写，他们的故事很有可能就被淹没在历史的长河中。这种感情、这种责任催促着马识途，使他下定决心，即使受讽刺、受批评，也要勇敢地拿起笔写下去。

成都的夏天晚上蚊子很多，那时成都的房子也没有纱窗，“开夜车”的马识途常被叮咬得受不了，很是妨碍思路。马识途的妻子王放为了让丈夫安心创作，特意为他在床上安了一张小桌，挂上电灯，放下蚊帐，让马识途坐在蚊帐里写作。但是蚊帐里闷热，为了驱热，妻子王放又为马识途安了一个小电扇，这样总算有了一个相对好一点儿的“开夜车”环境。不过电扇的质量不好，总是嗡嗡地响，打扰马识途的创作思路。最后，电扇只得弃之不用。为了帮助马识途更好地创作，妻子王放不时进帐来给他扇扇子，每过一段时间还来给他的茶杯添水，有时还要给丈夫煮两个荷包蛋来提精神。那个时候， 正是“三年困难时期”，平常家里连饭都吃不饱， 每人一个月只有十九斤粮食，家中还有三个孩子要照顾，两个鸡蛋得来很不易。就这样，马识途一连开了一百八十多个“夜车”，加上所有的节假日，总算创作完成了初稿。初稿完成，马识途如释重负，他感到从来没有过的痛快。初稿完成后，马识途将书稿拿去给沙汀审阅，沙汀看后觉得不错，决定在《四川文学》上连载。

沙汀

不久，四川作家协会还就《清江壮歌》文稿专门组织了讨论会。与会嘉宾一致肯定了马识途这部作品，认为这部小说以马识途亲身经历的真实生活为基础，既歌颂了革命英雄主义，还反映了悲壮的革命斗争历史，充满了人情味。小说将故事性与抒情性融为一体，在传统章回小说的结构模式中又寓有时空交错的现代手法，情节曲折生动，语言清新流畅。

1961 年小说《清江壮歌》引起了人民文学出版社的关注，尤其是时任社长兼总编辑的韦君宜对这部小说情有独钟。因为她和马识途、刘惠馨烈士当年都是鄂豫皖苏区七里坪党训班的同学，也曾和刘惠馨一起做过地下党工作，对于马识途、刘惠馨有着很深的情谊。当她看到马识途写出这部反映我党在恩施地区从事革命工作的小说后，力主由人民文学出版社来出版该书。很快，人民文学出版社派出编辑王仰晨前往成都与马识途商谈出版事宜。当商定妥当后，王仰晨作为老编辑也谈了自己和韦君宜对这部小说的看法。譬如有两章需要砍掉，有两章需要改写，前后应该如何贯通得更好，如何收尾，特别是壮烈牺牲的结尾的调子如何处理，都需要马识途再斟酌斟酌。老上级钱瑛看了《清江壮歌》后，也提出了自己的看法。她认为在修改中，应该加强第一主人公何功伟的分量。

鉴于这些意见，马识途开始修改小说。他准备用一年的时间从头改写，韦君宜也催促马识途抓紧改完，出版社急着出版。可马识途日常工作相当繁重，他的修改只能在业余时间进行，想在一年内完成这部长篇小说的修改，着实困难很大。为此，韦君宜特地趁马识途到北京开会时，带他见了周扬。韦君宜当面向周扬提出马识途修改小说时间有限的问题，希望周扬能同四川省委的李大章书记争取，给马识途一定的创作时间。周扬听后，表示他会尽快与四川省委领导沟通此事，争取小说早日出版。马识途回到四川后，李大章书记特意批给他每天半天的创作假，但要求马识途“工作任务不减，还要完成”。就这样，马识途利用下午和晚上时间，一章一章地重写，一年内完成了修改任务。等马识途将书稿寄给人民文学出版社后，人文社在作了一些修改后很快打出清样。经马识途再次看过后，书稿基本定型。

后来，基于种种现实原因，在听取各方面的意见与建议后，马识途对已经修改完的《清江壮歌》又进行了诸多修改。

1. 对于烈士的情感，马识途作出了不小修改，尤其是对主要人物的诸多感情描写进行了删改。

2. 对于叛徒陈醒民、易师白也进行了修改。陈醒民叛变以后的情况，最初写得比较简单，情节发展到狱中斗争后，他基本失去了作用。现在马识途改为他以“红旗”姿态“入狱”，引起了贺、柳对他反复考察的许多精彩描写。易师白入狱情节比之前更曲折，构思更巧妙。

3. 对于章霞、童云也同样作了修改。章霞入狱过程修改之后，描写比原来扩展、充实了许多。对童云这个人物，马识途也进行了较大修改。初稿中，童云由于意志软弱，在敌人阴谋前受骗上当而画押自首，自首后十分矛盾痛苦，悔恨交加，却又无勇气向党坦白，于是陷入精神分裂。但他变节后没有做出卖同志的坏事，后来向妻子章霞吐露真相。最后又用个人复仇手段打死“红旗特务”，自己在高呼“中国共产党万岁”口号中被狱吏杀害。修改稿中则把童云写成被敌人诬陷为“叛徒”的受屈者。他犯过错，但关键时刻站稳了立场，最后与特务殊死搏斗牺牲，不愧为英雄。

4. 在最后结尾部分，马识途特意增加了武装劫狱情节，让整个小说增添许多亮色，带给读者极大的信心与勇气，让他们看到了革命的希望和党的力量。

这样修改后，小说《清江壮歌》更符合当时的文艺要求。

《清江壮歌》的发表与出版

1961年，当马识途创作完成《清江壮歌》后，时任成都市委书记的米建书知道老战友创作了一部反映中共地下党革命斗争的长篇小说，便联系他，希望能在当地《成都日报》连载此文，用来教育现在的年轻人不要忘记先烈为新中国诞生所做出的巨大牺牲与贡献，要珍惜得之不易的好生活。就这样，1961年5月21日，长篇小说《清江壮歌》率先在《成都日报》连载，截止到1961年12月14日，共连载了160期。这一时期，小说《清江壮歌》成为成都街头巷尾大家争相阅读的文学作品。《成都日报》因此也大大增加了发行量。马识途认识的一位四川大学教授柯召告诉他，每天一到晚饭前，他必须要去门房那里取晚报，看连载的《清江壮歌》，他说他身边的许多教师和同学都是如此。1961年7月，《四川文学》在第七期也开始连载《清江壮歌》。从1961年7月到1962年7月，《四川文学》共用12期连载《清江壮歌》。同一时期，湖北《武汉晚报》也来信，请求连载这部发生在湖北恩施的革命小说。

《清江壮歌》在报刊接连连载，引起了人民文学出版社的注意。他们派人找到马识途，提出要出版这本革命题材著作，同时，还对该书提出了修改意见。这些意见，马识途十分认可。根据出版社提出的意见及各方意见，马识途开始修改小说，很快马识途便将修改稿送交人民文学出版社，人文社收到后便将清样打出寄给马识途。但自此之后，《清江壮歌》的出版陷入长期停滞状态。一个很重要的原因是：1962 年马识途前往北京开会并拜访自己的老领导，中纪委副书记钱瑛时，钱瑛当面建议马识途《清江壮歌》不要出版，并讲了自己的考虑。马识途听后，对于是否出版该书也陷入了思考。虽然当时他心中很希望《清江壮歌》能够出版，但老领导所讲的现实政治原因又是他必须顾及的，考虑再三，马识途决定延后出版。

对于马识途迟迟不交的《清江壮歌》清样，人民文学出版社是一催再催，而马识途也是一拖再拖，直到 1966 年初，马识途才最终把清样交给出版社。编辑在文字上又作了些修改后，1966 年 3 月《清江壮歌》由人民文学出版社正式出版。

《清江壮歌》手稿入藏中国现代文学馆

2000年8月，已经85岁高龄的马识途决定将自己创作的《清江壮歌》（第五稿）捐赠给中国现代文学馆。该稿第一页为马识途毛笔书写的“清江壮歌第五稿”。紧随的第二页为马识途手写的一份说明。

说 明

这是《清江壮歌》（五稿）最后定稿本。我于1966年“文化大革命”开始，即遭难。由我的女儿马万梅于抄家中设法取出保存下来，一直在她的保管中。现马万梅志愿将此稿本交由中国现代文学馆保存。经与副馆长周明联系后，表示欢迎，并承诺就此稿本精心复印四份给我，转给马万梅二份，我保存一份，存四川省作家协会一份。

2000年8月，由我托人带到北京交给周明，并由中国文学馆发正式收据，由我转交原保管者马万梅。

马识途注

2000年8月

“说明”之后有2页名为《告读者》的小文，其后则为《清江壮歌》小说的内容，其中序章40页，正文（含尾章）625页，再之后则为马识途所写的大量有关这部小说的修改意见，这之中包含了“修改随记”“《清江壮歌》序”“《清江壮歌》小说结构改变方案”“写作提纲”“自拟《清江壮歌》修改意见”“《清江壮歌》修改意见札记”“《清江壮歌》自评”“《清江壮歌》修改试拟意见”“修改意见”“座谈《清江壮歌》四川省文联”。最后该稿还附有一份马识途撰写的《党的领导，无往不胜——找到失踪二十年烈士遗孤》，以及“《清江壮歌》人物表”“《清江壮歌》章目表”“《清江壮歌》故事提要”。

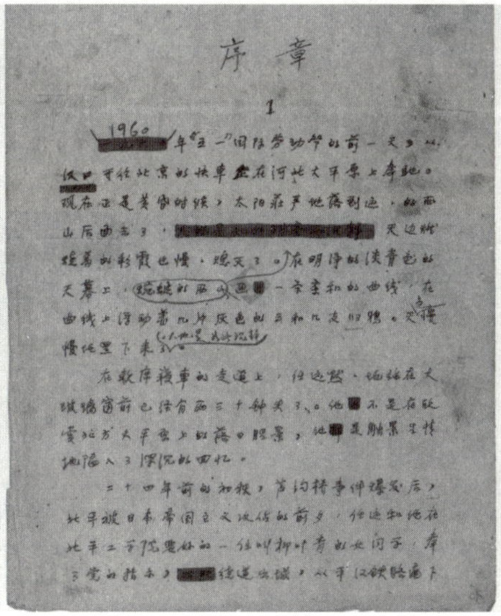
序章

1

《清江壮歌》第五稿手稿

《清江壮歌》手稿以钢笔书写为主，稿纸则以白报纸为主，最后修改意见部分则夹杂着“四川省人民委员会工业办公室用笺”、红线格纸、“中共中央西南局科学技术委员会便笺”等。《清江壮歌》手稿入藏中国现代文学馆后，得到了很好的保护与展示。2010 年 11 月，《清江壮歌》手稿入选《中国现代文学馆馆藏珍品大系·手稿卷》。2019 年 9 月，为庆祝中华人民共和国成立 70 周年，中国现代文学馆举办“初心与手迹——中国现代文学馆馆藏红色经典手稿大展”，《清江壮歌》手稿再次入选该大展。2021 年 6 月，为庆祝建党百年，《清江壮歌》手稿再度参加中国现代文学馆举办的“迎着新生的太阳——庆祝中国共产党成立 100 周年红色经典大展”。

2021 年年初，马识途曾对朋友谈到自己曾许下过一个“小小”心愿：“今年 7 月 1 日是党的 100 岁生日，我去年说希望看到共产党100岁生日，不知道能不能赶上。"为庆祝党的百岁华诞，2021年马识途在家乡重庆举办"魂系中华"个人书法展。为了这次展览，马老还专门创作了30多幅书法作品。

马识途书法作品《魂系中华》

原文链接

清江壮歌（节选）

一九五八年的冬天，任远到北京开会，遇到他和柳一清的老上级钱瑛同志，谈到了寻访柳一清遗女的事。他的老上级批评他在这件事情上“孤军奋战”的错误做法，说他也算得上是一个老干部了，竟然在这个问题上忘记了向党请示和依靠群众。任远解释说：“这样一件个人私事，怎好去麻烦党呢？”

“这怎么能算是一件个人私事呢？”钱瑛同志严肃地说，“柳一清同志是我们党的好女儿，为革命事业英勇牺牲了，只留下这一点骨肉，直到现在下落不明，我们能不管吗？要知道，这不仅是在给你找女儿，更重要的是在寻找烈士的后代呀。”

这一句话把任远说开了窍，他回去后报告了省委，省委把他介绍给公安厅，徐厅长亲自接见他，热情地告诉他：“不要说是寻找一位烈士的遗女，就是一件普通的失踪案件，我们也要认真查找。你放心，我们一定要弄个水落石出。”

看起来无论什么事情，只要一落进它自己发展的正常轨道里去，便显得大有希望了。

但是事情进行得并不是十分顺利的，一年过去了，公安厅的工作组，虽然下了不少功夫，掌握了大量线索，并且找到了几个烈士遗孤，但是柳一清的小孩仍然没有下落。

不久以前，工作组给任远去了一封信，说是又找到了一个女孩子，是民政局收养的一个孤儿，名叫张元青，在工专上学，今年二十一岁，据说她的妈妈就是为革命牺牲的，时间地点和柳一清同志牺牲的时间地点一样，只是这个孩子比要找的孩子大一岁。在来信中还附了一张这个孩子的照片，请任远看看，到底是不是柳一清的女儿。

任远强力抑制自己因兴奋而发抖的手，拿起照片迅速地看了一下，面孔好熟呀！难道真的找到了吗？但是他擦了一下眼睛，再仔细看时，不对，和柳一清的样子完全不同，可以肯定这不是柳一清的女儿。但是，这是谁的孩子呢？怎么面孔这么熟呢？任远冷静地回忆了一阵，哦，想起来了，这个孩子不是跟章霞的样子和风度一模一样吗？对了，这一定是章霞的女儿。

章霞是和柳一清一块儿工作过而又在国民党的监狱里一同斗争过，后来又一块儿牺牲了的一个女同志。章霞入狱的时候，是有一个一岁左右的女孩子，这个孩子在章霞入狱之后，任远亲自叫人去抱了回来，在自己身边养了一阵，是后来自己调动工作了，才通过组织送回章霞的老家去的。怎么后来变成孤儿了呢？怎么又这么巧，无意之中被找到了呢？

工作组来信说，当他们去查问情况的时候，这个女孩子十分兴奋，她非常想找到自己的亲人，她简直认定她已经找到了自己的爸爸了。她还托工作组转来一封信。任远把这张信纸展开，满纸燃烧着炽热的感情。这当然是不奇怪的，当一个孩子忽然有一天发现自己结束了孤儿的命运，怎么能不高兴呢？

她在信里最后说：

爸爸，我相信你就是我的爸爸。妈妈牺牲以后，许多年来，我一直在等待你来找我。现在，果然来了……

任远读罢，心里一阵激动。任远知道，她并没有找到自己的爸爸。她的爸爸名叫童云，也是一位党员，和柳一清前后被捕，他在狱中经过党的教育，同志们的帮助，以及斗争的锻炼，逐渐坚强起来，最后被敌人杀害了。这个女孩子在这个世界上再也找不到自己的亲爸爸了。

怎么办呢？任远毫不犹豫地决定，先承认自己就是她的爸爸，而且要认真地把一个爸爸的责任担当起来。找到章霞和童云的孩子，他真的和找到自己的孩子一样地高兴。何况章霞是为了完成党的重大任务，才抛下孩子到监狱里去，而牺牲了自己的呢！何况章霞入狱前曾经把孩子托给他照顾呢！

任远写了一封信，把真情告诉了工作组同志，同时写了一封热情洋溢的信给自己新认的女儿。

今年四月，任远在上海参加一个会议。一天晚上，他忽然收到工作组从武汉打来的电报，说他的女儿终于被他们找到了。女儿现在的名字叫伍春兰，在北京工业学院学习。要他会后速去武汉转北京，和自己的女儿团圆……

任远拿着这封电报当然非常高兴，但是马上就怀疑起来，难道这一次是真的找到自己的女儿了吗？上一次以为找到了，结果是找到了章霞的女儿。这一次又是找到了哪一位烈士的后代呢？要知道，在中国长期的革命斗争中，这样的烈士后代是很不少的呀。他把手里的电报翻来覆去地又看了几遍，一点也不错，明明说是找到了他的女儿。他拿着电报到隔壁房里给同来开会的老钟看，高兴得在老钟背上捶了一拳头，笑着说：

“我又找到一个女儿了。”

老钟先是一愣，很快就弄明白这是怎么一回事，他紧紧握住任远的手，也兴奋得一时不知说什么才好。

阅读加油站

这是任远寻找女儿的一段经历，当他发现照片里的女孩不是自己的孩子，而是战友的孩子时，他毫不犹豫地将爸爸的责任担起来，这是战友之间的大爱。我们难以想象一个父亲寻找女儿近二十年间经历了多少次的期盼与失望，但是任远身上的温暖与担当打动着每一位读者。

柳青与他的《创业史》

艺术的创造是这么艰苦呀！向上攀登，一个台阶比一个台阶更难。

——柳青

三分钟了解一本红色经典

朗读者：丛子钰

北京师范大学文学博士，青年作家、批评家，作品见于《十月》《北京文学》《当代作家评论》《南方文坛》等，译有《最低限度的道德》。

在新中国的“十七年文学”中，有一部反映农村生活的长篇小说因其具有“深刻性”的思想和“尖锐性”的矛盾冲突，而被誉为“经典性的史诗之作”。这部小说就是柳青于20世纪50年代创作的《创业史》。《创业史》构思宏伟，情节曲折，语言清新而富有关中地方韵味和特色。在《创业史》中，柳青使用了典型化的创作方法，他把新中国农业生产化运动，放在了中国的历史长河中去考察，进而写出历史演进的趋势。《创业史》的出现，将中国当代文学中现实主义的精神和创作方法发展到一个新的高度。

《创业史》以梁生宝互助组的发展为线索，梁生宝是新中国成立后新农村人物的代表，他勤劳、朴实、善良，又公而忘私、勇于牺牲个人利益。他在社会主义农村发展过程中既有宏伟的气魄，又有实干的精神。该作品着重反映了他的成长经历以及如何在蛤蟆滩带领大家谋发展，并与姚世杰、郭世富等以前蛤蟆滩上的“能人们”进行斗争的过程。该小说表现了中国农业社会主义改造进程中的历史风貌和农民思想情感的转变。

时至今日，柳青和他的《创业史》依旧被人们评说与怀念。

革命中走上文学路

柳青

1916年7月，柳青出生在陕西吴堡县张家山镇寺沟村，原名刘蕴华。1928年，柳青入米脂县东街小学读书。同年5月，柳青加入共产主义青年团。1930年夏，柳青考入省立第四师范学校。第四师范是由革命先驱李子洲创办，受李大钊委托，李子洲以学校为阵地，在陕北开展党的工作。第四师范，被称为“陕北的革命摇篮”。第四师范有一个图书馆，柳青常来这里阅读有关自然科学、社会科学、文学艺术以及马克思主义书籍。作为共青团员，柳青常参加学校进步活动，他与其他进步学生一起上街演讲、游行、贴标语。1931年下半年，柳青考入榆林省立第六中学。在这里，他开始接触鲁迅、郭沫若、茅盾、高尔基等革命作家的作品，这为他以后走上文学道路打下了坚实基础。1934年夏，柳青进入西安高中读书。在校期间，他开始自学俄文，阅读苏联文学。1935年冬，北平“一二·九”学生运动波及西安，柳青积极参加西安学生呼吁国民党当局“停止内战，一致抗日”的游行示威活动。在高中，柳青还参加了西安进步学生刊物《救亡线》的编辑工作。该刊物的主要宣传内容就是

“停止内战，一致抗日”“中国人不打中国人”。1936年12月，经董学源介绍，柳青光荣地加入中国共产党，并进入由李一氓领导的中共陕西省委临时宣传委员会工作。在这一年，柳青在开明书店主办的《中学生文艺季刊》上发表了自己的第一篇文章《待车》，并第一次使用笔名“柳青”。1937年高中毕业后不久，柳青便义无反顾地奔赴革命圣地延安寻找光明。1939年8月，柳青奔赴山西抗日前线，他先后在一一五师晋西支队、太行总部、一二九师三八六旅、《新华日报》驻晋冀鲁豫边区政府工作，并撰写了大量战地通讯报道。1940年10月，柳青返回延安。其后，他相继写出《误会》《牺牲者》《地雷》等10多篇小说，描绘出众多抗日军民英雄形象。1943年2月，柳青在延安文艺座谈会后被任命为陕北米脂县民丰区吕家检乡文书。在此工作的3年间，为冲破国民党对陕北的封锁，发展当地农业生产，柳青和当地乡村干部日夜谋划如何贯彻减租政策，如何把积极分子动员起来组成变工队。那一时期，柳青常深入农村发展党员，领导群众开展减租减息和大生产运动。经过柳青等人艰苦细致的工作，当地终于掀起了大生产运动。生产发展了，粮食丰收了，党和人民的政权巩固了，国民党的封锁政策彻底失败。工作之余，柳青还收集了不少资料，为其长篇小说处女作《种谷记》作准备。

抗日战争胜利后，日军从东北撤出，党中央决定从延安派出大批干部奔赴东北建立人民民主政权。柳青就是第一批被派往大连的干部。1945年10月，柳青带着自己尚未创作完成的《种谷记》手稿，随军奔赴东北。1946年2月，柳青在大连负责接收整顿大众书店和印刷厂。工作之余，他开始继续创作与修改《种谷记》（新中国成立后，该小说由人民文学出版社出版，先后印刷7次，累计发行70万册）。

1947年3月，国民党高级将领胡宗南率兵大举进攻陕甘宁边区。1948年10月，柳青克服诸多困难回到陕北。此时，解放战争已进入大反攻阶段。柳青深入米脂县采访，他以沙家店粮站干部不顾敌机轰炸扫射，舍生忘死将粮食运往前线，支援解放军将士取得全歼胡宗南主力第36师的辉煌胜利为主题，历时8个多月广泛征集材料，并准备以此为素材创作反映保卫延安的长篇小说《铜墙铁壁》。1949年5月，柳青开始动笔创作。同年12月，柳青完成初稿。1951年3月，该书由人民文学出版社出版发行。新中国成立后，柳青被调入团中央工作。1951年，柳青参加创办团中央机关报《中国青年报》。这一时期，对于自己刚刚出版的新作《铜墙铁壁》，柳青将它与自己早前的《种谷记》进行了比较："结构是完整的，主题明确也集中，情节的发展也比较匀称，不像《种谷记》，一疙瘩稠，一疙瘩稀，人物也不像《种谷记》那样杂乱。但作品的生活气息不浓，人物的立体感不强，尤其缺少生动的细节。所以这两部书都不是成功的作品。"

通过认真比较思考，柳青意识到自己要想创作出更好的作品，必须要到基层中去，到生活中去，到人民中去。

柳青深入农村体验生活

那时柳青正准备写一部反映农村社会主义改造的小说，为了写好这部小说，柳青准备只身回到陕西深入新农村生活。经过慎重考虑，柳青选择回到西安。到达西安后，西北局领导给柳青推荐了西安周边的一些郊县：泾阳县、三原县、高陵县、户县、渭南、周至等。经过考察，柳青最初想去泾阳，但西北局宣传部长张稼夫觉得泾阳离西安太远，不方便柳青到西安汇报工作，也不利于他的工作学习。张稼夫建议柳青去长安县落户。柳青去长安县韦曲镇考察后，他决定服从组织意见，到长安县工作。1952 年 8 月，柳青被任命为中共长安县委副书记，主管农业互助合作工作。9 月刚一到任，柳青便立即参加了县委正在举办的互助组长训练班。培训结束后，他同县委工作组一起深入农村，参加基层互助组的整顿工作，同时还到全县各区、乡深入调查研究，全面了解情况。在 9 月 13 日这一天，柳青写下了这样的话语："我已经下了决心，长期地在下面工作和写作，和尽可能广大的群众与干部保持永久的联系。……我今后作品的数量和质量，将表现我的决心是否被坚持了。"

除调查研究，柳青还给当地区乡干部、农民讲解社会发展史，积极宣传社会主义制度的优越性。11 月，他和县委工作组一起深入王莽村，帮助建立全县第一个试点初级农业生产合作社，并协助他们制订"三年建设计划"。年末，参加农村基层党组织整顿工作的柳青，来到王曲区皇甫乡。在这里，柳青第一次与《创业史》中梁生宝的原型王家斌相识。通过与他交谈，柳青敏锐地发现“这个在

柳青和村民在聊天

滈河边上号称十里长的大村子，有一个在减租减息、反霸斗争、土地改革和镇压反革命运动中显示过坚强力量的党支部”。当时皇甫乡皇甫村的农业生产合作化运动还处在互助组的最初阶段，这非常有利于柳青从头参加运动的全过程。于是柳青决定将该村作为自己深入生活、体验民情的基地。此时的柳青孑然一身，经过西北党校校长介绍，他认识了从沈阳来西北支援的姑娘马葳，随后他们结为夫妇。经过慎重考虑，为让自己的文学创作能真正融入农村生活，柳青决定辞去长安县委副书记职务，搬到皇甫村居住。柳青的目的就是要让自己长期扎根农村，和农民吃在一起、住在一起、生活工作在一起，这样有利于他永远保持普通人的感觉，也让农民永远把他看成和自己一样的普通人。

1953 年 3 月 6 日，柳青正式辞去县委副书记职务，以长安县委委员的身份住进皇甫村。住下的第二天，柳青便剃光了头发，脱下了自己的干部服装，穿上特意买来的一身农民常穿的对襟褂。在村里，柳青以一个社员的标准严格要求自己，他住农家的院落，穿农民的衣服，吃农民的伙食；他安步当车，挎小篮上集镇打酱油、醋，买食盐，和农民一起排队购物，不认识他的人总

把他当作一个农民老汉。

柳青的日常工作是具体指导王曲区互助合作运动。业余时间，他则进行文学创作。春夏之交，正是农村两种思想激烈交锋，互助合作运动面临严重考验的时刻，柳青将自己的全副身心扑在了解村里的情况和帮助农民巩固互助组的工作上。妻子马葳也迁到了这里，开始先担任皇甫乡党支部副书记兼文书职务，后调任王曲区委青年团书记、区委副书记。秋季的一天，当柳青正在家中创作时，王曲区委书记孟维刚兴冲冲地前来向他汇报——滈河南四村王家斌重点互助组的稻子创造了全区的丰产新纪录。随后又详细介绍了王家斌全心全意带领群众走互助合作道路的事迹。柳青听后对自己曾见过面，并有些印象的这个社会主义新人颇感兴趣。第二天吃过早饭，柳青便急匆匆地赶到滈河南与王家斌再次见面。俩人整整谈了一个上午，这让柳青对王家斌有了更加全面的了解。此后，柳青集中精力指导、培养王家斌互助组。冬季，面对农村全面开展的宣传总路线和粮食统购统销的群众运动，柳青说："我在家里越来越坐不住了。……我不说写完一章，就是一页也写不下去了。"于是，柳青向组织请求，分配他参加负责王家斌互助组的指导工作。粮食统购统销工作结束后，他立即赶赴王莽村，参加该村"七一"农业生产合作社的扩社工作。然后，他返回皇甫村，安排王家斌等人去王莽村学习管理经验。

1954 年春节刚过，柳青会同县委派来的建社工作组一道，着手在王家斌互助组的基础上建立农业生产合作社。柳青整天"泡"在王家斌所在的四村，从开始酝酿到动员群众、组织群众，讨论建社规章、土地入股、牲口折价、评工记分，以及对每个入社对象的审查等，他都亲自过问。同时，他还说服其他不断找上门来要求办社的干部和群众，要他们先办好长年互助组，待干部、群众的条件都成熟时，再转农业生产合作社。3 月 10 日，王曲区首个初级社——胜利农业生产合作社在王家斌长年互助组的基础上诞生了。柳青被成立大会的热烈场面所感染，心情久久不能平静。过后，他写下《新事物的诞生》和《灯塔，照耀着我们吧！》，来记录自己这一段难忘的生活。

《创业史》的创作经历

轰轰烈烈的农业生产合作化运动强烈吸引着柳青，他决定要用自己手中的笔去描写我国新农村这场合作化大运动。1954 年上半年，柳青开始动笔创作长篇小说《创业史》第一部《稻地风波》。从 1954 年到 1956 年，柳青一直在业余时间“静静地”创作。其实稍早前，他曾创作过一部关于县委新老干部思想问题的长篇小说，二十多万字，基本完成。但柳青觉得很不满意，他认为这部作品没有什么突破，还是以前的创作表现形式。最后，柳青“狠心地”亲手点燃火柴，将这部书稿烧掉。这之后，柳青将自己的全部文学创作精力放在了这部反映我国农村社会主义改造和建设的长篇小说上。

柳青的住所中宫寺

1955 年春，为更好地在村里工作与创作，经组织协调，柳青用自己西安的一处房子换下了西北军区所属皇甫村的一座名叫中宫寺的旧庙宇，他用小说《铜墙铁壁》的稿费把这个院落重新整修了一番。同年 5 月，柳青把自己的全家都迁到了这里。几年的基层生活，使柳青意识到自己要想在文学创作上有所突破，就必须要闯出一条属于自己风格的艺术新路，必须要掌握一种新的、与他所描写的生活和人物相融合的艺术手法和艺术形式。只有这样，他才能较好地学会如何真正地以人物为中心，如何解决好艺术角度问题，如何使他的作品在整体结构上、在情节描写上相协调，如何使他的作品的内容与形式变得自然统一。

对于柳青那一时期创作《创业史》的情形，女儿刘可风曾有回忆："以前写作，大多坐在桌前，眼睛直直地盯着一个地方，墙上的画，架上的书，……现在，不知不觉变了，他走动起来，好像要写的人物也和他一起动起来，比坐下想更鲜活。在大房间里，从这头走到那头，再从那头走回来，想好了，站在桌前随便哪一角写几句，再走，再写，也许，转身回来，抓起刚刚写成的半页纸，在手里揉揉。"

当创作出现困顿时，柳青不再像以前那样强求，他会放下笔，走出家门，从崖上走下来，蹚过滈河，在河边路旁，在稻田场院，在农民的炕头上、饲养员的茅草房里，和乡亲们一起抽旱烟、喝水说话。他常常在这不分彼此的亲密接触、交谈中，突然感到眼前一亮，思想豁然开朗，就好像在他头顶上开了一个天窗，一个个鲜活的人物、有声有色的细节动作、起伏曲折的情节、活生生的场面，一起涌进他的视野。这时，柳青就起身赶紧回家，忘我地投入到写作中去。

从 1954 年到 1955 年秋，柳青用了一年多的时间，基本创作完成《创业史》第一部《稻地风波》初稿。其后，柳青便开始进行认真的修改。1956 年是柳青创作最苦的一年，那一年柳青在修改《创业史》第二稿时，发现初稿中的一些小说情节和自己经历的真实生活，以及他想表现的生活中的复杂矛盾及广阔的社会背景，还有很大差距。同时，他也感到自己笔下的故事情节，在因果关系和逻辑方面都还存在诸多缺陷。通过认真思考，柳青决定加入全新的一章（成稿时改为《题叙》）。在这一章里，柳青将全书的矛盾都作了认真交代。这一年因修改不太顺利，柳青常常食不香、睡不宁，人变得又黄又瘦，身体也极度衰弱，还长了一身黄水疮。回忆起那一年，柳青曾感叹："那才真正是'脱胎换骨'，狼狈极了，这是我创作最艰苦的一年。"

那段时间柳青每天的生活极为规律，对此曾有人有过描述：

凌晨6点钟，中宫寺亮起灯光，随着一阵轻微的咳嗽，一个穿着对襟褂、头戴瓜皮帽的中年人走出来。他或在村口边散步边听广播，或到后院里开水车浇菜。8点钟吃过早饭后，翻阅一阵报纸、杂志，就开始用一管毛笔创作，直到11点多。午饭后休息到下午2点左右，起来继续写作至5点。然后开始接待客人，或到村子里和群众拉家常。6点多钟吃晚饭，饭后常常找干部来家里谈工作，直到晚上12点以后才睡觉。

为了吃透小说故事发生地——蛤蟆滩的历史，柳青全身心地将自己融入这里的土地和人民当中。回忆那时的柳青，村里人深情地说："从发动农民卖余粮，到组织互助组，建立合作社，他熟悉了皇甫村的每一户人家，皇甫村发生的大小事情，他都要弄明白，都要帮助解决好。"村里的干部感慨地说："这里的合作化运动，柳书记是圈囤身子钻在里边，泡在里边的。"

当时，柳青很想与生产队饲养员建立起联系，听他们讲这里发生的故事。生产队的饲养员大多是老人，他们不仅喂牲口有经验，而且也耐得住寂寞。同时他们心里还藏有一本本地变迁的活字典。为了搜集素材，柳青经常到各队的饲养室去转。有一个姓姚的饲养员，称得上是当地"历史通"，但这人不爱说话，脾气倔，不爱搭理别人。柳青多次想和他“亲近”，但都遇了冷脸。为接近老姚，柳青绞尽脑汁。他了解到，老姚爱养鸽子，这几乎是老汉生活的唯一乐趣。于是，柳青到饲养室不再问“正事”，姚老汉看鸽子，他也看，老汉喂，他也喂，而且还向姚老汉请教鸽子的习性、特征等。因为有了共同语言，两人一天比一天话多。有一次到北京开会前，柳青向姚老汉承诺：从北京给他带回一对好鸽子。几天后，柳青依约带回了鸽子。但到家的那个晚上，因看管不善，暂时放在床下的鸽子被猫吃了。当柳青无奈地将此事告知姚老汉时，老汉感动了。之后，面对柳青打听的各种问题，姚老汉滔滔不绝，有问必答。

经过不断地深入生活，柳青对《创业史》第二稿又有了全新的想法。经过他的认真修改，《创业史》第二稿较之初稿发生了不少变化。除增加了一章《题叙》外，柳青还删除了一些不必要的略显冗长的叙述，这让书中人物的心理活动更加真实、丰富且细腻，性格特征也更加突出、立体。这种修改，不仅让书中人物在各种冲突中“动”了起来，还更容易让读者进入他笔下的情节。其次，在初稿中，柳青使用了一些只流行在关中地区的方言及陕北方言，如果没有地方语言特点，作品会失去生活的真实性，但使用过多，许多读者又看不懂，也感受不到真实的生活。因此在这一稿中，柳青在如何处理好书面语言、生活语言和地方语言方面，也下了不少功夫。在第二稿中，柳青还对人物名称进行了修改。这些变化都对后来的《创业史》产生了积极影响。

这一时期，柳青主要精力都放在了《创业史》的修改上，他基本没有发表过什么太有影响的作品。当时就有人对柳青这种“举家到村”的做法提出异议。有人说：“长期住在一个村子里不是方向，肯定写不出大作品。”也有人说：“体验生活也有个限度吧，还能长期住着不出来？”“有作品就拿出来，写不出来就不要在皇甫村待下去了。”有人则好言劝柳青回西安当驻会作家，或到省委宣传部做领导工作，不必吃这种苦。他的老朋友董学源到皇甫村看望他时，也转达了陕西省委领导的关心：“写不出来就不要硬写，可以学学鲁迅写点杂文，也可以像其他作家一样，到处跑跑，收集些资料，写点反映人民群众火热斗争的小东西。”对于这些意见，柳青没作任何解释。他认为“社会生活千差万别，文学作品多姿多彩，难道大家都选择相同的生活道路吗？自己的计划本来就是长途跋涉，不会立竿见影”，“每个人对文学艺术都有自己的理解，看法也不会相同，走的道路也不会相同，我走的道路是根据我对艺术的理解确定的，无论成功或失败，我都要坚决走下去。如果我失败了，说明这条路走不通，这也是我对文学的一点贡献”。

1957年，为能更好地修改《创业史》，柳青决定放下笔，好好去读读书，从阅读中去学习新知识，去寻找创作的艺术灵感。这一年，柳青看了不少书，其中有些书他是不断地翻读，对于自己喜欢的章节或者段落，他反复地看，反复地读，细细地品。对看到的各种有典型意义的文学现象，柳青都要认真细致地对比分析，然后结合自己的创作，认真地思考。那一时期，在世界文学史上有一定影响的作品，柳青都会拿来阅读；他也读当时“内部发行”的书籍，以此来了解西方出现的有影响的文学流派。这之中一些艺术技巧的创新，震动了柳青。柳青在与陕西作协同志讲到这些创新时，曾说：**“你们看人家在不断地创新，咱们也要抓紧学习，在艺术上、创新上下工夫。”**

通过不断思考、阅读、研究、再思考，这一年柳青的收获颇丰。

1958年，经过近一年的沉淀与准备，柳青开始对《创业史》

进行第三次修改。对于第三稿，柳青没有全部重写，他只是把部分章节用新的手法进行了改写。在写作中，柳青坚持“写出人物的感觉”。对此，柳青曾有论述：“这就要求作家深入生活。作家要具有人物的感觉，不是体验一次就能达到的，而是反复体验，反复思考，才有可能具有写出这类生动细节的能力。”为了让自己更好地进入角色，柳青有时还亲自来“演”角色。在写作时，柳青常会习惯性地踱步，此时他会不自觉地两只脚跷着走，或手中端个什么，一副很生气的样子，嘴唇还在动弹。一次，他正在“演”，几位区里的干部突然来访，他哈哈大笑：“你们来了，坐！”其实，他心里相当沮丧，来访打断了他最佳的创作情绪，但体谅干部们的辛苦，他并不计较。

“人的干扰，他忍了，鸡的干扰，他没有克制。”有一天，柳青正在写作，人物就在眼前，语言已到笔尖，偏在这时，自家母鸡开始下蛋，并高一声低一声地发出叫声，这让柳青的灵感顿时消失。他按捺不住自己的愤怒，转身回到卧室，拿起鸟枪，冲出小院，对着母鸡啪的一声，母鸡毙命。事后，柳青自己觉得也有些莫名其妙，他也想不到自己当时怎么会这样愤怒。

为了修改好这部作品，柳青经常思索到半夜才上床。在床上，柳青也是翻来覆去地思考，睡不着。他只得又爬起来，再写几个字，又睡下，再写，再躺下。一次，通信员小张看到柳青房里亮着灯，便走进来看看，柳青让他帮忙打盆洗头水。之后，小张三次进房，都看到柳青在往头上抹肥皂，原来是思索情节入了迷，他早已忘记自己的头已经洗过多遍，盆里的水早就变得稠稠的了。等小张倒完水再回来，发现柳青又绕着花坛走来走去，又一次沉浸在自己的思考中。这次修改，柳青“终于写顺了”，其创作也上了新台阶。书中角色的思维方式、语言特点都极有新意。

为精益求精，去除瑕疵，柳青又写了第四稿。柳青有个习惯，不管改动大不大，改稿时都会重新誊写，每稿的稿纸都是干干净净的。

1959 年 10 月，柳青耗时五年、修改了四次的《创业史》第一部《稻地风波》终于创作完成。对于这次创作，柳青感受极深："艺术的创造是这么艰苦呀！向上攀登，一个台阶比一个台阶更难。"经过四次修改，稿纸装了整整一个皮箱。

1960 年《创业史》第一部出版后，柳青便立即着手《创业史》第二部的创作。在为该小说撰写的出版说明中，柳青曾讲述过他关于这部作品的创作计划："全书（指《创业史》）共四部。第一部写互助组阶段；第二部写农业生产合作社的巩固和发展阶段；第三部写合作化运动高潮；第四部写全民整风，至人民公社建立。"从 1960 年到 1966 年，柳青继续在皇甫村工作生活。为了解决自己文学创作中的疑难问题，柳青一边勤奋创作，一边认真地研究马列主义文艺理论著作。到 1966 年 6 月，《创业史》第二部已写到第 25 章，差 3 章就全部完成。但其后由于现实原因，柳青的创作被迫停止。六年后的 1972 年 8 月，柳青回到西安大学东路 72 号的简易楼，准备继续动笔写《创业史》第二部未完成的部分。这几年，柳青的哮喘时常发作，他的身体也日渐衰弱。柳青住不惯城里，他觉得在乡下自己才能写出有生活气息的作品。1974 年秋天，柳青通过申请，搬到了长安县韦曲镇的干休所。这里离皇甫村仅十五公里，柳青终于又回到他日思夜想的农村。在这里，柳青不仅继续创作《创业史》第二部，而且还对《创业史》第一部作了一次系统修改，删掉了两万多字，增写了三章内容。1976 年秋，柳青的病情已恶化为肺心病，被迫到西安第四军医大学附属医院治疗。在靠氧气瓶维持呼吸的那些日子里，柳青仍顽强地坚持创作，他在病床上修改完《创业史》第二部上卷。当时，柳青意识到自己可能完不成四部的计划，遂决定把第二部的结构、人物、情节作了较大的改动和补充，把后两部的重要思想，争取提前至第二部下卷中表现出来。已完稿的第二部1—17章（1—13章已出书，14—17章在《延河》刊载）就是根据这种新的构思修改而成的。1978年5月，柳青转赴北京治疗，他很想利用北京的医院的现代化条件，为自己争取时间，以便能改完《创业史》第二部。但终因病情严重，6月13日下午5时，柳青在北京病逝。

《创业史》的出版经历

1958年4月底，陕西作家杜鹏程（长篇小说《保卫延安》的作者）到北京出差，中国青年出版社文学编辑去驻地拜访他。在闲谈中，杜鹏程说，柳青在西安完成了一部长篇小说的初稿。当时，中国青年出版社计划继《红旗谱》《红日》等革命历史长篇小说后，再推出一批反映现实生活的长篇小说。5月12日，中国青年出版社文学编辑室给柳青写信，希望他能将这部长篇小说交由中青社出版。但在6月25日的回信中，柳青婉言谢绝了中青社的请求。他说，自己这部小说第三稿还没有写完，写完后还要发表，之后才能谈到出版问题。这样的话，出书估计要在一年以后，甚至更迟。他请出版社到时候再联系他。

中青社收到信后，还是非常希望能出版该书。为了能把这部小说“抓”到手，中青社特意安排文学编辑黄伊专程到长安县皇甫村去拜访柳青。出发前，文学编辑室主任江晓天特意跟黄伊说：“这次到长安，只要能约到柳青的长篇小说，就是胜利，就应记大功！”随后，黄伊风尘仆仆地赶到皇甫村。见到黄伊来，柳青在家里热情地准备了一桌便饭招待他。两人边吃边聊，交谈甚欢。其实黄伊一到，柳青就知道他的来意。很快，8月7日柳青便和中青社签订了《约稿合同》。这是一份制式合同，出版方盖的是“中国青年出版社约稿出版合同专用章”。柳青在约稿内容的空白处填写了“长篇小说”四个字，并签下了自己的名字，填写了具体的时间。

1958 年 10 月初，中国作协特意在北京召开了有关国庆十周年献礼工作会议。中国青年出版社将柳青的这部长篇小说作为献礼的重点之一，列入了该社 1959 年的出版计划。不久，中青社致信柳青，希望他能函告书稿名称、大约字数及交稿时间。同时中青社还告诉柳青，出版社领导近期准备到西北各省走一圈，到时候会去长安县拜访他，想进一步商谈出书事宜。收到信后，柳青很快回信谈了自己的想法："如果第一部草率从事，出版后遗憾很多，就很难写好以后的主要部分，这样对读者也是不负责任的，不尊重的。至于'献礼'，在刊物上发表就够了。"柳青请出版社把这部小说从 1959 年的出版计划里抹掉，改在 1960 年第一季度出版。

柳青在信中所说"在刊物上发表"，指的是陕西作协创办的文学刊物《延河》。《延河》早就盯上他这部长篇小说，并准备发表。当时，柳青是陕西省作家协会副主席。所以，他的这部长篇小说责无旁贷地要在陕西作协自己的刊物《延河》上发表。

1959 年，《延河》3 月号在封底曾刊登过一则启事：本刊自四月号开始发表柳青新著长篇小说《创业史》第一部《稻地风波》，约半年载完。

果然，1959 年第 4 期《延河》便开始连载柳青《创业史》第一部，并计划到第 11 期刊载完毕。起初连载时，《创业史》的书名叫《稻地风波》。发了 4 期，有读者来信，说这个名字并不是很好。编辑部和柳青商议后，决定接受读者意见。从第 8 期开始，小说去掉了"稻地风波"四个字，直接就叫"《创业史》第一部"，并于版面右下角发了一个说明：从本期起，柳青同志接受读者的意见，取消《稻地风波》书名，改叫《创业史》第一部。

《延河》封面

《创业史》第一部在《延河》发表后，为了能全面听取读者及各方意见，便于以后对该稿进行修改，柳青请中青社把社会各界对《创业史》的批评意见收集起来，剪贴成册寄给他。中青社认为此建议甚好，便安排资料室认真收集整理，然后安排王维玲去长安县亲自交给柳青。

经过4次认真修改，1960年1月23日，柳青最终把《创业史》第一部上卷的修改稿寄给了中青社，他同时告诉出版社，下卷的修改稿寄的时间可能要迟一些，自己争取2月底3月初寄出。一是因为第22章要推倒重写，二是因为哮喘病发作，如果住院了，寄稿时间可能还要更晚一些。出版社非常体谅柳青，表示时间由柳青自己安排，出版社收稿后会尽量抓紧时间，争取又好又快地出版该书。3月初，中青社收到下卷书稿，编辑们赶忙按急件付排，力争能在7月第三次文代会召开前出版这部小说。

《创业史》第一部清样出来后，中青社就一些段落上的修改、封面设计、纸张、版式等方面与柳青进行了沟通。在第一部书稿发排前，中青社曾打算在其扉页、内封的后面，加排一面目次，以便于读者翻章查页。他们将这个想法写信告知了柳青，想征求一下他的意见。柳青在回信中表示自己不同意这个想法，“目次，如各章加以提要性质的标题，对读者很有好处。否则，只为了找页码便利，别无作用。原拟仿《复活》编内容提要，附在后边，作为附录。对于头绪繁杂、人物众多的大型小说，在没有小标题的情况下，内容提要对有些读者有作用。一、可以吸引他看和看下去；二、可以帮助记忆。提要性质和章回标题一样，只是散文而非对称韵文。有两个想法，一是现在搞，二是将来搞。如不搞分章提要，目次可不要。”中青社赞同柳青的这个想法，认为如能按章，或按大单元编写出内容提要，无疑是长篇小说创作和出版上的一大创举。但因《创业史》第一部要赶在 1960 年 5 月出版发行，时间已经来不及了，柳青的这一好设想未能付诸实施。

《创业史》封面

在《创业史》第一部出版前，关于“部”和“卷”的问题，中青社提出在该小说的封面和内封上，有“第一部上卷”和“第一部·上卷”两种排法。柳青收信后立即复信，谈了他的建议：“我认为排一行好看，排两行难看。一行，字号要小，用长宋，要秀气一些的。‘部’和‘卷’外国文是一个字，因为是文艺作品，卷较习惯，‘部’和‘卷’不可混淆，一个是内容上的，一个是形式上的。”

在准备出版期间，柳青对编辑谈了自己的一些意见和建议。对于封面设计，柳青在看了中青社美编室设计的几个草图后，认为“天蓝色较佳”，“米黄色和橘黄色配在一起比较好看”。对于内文用纸，柳青希望采用像《风雨的黎明》那样的薄纸，担心纸厚了难看，也不方便携带。对于版式，柳青希望《创业史》能用 36 开的小开本，他说这样可以装在衣兜里便于读者携带。在设计样书时，中青社曾考虑要加进一些插图。为此，他们曾先后找到北京师范艺术学院装帧系主任阿老和《人民日报》文艺部美术组的苗地。两人都是当时著名的大家，他们也都表示愿意为《创业史》画插图，但当时他们手头还有其他工作，而《创业史》的出版时间又非常紧迫，他们均不敢贸然答应。中青社希望柳青能通过个人关系，请华君武给部下苗地匀出一些时间，以便绘制插图。但柳青则希望能用有才气的年轻画家来画自己这本书的插图。于是，中青社找了几位年轻画家，分别画了插图。其中有一位于姓画家的插图，柳青觉得很好，他说如果这位画家政治上没什么问题，就用他的插图吧。但因该书出版时间太过急迫，《创业史》最终还是没来得及把插图加进去。关于书脊的格式、颜色、字体以及“出版说明”应该放的位置，柳青也都谈了自己的看法。

在沟通中，柳青一再叮嘱中青社：付印前，书的封面、内封面、引言、出版说明、内文，他要从头到尾再看一遍；寄大样时，希望从扉页到最后一页全部寄给他。为了避免出现差错，柳青还发了电报，要求出版社“两卷一同付印”。出版社为了赶进度，寄大样时用的是航寄，柳青亲自审定以后，出版社赶忙在第一时间将定稿送到了印刷厂。

1960 年 6 月，《创业史》第一部由中国青年出版社正式出版发行，首印 10 万册，定价 1.54 元。

1977 年，当柳青时隔十七年创作完成《创业史》第二部部分内容后，中国青年出版社出版了《创业史》第二部上卷，内容为手稿的 1 — 13 章。1977 年，陕西作协《延河》刊登了《创业史》第二部的 14 — 17 章。1978 年柳青去世后，《人民文学》杂志社准备刊登柳青《创业史》遗作。为此，编辑曾专门拍电报联系柳青女儿刘可风，希望她能同意并将书稿发给《人民文学》杂志社。经过沟通，刘可风复信表示同意。

“《人民文学》编辑部：八月一号收到你们的加急电报后，用了几天时间，才和北京中国青年出版社接通了电话，大致了解了你们的意图。所以回复晚了些，请原谅。……收到你们的电报后，才从长安把遗稿取来初步整理一下。请几个同志看过。……大家共同商量选定了 5 章。考虑到和已发表的 17 章能够衔接起来，决定将这几章的章续定为 19、20、21、22、23、24、25。中间 22、23 是以梁生宝为主的两章，可以隔过，暂不发表，待以后整理后一齐发表。因原稿涂改较多，看起来不够清晰，现重抄一份寄上。由于我们的思想水平和文学能力很差，出于对父亲遗著的尊重，我们在选定、抄写过程中未做任何改动。发表 4 章还是 5 章，请你们阅后审处。并请你们在发表之前，将以上情况作一简要的说明。”

《人民文学》封面

1978 年 10 月，《人民文学》杂志社刊登了柳青《创业史》的遗作“第 4 章”，全章共 29 页，编辑在文章开头还加了一个“编者按”。

“柳青同志的长篇小说《创业史》第一部以及第二部上卷出版后，受到广大读者的热烈欢迎。《创业史》原计划写四部，但……他的这个计划未能完成，就过早地离开了我们。这里选发的遗稿，是《创业史》第二部下卷的几章，是柳青同志还没有来得及加工润饰的初稿。谨此纪念我们的战友，寄托我们深深的哀思！”

1979 年 6 月，《创业史》第二部下卷在中国青年出版社出版。下卷首印 10 万册，定价 0.43 元。书面和内页“柳青”二字为作家本人笔迹，书末有“编后记”。全书始自第 14 章，终自第 28 章。

柳青将《创业史》稿酬捐赠乡里

1960年6月，《创业史》第一部由中国青年出版社正式出版发行。出版后不久，柳青便收到《创业史》第一部的稿酬16065元。在那个年代，城镇职工每人每月工资只有几十元，这笔稿酬对每个人来说都是天文数字，它相当于一个普通职工三四十年的工资总和。对《创业史》稿酬，柳青早已有了设想，他要将《创业史》第一部包括以后几部的稿酬全都捐献给王曲公社做基本建设。据中青社编辑江晓天回忆，1960年《创业史》第一部刚出版，柳青就写信给他，要他通知财务科，把全部稿酬一万六千余元，一分不少地直接汇给长安县城关人民公社，作为建设公社工业之用。6月中旬，柳青给当地公社领导写了一封"捐款"信，并附上一张支票。

中共王曲人民公社委员会并转王曲人民公社管理委员会：

兹将《创业史》第一部的基本稿酬和第一次印刷十万册的印数稿酬两宗共壹万陆仟零陆拾伍圆，全部交公社管理委员会处理。我希望这笔款项用于公社工业，或购买机器，或修建厂房。我希望除过负责干部知道外，这件事不要在群众中宣布，不要做任何文字的或口头宣扬。如果有人这样做，我认为是错误的。请考虑我的意见。取款单附上，请派人到银行转账。

此致

敬礼

柳青（*1960.6.14*）

当时就有人劝柳青应该给自己留一些，以防万一。柳青却说：“我写书并不是为了自己，农民把收获的粮食交给国家，我也应该把自己的劳动所得交给国家。……我这一生不想有什么变动，只想在皇甫村生活下去。你想想，谁都知道我写书，宣传和私有观念彻底决裂。今天出书了，拿了巨额稿费，全都揣进自己的腰包，改善个人的生活，农民会怎么看呢？他们会说，这老汉住在这里写我们，原来也是为他个人发家呀！如果这样，我还怎么在皇甫村住下去？《创业史》还怎么写下去？”当有人劝柳青，你那么多孩子，应该多少给孩子们留一些。柳青的回答是：“娃们将来要靠自己劳动养活自己。他们大了，要给社会做贡献，给国家创造财富。我把钱留下，他们就不想努力工作和学习了，就想靠着先人活着。”

这笔《创业史》稿费捐出后，虽然数目已经很大，但对于王曲乡的建设而言还是不够，60 年代初柳青一家人生活处境也很艰难，但柳青依然把其后在《收获》发表《创业史》中一些章节的稿酬两千多元捐给了公社。柳青还决定以后几部《创业史》的稿酬自己都要全部捐献。不久，皇甫村要给村民拉电线、装变压器、打井，可队里拿不出钱，而《创业史》第二部尚在写作之中，于是柳青便向出版社预支了第二部稿酬，前后两次共 7000 元。当好友江晓天对柳青一再捐出稿酬的做法并不能理解的时候，柳青则坦然地说：“我和乡亲们一样，也得了实利：住家的旧平房安上了电灯，院子里打了水井，生活方便了，改善了。”

《创业史》第一部出版后的影响

《创业史》第一部一出版，便在社会上引起巨大轰动，读者争相购买该书。这使得该书一度供不应求。当时，中青社曾整理过一份资料：“出版社办公室每天都要接到好几起来自不同单位或个人的电话和来信，要求额外供应这本书。有的直接和办公室打交道，有的通过领导来要，有的通过有关部门来要，某机关的财务科通过我社财务科要，某机关的通讯员通过我社的通讯员来要。人民文学出版社样本组有一位同志再三要求我社样本组的同志，无论如何要挤出一本给他，并说，这回你们答应我们的要求，将来我们也可答应你们的要求。”

《创业史》的发表与出版，在文学界同样引起了关注与反响。一年多的时间里，报刊的相关评介文章就有五十余篇。大多数研究者认同该作品，他们认为“作家的杰出之作，是敏锐地揭示还不为许多人所注意的‘生活潜流’，揭示潜在的，还未充分暴露的农村各阶层的心理动向和阶级冲突，并向历史深处延伸，挖掘了矛盾的、现实的、历史的根源”。

作品出版后不久，文学大师茅盾就在第三次文代会的《反映社会主义跃进的时代，推动社会主义时代的跃进》的报告中，把《创业史》作为“通过艺术形式反映出来的真实的生活”的典型予以表扬。同一年，我国著名文艺评论家、中国作协党组书记邵荃麟在《文艺报》编辑部的会议上说：“《创业史》中梁三老汉，概括了中国几千年来个体农民的精神负担。”在1960年第三次文代会前，中国作协召开理事会，当周扬在会场见到柳青时，怀着喜悦的心情走上前去祝贺他，对他长期生活在皇甫村的选择，还有刚刚出版的《创业史》给予充分肯定，他在自己文代会的报告里，两次提到《创业史》，在他表扬的十四部长篇小说中，提到《创业史》的文字是最多的。

当时，许多评论家都用“我国当代反映农村生活最优秀的长篇小说之一”“现实生活的历史容量具有了史诗性的规模”等说法对《创业史》给予了极高评价。

对于《创业史》的成功，柳青总是很谦虚。在六七十年代，当有人询问他的文学创作经验时，柳青提出了自己著名的“三个学校”和“六十年一个单元”的主张。所谓“三个学校”，即从事文学创作的人要终生置身于“生活的学校、政治的学校和艺术的学校”。在这三个“学校”里，一直学习到老，工作至死。所谓“六十年一个单元”，就是要把文学创作当作终生的事业，绝不可见异思迁。这就是柳青的文学实践的真实经验，他是这样说的，也是这样做的。柳青坚信，生活是作家进行文学创作的基础。在皇甫村生活的十四年，柳青在文学创作上取得了丰硕成果。除《创业史》第一部和第二部的大部分外，柳青在这里还写出了《恨透铁》《我们这里已是早晨》《1955年秋天在皇甫村》《王家父子》《邻居琐事》等众多小说、散文，以及《关于王曲人民公社的田间生产点》《怎样沤青肥》等与农业生产密切相关的文章。在柳青的身上，生活与艺术得到了最完美的结合。柳青对于文学创作的这个观点，直到现在依旧是中国作家们从事文学创作的信条，以后也必将会继续得到坚持与发扬。

1983年，作家路遥在散文《柳青的遗产》中这样写道："柳青是这样的一种人：他时刻把公民性和艺术家巨大的诗情溶解在一起。作为一个艺术家，他始终像燃烧的火焰和激荡的水流。他竭力想让人们在大合唱中清楚地听见他自己的歌喉；他处心积虑地企图使自己突出于一般人。但在日常生活中，他又严格地把自己看作是一个普通公民，尽力要求自己不丧失一个普通人的感觉。他多年像农民一样生活在农村，像一个普通基层干部那样做了许多具体工作。正因为如此，他才能在《创业史》中那么逼真地再现如此复杂多端的生活——在这部作品中，我们看见的每条细小的波纹都好像是生活本身的皱折。"

柳青，文学创作者永远的楷模，他所开创的文学创作之路，我们必将继续坚定地走下去。

原文链接

创业史（节选）

一个初春的阳光灿烂的上午，嘴里噙旱烟锅的庄稼人，提粪筐的庄稼人，和倒背双手的庄稼人，纷纷从稻地塄坎上的许多小径，向梁三老汉的草棚院走去。

“哎，宝娃子买的叫啥稻种呢？”

“百日黄嘛。听说从插秧到搭镰割稻子，只要一百天。”

“怪！自古常言：一月缓苗，一月长，一月出穗，一月黄。这‘百日黄’少二十天，差一个节气还多哩！”

“就要看打粮食怎样呢！”

“听梁生宝吹，这号稻子秆秆不高，穗穗够长。”

“出奇！这么说，肥料大些，也不怕长滥？”

“人家说，肥料大了，只要水灌均匀，没关系喀。”

“啊哈！有这么好的稻种？买回来多少呢？”

“一石多。听说本互助组分毕，还有余头哩。”

“要是有余头，咱也分它点试试看！……”

“百日黄”稻种的生长期短，在蛤蟆滩引起了这样广泛的兴趣，庄稼人们把梁三老汉的草棚院挤得水泄不通。说话的声音很嘈杂，好像黄堡镇上的粮食市场一样。

人们把粗大的手伸进解开的口袋里，用指头捏一撮稻种，放在手掌心里细瞅。他们用大拇指头搓搓，用口轻轻吹去稻糠，又细瞅。他们把大米粒投进已经留下胡子的、或者还没留下胡子的嘴里嚼碎，然后唾掉，然后互相交换意见。

都说：成色不赖！

头上包着头巾的梁生宝，用一个升子，把稻种从麻袋里，舀到他互助组的人们带来的器具里头。……一群庄稼人严严实实把生宝挤在中间。大伙争着抢着，要分多出来的稻种。

…………

在生宝起身到郭县去之前，他曾征求过村内各代表和各互助组长，说：如若有人愿意换新稻种的，可以凑钱给他，他可以给大伙捎办。但是有的人实在是弄不到钱；有的人摸不清稻种究竟好坏，不愿意冒一块钱的险；有的人担心生宝办不好事情，恐怕要白白分担他的车票、路费。现在，这些庄稼人被新稻种早熟的优点吸引住了。这给生宝很大的鼓励：庄稼人尽管有前进和落后、聪明和鲁笨、诚实和奸猾之分，但愿意多打粮食、愿意增加收入，是他们的共同点。这就使得互助合作有办法，有希望了。大概党就是根据这一点，提出互助合作道路来的吧？——想到这里，他精神抖擞，容光更加焕发了。

阅读加油站

《创业史》以梁生宝互助组的发展为线索，表现了中国农业社会主义改造进程中的历史风貌和农民思想情感的转变。选段讲的是梁生宝从郭县带回来稻种“百日黄”，引起了大家极大兴趣。

陆柱国和他的小说《上甘岭》

它的最大功劳在于烘烤一下我冻得麻木的右手（左手则戴上皮手套）和不时凝结了冰渣的笔尖。

——陆柱国

三分钟了解一本红色经典

朗读者：金涛

《中国艺术报》通联国际部主任。从事文学艺术类新闻报道十余年，撰写了众多有关文艺热点的深度稿件，长期聚焦文学、戏剧、非遗等领域的前沿现象与热点话题。

1953年10月，人民文学出版社出版了作家陆柱国在朝鲜战场创作的小说《上甘岭》。该小说讲述了1952年秋，朝鲜战争进入关键阶段时发生的故事。美国侵略者在板门店谈判休会期间，调动六万多兵力，在三八线附近发动了大规模进攻，企图夺取上甘岭阵地，进而攻占五圣山，用武力获得他们在谈判桌上得不到的东西。坚守上甘岭阵地的中国人民志愿军某部八连，在连长张忠发的率领下，与敌人浴血奋战，打退了敌人二十多次的疯狂进攻。此后，他们又根据上级指示，退入坑道坚守阵地，拖住敌人，使之无法前进一步。在坑道里，他们遇到了各种难以想象的困难，不仅被敌人切断与外界的联系，而且缺水缺粮，生存艰难。但为了祖国、为了朝鲜人民，他们以惊人的毅力，坚守了二十四天，从而为大进攻赢得了时间，使中朝军队取得了胜利，并使整个朝鲜战场的形势发生了根本变化。美国侵略者被迫重新坐下来谈判，无可奈何地在停战协定上签了字，朝鲜人民重获和平。

小说《上甘岭》是陆柱国根据自己在参加上甘岭战役时的所见所闻创作而成。上甘岭战役是整个朝鲜战争中最为惨烈的一次战役，同时也是决定朝鲜战争走向的关键战役。在上甘岭，“钢少气多”的中国人民志愿军打出了新中国的国威和军威。时至今日，这场战役依旧是美国西点军校研究的经典案例。很多外国军事专家在谈到这场战役时，都对中国军队创造的战争奇迹百思不得其解，最后他们只能归结为“谜一样的东方精神”。“战神”拿破仑曾说过：“世界上只有两种强大的力量，即刀枪和思想。从长远来看，刀枪总是被思想所战胜。”指挥上甘岭战役的中国将军在回忆此次战役时，也曾说过：“战役既是敌我双方军力的较量，又是两种世界观、两种价值观、两种思想体系的较量。”人数与装备皆处于劣势的中国人民志愿军之所以能够战胜人数占优、装备优良、武装到牙齿的美军，其秘诀就在毛主席所说的：“敌人是钢多气少，我们是钢少气多。”

上甘岭战役

1952 年秋，中国人民志愿军和朝鲜人民军全线反击作战取得节节胜利，“联合国军”处境愈加被动。此时，正值美国总统选举和联合国第七届大会召开前夕，战俘遣返谈判也陷入僵局。“联合国军”为配合政治斗争需要，破坏志愿军和人民军正在进行的战术反击，摆脱战场上的被动局面，并谋求在停战谈判中的有利地位，决定实施所谓的“摊牌行动”计划。10 月 8 日，“联合国军”单方面宣布无限期休会，向朝中方面施加压力。10 月 14 日，“联合国军”开始在朝鲜中部战线发动“金化攻势”。他们对位于金化以北上甘岭地区的志愿军两个连的支撑点阵地 597.9 高地和 537.7 高地发起疯狂进攻，企图夺取志愿军的防御要点五圣山，以改变战场态势。

上甘岭战役留念

上甘岭战役，“联合国军”由美军第8集团军司令J.A.范佛里特指挥，参战部队有美军第7师、南朝鲜军第2师和第9师，共计步兵11个团又2个营，另有18个炮兵营，总兵力达6万余人；战役期间，投入105毫米以上口径火炮300余门，坦克170余辆，出动飞机3000余架次。志愿军在上甘岭地区担负防御任务的部队为第3兵团的第15军、第12军。597.9高地和537.7高地北山由第15军第45师第135团2个加强连防守，两个阵地构筑有长10米以上坑道48条（全长760多米）。整个作战由第15军军长秦基伟指挥。

上甘岭战役的成败对敌我双方都有重大意义。秦基伟将军在晚年回忆录中曾这样写道：“当时，整个朝鲜战场其他地方的枪声稀落了，板门店谈判桌上谈判双方都在等着上甘岭的消息，谁的部队在上甘岭打得硬，谈判桌前谁的腰杆就硬，讲话底气就足。兵团、志司、军委乃至毛泽东主席，都密切关注上甘岭的一得一失。”

从1952年10月14日至11月25日，上甘岭战役在面积仅3.7平方公里的两个高地附近进行。双方投入的兵力、武器逐步增加，战斗逐步发展为战役，营、团规模作战逐步发展到师、军规模作战。战斗激烈程度前所罕见，特别是炮兵火力密度，已超过第二次世界大战最高水平。在上甘岭战役中，美军对志愿军两个高地共发射炮弹190余万发；最多一天发射30余万发，平均每秒钟就达6发，每平方米的土地上就有76发炮弹爆炸。美军共出动飞机3000多架次，投弹5000余枚；最多一天出动250架次，投弹500余枚。我方阵地山头被削低2米，高地的土石被炸松一二米深，成了一片焦土，许多岩石坑道也被炸短了三四米。志愿军15军参战的27个连队里，有16个多次打光重建。其中英雄的8连，一个200人的连队，战火中多次重建，先后补充800人，战役结束时仅有6人活了下来，近1000人牺牲，但消灭的敌人接近1800人。

上甘岭战役场景之一

上甘岭战役共分三个阶段：第一阶段为两军争夺表面阵地；第二阶段为我志愿军坑道斗争；第三阶段为我志愿军决定性反击。其中第二阶段坑道作战对我军而言最为艰难。美军利用有利地形对第15军坑道采取筑垒封锁、石土堵塞、轰炸爆破、断绝水源、施放毒剂和烟熏等毒辣手段，妄图消灭坑道中的志愿军。据一位在坑道里呆了20天的15军45师摄影员回忆：“坑道里被炸得一直在掉土，没有任何亮光，空气混浊。坑道里大小便不能及时处理，烈士的遗体不能及时掩埋，硝烟味、硫磺味、血腥味、屎尿味弥漫在坑道里，让人窒息。坑道里最缺的是水，压缩饼干根本就咽不下去。有的时候甚至要喝尿，但因没水喝，尿也很少啊……有一个坑道，10多名战士直到饿死，还端着冲锋枪守在坑道口。”

在坑道作战的志愿军战士们由于缺水，根本无法分泌唾液，干粮卡在喉咙里咽不下去。伤员由于缺乏药物，只能眼睁睁看着伤口溃烂。为了不影响士气，伤员们强忍着伤痛不叫出声，实在受不了，就用被单堵住嘴。有的伤员牺牲了，咬在嘴里的被单都拽不出来。为保证战役的胜利，我军后方运输部队也付出了巨大代价，火线运输员伤亡达1000多人，他们一批批倒在前往上甘岭的道路上。

志愿军官兵前赴后继，不怕牺牲，以血肉之躯坚守着阵地。在战役最艰苦的时刻，45师师长崔建功向秦基伟军长保证：“一号，请你放心，打剩一个连，我去当连长，打剩一个班，我去当班长。只要我崔建功在，上甘岭还是中国人民志愿军的！”秦基伟说：“好，阵地不能丢，伤亡也得降下来，请转告各部队，打到最后一个人，我秦基伟也上去守阵地。”

上甘岭战役彻底粉碎了敌人的“金化攻势”，给敌人以沉重的打击。战役之后，美军再也没有向志愿军发动过营以上规模的进攻，朝鲜战局从此稳定在北纬38度线上。

秦基伟将军说：“上甘岭战役不仅从军事上打垮了敌人的攻势，也打出了我军的指挥艺术、战斗作风和团结精神，打出了国威、军威。……有人说过，美国人真正认识中国人，是从上甘岭开始的。”

陆柱国

《上甘岭》作者 陆柱国

陆柱国（1928— ），原名陆祖柱，1928 年 10 月 12 日出生于河南洛阳宜阳县城的一个贫民家庭。1948 年 3 月洛阳解放前夕，陆柱国在洛阳师范读书。3 月 16 日，刚刚解放的洛阳又遭到了国民党军队的反攻，解放军开始撤退。炮火声中，陆柱国在洛阳老城十字街头看到了陈（赓）谢（富治）兵团宣传部的曾部长，他曾在陆柱国所在的学校洛阳师范为学生讲过话。尽管只有一面之交，但陆柱国从心眼儿里佩服他。当听说部队缺人尤其是缺文化人时，陆柱国当即和另外三名同学报名参加了中国人民解放军晋冀鲁豫野战军，后被分配在第 4 纵队，担任新闻、宣传工作的战地记者。从此，陆柱国开始了自己的军旅文学创作之路。

陆柱国采访的第一场战斗是豫东鸡窝山战斗。在这次采访中，他听到有人讲述一位叫鄢永昌的班长的事迹，这位班长牺牲时仍保持着立射的姿势。陆柱国于是来到八班驻地详细了解鄢永昌的事迹，很快他就写出了《悼八班班长鄢永昌》的第一篇通讯。没过几天，纵队政治部出版的油印报发下来，这篇通讯竟然占了整整一个版面，虽无署名，但大家都知道这是纵队下来的“记者”写成的。这篇通讯为陆柱国走上创作之路打下了基础。之后，陆柱国调到新华社担任前线记者，他相继参加了淮海、渡江等战役。1949 年，陆柱国光荣地加入中国共产党 。新中国成立后第二年，陆柱国创作了反映淮海战役的中篇小说《决斗》。同年，他被调入总政治部文化部创作组。1951 年，陆柱国调任解放军文艺社编辑。1952 年 10 月奉命赴朝鲜前线采访。到达朝鲜后，陆柱国广泛采访中国人民志愿军指战员，深为他们的革命英雄主义和国际共产主义精神所感动。回国后，他创作发表了反映志愿军指战员战斗生活的中篇小说《风雪东线》。

小说《上甘岭》的创作经过

1952 年 10 月上旬，陆柱国随第二届赴朝鲜慰问团前往朝鲜采访。这次慰问团有 9 个分团 1097 人，慰问团要求团员到前沿去看看子弟兵如何打仗。从北京出发几经辗转，10 月 12 日，陆柱国跟随第二分团来到了五圣山前线慰问。在志愿军第 15 军军部，陆柱国感觉到战士们对祖国来的亲人格外热情，那时正是上甘岭战役打响前夕。当日清晨，第 15 军军长秦基伟在陪慰问团团员吃早饭时，突然凝重地对大家说："今天凌晨，敌人的炮火打得特别厉害，看起来可能要有大动作。"果然，在连续两天的先期火力打击之后，10 月 14 日凌晨 3 时，美第八集团军司令官 J.A. 范弗里特指挥以美军为首的所谓"联合国军"，对驻守上甘岭的第 15 军阵地狂轰滥炸。这一天，双方在五圣山的前沿阵地展开了激烈的战斗……双方你争我夺，惨烈异常。此后的每一天，陆柱国都被志愿军将士浴血奋战的英雄事迹所感动。不久，上级要求慰问团结束活动迅速返回。陆柱国决定留下来，他要在一线阵地采访慰问这些浴血奋战的前线战士们。

冒着敌人的炮火，陆柱国在侦察员的护送下，到达五圣山主峰我军阵地。这里 24 小时都在打炮，震得地动山摇，但陆柱国很快就习惯了这些。在这里，陆柱国看到志愿军指战员们尽管衣服破烂、满脸血污，并时常只能以牙膏、生大米为食来充饥，但依然凭借坑道工事巧妙地躲避着敌人飞机、大炮的轰炸，顽强地坚守阵地，决不让敌人前进一步，从而产生了强烈的创作冲动。

11月5日，苦战8天的第45师135团撤出战斗补充休整，陆柱国见到了那些刚从坑道里换防下来的3营7连指战员。他看到这些战士虽然在坑道里战斗了20多天，但精神状态实在惊人，他们有说有笑，笑意中充满着傲然的自信。陆柱国在战士们休息的间隙，采访每一位战斗者，满含热泪地听他们讲述那些感天动地的战斗故事。随后，陆柱国又采访了换防下来的3营8连官兵，内心深处似有一股潮水在他胸中澎湃奔流着。11月中旬，陆柱国从45师采访结束返回军部。在距离阵地200米远的一座废弃碉堡里，他开始奋笔疾书。对于当时自己创作的环境，陆柱国在《根深才能叶茂》一文中曾有提及："没有房子，我便占据了一座废弃的碉堡。当时，部队领导能够给我的关怀与照顾便是在我的碉堡出入口挂上一块油布，在我的用木板钉成的简易书桌旁放上一盆炭火。这盆炭火所起到的提高碉堡内温度的作用是微乎其微的。它的最大功劳在于烘烤一下我冻得麻木的右手（左手则戴上皮手套）和不时凝结了冰渣的笔尖。"

在煤油灯点亮的碉堡里，陆柱国拿出"20×25 = 500"的解放军文艺社红色竖排稿纸，开始潜心创作。第一天，他就写完了小说的第一章，该章共12页稿纸。吃晚饭时，陆柱国迫不及待地把稿子拿给了志愿军政治部宣传处钱抵千处长。"钱处长，你看我这样写的开头行不行？"钱抵千是1938年入伍的老革命，他和陆柱国算得上是"半个老乡"。1948年4月5日洛阳解放后，钱抵千被任命为中共洛阳市委机关报《新洛阳报》社长，4月9日《新洛阳报》创刊。抗美援朝战争中，钱抵千担任志愿军报社社长、志愿军政治部宣传部部长。

第二天早饭时，钱处长把稿子还给了陆柱国，并激动地告诉他："稿子不仅我看了，还读给秦军长听了，秦军长听了很高兴，他说很好，就这样写下去。"陆柱国听钱抵千这么说，内心非常激动，他没想到秦军长在指挥上甘岭战役的同时，竟然能听一个宣传处长念一个作家写的小说，这给了陆柱国极大的鼓励。此后，陆柱国夜以继日地写作，一天最多时能写20页稿纸。陆柱国每写完一个章节，就会拿给钱抵千看，请他提意见，然后自己再根据意见进行修改。11月25日下午，在历时43天的上甘岭战役宣告结束的同一天，陆柱国创作完成第九章（共11页），写下了"1952年11月25日初稿于朝鲜金化前线"等字样。陆柱国几乎是以一天一章的速度，用了不到10天的时间，创作完成了100多页共8万多字的《上甘岭》小说初稿。

陆柱国在创作《上甘岭》时，并没有全景式地表现上甘岭战役的全过程，而是巧妙地避大抓小，把视点投向了一条坑道和一个连队，通过塑造英勇善战、不怕牺牲的志愿军英雄群像，将这场惨烈而又气壮山河的战役真实地表现出来。凭借自己对战斗生活的仔细观察与体会，陆柱国用自己手中的笔，巧妙地抓住人物性格的主要方面加以描写，并通过人物本身的具体行动来展示人物心理，将战争的残酷与志愿军战士的革命英雄主义很好地进行融合，这使得小说《上甘岭》所塑造的英勇顽强的英雄形象感人至深。

小说创作完成3个多月后，《解放军文艺》在1953年3至5月号连载刊发。小说发表后，颇受读者欢迎，社会反响很大。

从1952年11月25日完成初稿后，陆柱国对书稿先后进行了4次修改，最后一稿于1953年7月9日修改完成。当年10月，人民文学出版社出版了"解放军文艺丛书"之一——小说《上甘岭》单行本，起印12万册，定价4.50元。时隔半年，人民文学出版

《解放军文艺》刊物

社再次印刷发行5万册。从1953年10月到1965年4月，《上甘岭》一再重印，总计印刷46万多册。从1953年9月到1960年10月，《解放军文艺》《文艺报》《北京日报》《解放日报》《新民晚报》《旅大人民日报》《文汇报》《文艺学习》《文艺月报》《读书月报》《天津晚报》等11家报刊共发表14篇有关《上甘岭》的评介文章。

晚年的陆柱国，在回顾自己创作小说《上甘岭》时，感慨地说：“此生最大的遗憾，就是写完小说《上甘岭》后我没有再上阵地。战友们告诉我，在阵地上随便抓起来一把，就有炮弹皮、碎石头和人的骨头，就这3种东西。在世界战争史上，像上甘岭这样的战斗，恐怕是绝无仅有的。”

原文链接

上甘岭（节选）

张文贵站在麻袋跟前，留恋地看着外面，暂时没有往里面去。他想，怎么向上级报告呢？“伤亡太大，不得不退守坑道。”这两句话，实在难以从自己的嘴里说出来。他也考虑到上级了解这次战斗，绝对不会因为他们退守坑道而责备他，但他总感到有几分羞愧：打过多年仗了，像这次的伤亡与撤退，他和他的连队是向来没有过的；可是，在一天之内，能够杀伤敌人这么多，他也是没有遇到过的，所以，他又为他的连队的胜利感到自豪。

刘才学、王继保也相继滚回坑道，带着满身灰土进来了，简直像刚从打麦场里钻出来。

张文贵怀着自豪与羞愧的心情，和他的战士通过坑道口的防御工事快步走进去。

副指导员王洪远正对着步行机讲话。张文贵很奇怪：这个平时怎么也学不会在步行机上讲话的人，现在竟说得这样流利。

“李先生，李先生，我们掌柜的还没有回来。大概还有点小买卖没有作成——”

张文贵拍了拍副指导员的肩膀。王洪远扭头一看，惊喜地说：“李先生，你先等一等。”

“连长，都回来了吧？”

“完全回来了。营长要开炮吗？”

“是！”

“好！趁敌人立脚不稳，再捶他一家伙！”

王洪远又对着送话器讲起来:"李先生,我们掌柜的回来了,你把车子推来吧!"

张文贵看着副指导员,忍不住笑出声来。

"你笑什么?"王洪远奇怪地问。

"没有什么。这个步行机的暗语能笑死人。什么'掌柜的''车子'。将来不打仗的时候,你想一想这个古里古怪的话,准会笑破肚子。"

"你还觉得好笑,我等你等得急死了!"

"你听着,炮弹快来了!"张文贵摇了摇手。他稍微仰起面孔,凝视着坑道上边。他手里拿着一支没有燃着的香烟。全坑道都在沉静地等着我们的炮火奇袭。张文贵过去到炮兵部队参观过。现在,他好像感觉到那些满面通红、光着膀子、浑身流汗的炮手们正在往炮膛里装填炮弹呢。

重炮弹在山上爆炸,坑道震动,灯光摇摆。虽然这各种情形和敌人打炮时差不多,但张文贵的心里是十分舒服的,他在摇晃的油灯上点着香烟,微闭着眼睛慢慢地吸起来。也不知道他是品烟味,还是品炮味。

"王洪远,你听!我们的炮好极了!"他眼睛仍然闭着。

"连长,教导员请你亲自听话。"那个现在成为步行机员的电话员说。

张文贵赶忙熄掉香烟,把受话器截在耳朵上。

教导员吕安国的声音仍然十分镇静,他说得很慢、很清楚,好像惟恐张文贵听不真切一样。"马掌柜,马掌柜,这趟买卖做得很好,很好!我们大老板都很满意。你不要认为赔本了!不要这样,不要这样。我还要到你那里去,很快就去,很快、很快!你耐心等一等!"

张文贵放下受话器，感到浑身轻松了很多。他那种羞愧的情绪很快消失了。教导员吕安国这样了解他的思想，并特意在步行机上安慰他，使他觉得既高兴，又感激。

“连长，教导员有什么指示？”王洪远问。

“大概快反击了。教导员要亲自来。”后来，他情不自禁地又说：“团里边说我们打得不错！可是，我事先还准备挨批评呢！”

“为什么要挨批评？”

“师长千嘱咐、万嘱咐，让我守住。可是我终于退到坑道来了！你说，这不该受批评吗？”

“这——不会。我们打死了多少敌人！光是团的观察所，就看见敌人拉走了二十多车死尸，我看，你是过于担心了！"

“担心？叫谁来当连长，谁也得担心。这种战斗，整麻袋的手榴弹都不够用……给我点水喝。”张文贵喝了一口水，漱净嘴里的泥土，接着一口气喝了一大茶缸开水。他感到有些疲劳，而且浑身酸痛。

阅读加油站

选段写出了战斗的激烈与残酷。年轻的连长张文贵勇敢、坚强、机敏，带着战士们扼守主峰阵地。上甘岭，成了那个时代军中国人的精神象征。

罗广斌、杨益言创作《红岩》

望着脚下沉重的铁镣，我没有什么需要自白，就拿起皮鞭吧，举起你们尖锐的刺刀吧！

——罗广斌

三分钟了解 一本红色经典

朗读者：贺同越

本科毕业于解放军艺术学院，研究生毕业于北京大学中文系。现在中国作家协会中国现代文学馆工作。

有这样一本小说，它影响了新中国几代人，它对中国许多年轻人的世界观、人生观、价值观产生过深刻影响。小说深刻反映的一种革命精神——红岩精神，与井冈山精神、长征精神、延安精神一样，成为中国共产党宝贵的精神财富。这种精神早已成为激励我们自强不息的强大精神动力。

这本小说就是《红岩》。

自 1961 年出版后，《红岩》便成为教授共产主义精神和革命气节的教科书。迄今为止，《红岩》发行量已超千万册，它是中国当代发行量最大的红色经典小说。它被誉为“二十世纪中国最有影响力的红色书籍”，是中国共产党党员最生动的教科书。《红岩》讲述的故事被一代又一代人所熟知。

罗广斌

《红岩》创作者

作为《红岩》作者之一的罗广斌，1924 年出生在四川忠县（今属重庆）一个地主家庭。他同父异母的长兄罗广文是蒋介石的嫡系，曾任国民党第 18 军军长、第 15 兵团司令。

中学时期，年轻的罗广斌强烈反抗家庭包办婚姻，积极争取自己的爱情与婚姻自由。为此，罗广斌被父亲送往昆明，交由其好友马玉之儿子马识途看管。罗广斌的父亲并不知道马识途是中共西南联大地下组织负责人。在马识途的影响下，罗广斌受到革命思想的熏陶。在昆明西南联大附中读书期间，他不仅加入了中共外围组织“民主青年同盟”，还积极参加中共领导的学生运动。1946 年，当罗广斌家人得知他已受共产党思想影响后，赶忙去信强迫他离开昆明回到四川。在征得党组织的同意后，罗广斌假意无奈回到重庆家中。到达重庆后，罗广斌很快与当地中共地下党接上关系，秘密参加当地地下革命工作。1948 年 3 月，经中共党员江竹筠等人介绍，罗广斌光荣地加入中国共产党。

1948 年秋，因中共重庆市委正、副书记刘国定、冉益智相继被捕叛变，重庆地下党组织遭到严重破坏，罗广斌也被叛徒出卖。国民党军统顾忌罗广文的权势，迟迟不敢动手抓捕罗广斌。但国民党军统西南区区长徐远举在征得罗广文同意后，派人逮捕了罗广斌。罗广文让徐远举抓捕自己弟弟，出于两点考虑：一是为了让罗广斌受点教训；二是怕在混乱局势中一些小特务不知道罗广斌是他的弟弟，随便把罗广斌杀了，他觉得把罗广斌关在监狱中更保险。同年 9 月 10 日，罗广斌在成都家中被捕，先后被囚禁于国民党在重庆设立的渣滓洞和白公馆两处监狱。

入狱后，军统特务认为，罗广斌参加革命也许只是一时冲动，为讨好罗广文，他们想让罗广斌具结悔过就放了他。但罗广斌意志坚决，拒绝了特务的要求。恼羞成怒的特务很快便给罗广斌带上了脚镣。带上脚镣后，罗广斌曾写下一篇《我的“自白书”》，其中写道：“望着脚下沉重的铁镣，我没有什么需要自白，就拿起皮鞭吧，举起你们尖锐的刺刀吧！我知道，你们饶不了我，正如我饶不了你们一样，毒刑、拷打、枪毙、活埋，你们要怎么干，就怎么干吧！……”

1949 年 10 月 1 日，中华人民共和国在北京宣告成立。此时，国民党在西南的统治已是风雨飘摇，大厦将倾。早已逃亡台湾的蒋介石此时下达一道密令，要求重庆军统将关押在渣滓洞、白公馆的中共地下党员全部枪杀。1949 年 11 月 27 日，特务们开始疯狂展开屠杀，近 300 名革命志士英勇就义，烈士的鲜血染红了红岩村、歌乐山。在此次大屠杀中，有35人从特务的枪口下侥幸脱险，其中有19名革命志士是在罗广斌带领下从白公馆监狱逃出来的。

原来，早在大屠杀前，罗广斌就已经劝说、策反了白公馆看守杨钦典，时刻准备越狱。11月27日凌晨，当杨钦典得知屠杀要开始时，他剪断了电话线，打开了大门的锁，然后回到楼下二室，对罗广斌说："你们赶快做好准备，我到楼上看动静，如果没有什么问题，我就踏三声楼板，你们就跑！"作为这次越狱的组织指挥者，罗广斌把身边的难友召集起来进行部署："同志们，快，我们赶快做好准备，这次突围，按老中青分成几个组，分组突围；出去后分头行动，翻过歌乐山往红槽房方向走，出封锁线各自找好隐蔽处藏好，等待解放军，迎接胜利……"这时，楼上传来了杨钦典发出的信号，罗广斌一挥手："同志们，我们走！"天亮后，罗广斌搀扶着狱友杨其昌（黔军爱国将领，于1948年冬和旧友陈铭枢等在重庆组织"民革"，密谋倒蒋，半年多后被蒋介石下令逮捕，囚于白公馆监狱）一路前行。当他们冲出歌乐山，走上大路后，便加入到来往的人群中，急匆匆赶往白市驿，躲进杨其昌的一个老部下的家中，在那里等待重庆解放。

杨益言

另一名作者杨益言，1925年出生于重庆。1944年考上同济大学后，杨益言前往上海读书。在读书期间，他担任上海地下学联机关报负责人和"主笔"。1948年初，因参加反美反蒋反内战的学生运动，杨益言被学校除名并遭缉捕。获释后回到重庆，在重庆中国铅笔厂职工夜校执教。同年8月，由于杨益言写给女友的信件被特务查到，特务误认为他是中共派回重庆恢复《挺进报》的共产党员，便逮捕了他，将其囚禁于渣滓洞监狱。1949年4月，因杨益言与中共地下组织及民盟、民革组织均无关系，被认为只是一般“嫌疑犯”，经家人花钱保释出狱。

小说《红岩》的基本内容

1948年，国民党的反动统治摇摇欲坠。为了配合工人运动，重庆地下党工运书记许云峰命甫志高建立沙坪书店，作为地下党的备用联络站。甫志高为了表现自己，不顾联络站的保密性质，擅自扩大书店规模，销售进步书刊。一天，区委书记江姐要去华蓥山根据地，甫志高到码头为江姐送行，江姐嘱咐他要注意隐蔽，他嘴上答应，心里却不以为然。江姐到离根据地不远的一座县城时，发现自己的丈夫、华蓥山纵队政委彭松涛的人头被高挂城头。见到纵队司令员双枪老太婆后，她强忍悲痛，坚决要求到丈夫生前战斗的地方工作。甫志高又自作主张招收一名叫郑克昌的青年入店工作，许云峰知道情况后大吃一惊，几经分析发现郑克昌形迹可疑，便让甫志高通知所有人员迅速转移。甫志高却根本不听劝告，反认为许云峰嫉妒自己的工作成绩，结果被捕并成了可耻的叛徒。由于他的告密，许云峰、成岗、余新江和刘思扬等人很快相继被捕。特务头子徐鹏飞得意忘形，妄图借此机会将重庆地下党一网打尽。然而，他使尽各种伎俩，都没能从许云峰等人身上得到任何信息。凶残的敌人为了得到口供，疯狂地折磨革命者。他们给革命者食用霉烂的食物，而且在炎热的夏天限制饮水量，妄图用炎热、蚊虫、饥饿和干渴动摇革命者的意志。为了粉碎敌人的阴谋，狱中难友趁放风时在墙角挖出一眼泉水。在保护泉水的斗争中，龙光华英勇牺牲。全狱难友绝食抗议敌人的暴行，敌人不得不妥协让步。

叛徒甫志高带领特务窜到乡下，江姐不幸被捕，被关押在渣滓洞里。在狱中，她受尽了折磨，凶残的敌人把竹签钉进了她的十指。面对酷刑，她傲然地说道："毒刑拷打是太小的考验，竹签子是竹做的,共产党员的意志是钢铁。"秋去冬来,转眼到了年底。全国革命形势一片大好，国民党当局在受到沉重打击后开始放出要和谈的风声。农历年三十，渣滓洞全体难友举行了一个别开生面的联欢会。更令人高兴的是，地下党派人与他们取得了联系。敌人为了表示和谈的"诚意"，假意释放了一些政治犯，来自资本家家庭的共产党员刘思扬是其中之一。在他被送回刘公馆的第二天夜里，一个自称姓朱的人潜入刘家，说他受区委书记李敬原的委派，前来了解刘思扬在狱中的表现，并要他详细汇报狱中地下党的情况。正当刘思扬对此人产生怀疑时，李敬原派人送来情报，揭穿了这个伪装特务郑克昌的真面目。刘思扬来不及转移，又被抓起来关进另一所监狱白公馆。郑克昌在诱骗刘思扬失败后，又伪装成同情革命的记者高邦晋打入渣滓洞，他妄图通过苦肉计刺探狱中地下党的秘密。余新江等人识破了他的伪装，并借敌人之手除掉了这个阴险的特务。解放军日益逼近重庆，地下党准备组织狱中暴动。在白公馆装疯多年的共产党员华子良与狱中党组织接上了关系。同时，关在地窖中的许云峰用手指和铁镣挖出了一条秘密通道。当解放军攻入四川，即将解放重庆的时候，徐鹏飞等狗急跳墙，提前秘密杀害了许云峰、江姐、成岗等人。就在许云峰等人被害的当天晚上，渣滓洞和白公馆同时举行了暴动。

刘思扬等一些同志牺牲了，但更多的同志终于冲出了魔窟，伴随着解放军隆隆的炮声，去迎接黎明时分灿烂的曙光！

小说《红岩》塑造了一组不同年龄、不同性别、不同经历、不同性格的共产党员和革命者群体形象。其中，许云峰和江姐是小说着力刻画的两个主要人物形象。许云峰经验丰富，胆识过人，沉着机智，顾全大局。在沙坪书店发现敌情后，他果断布置撤退转移；为掩护市委书记李敬原安全脱身，他主动出击把敌人的注意力引向自己；面对敌人的审讯，他巧妙地把徐鹏飞引向错误的判断方向，从而保护了组织和同志。而江姐对党忠贞，对同志血肉情深，对敌斗争顽强不屈，在危急关头从容镇定。在赴华蓥山途中，当她看到城墙上悬挂着自己丈夫的头颅时，虽内心悲痛欲绝，但为了不暴露身份，她仍旧镇定自若地去与双枪老太婆会面。在就义前，她平静地与战友们一一告别，亲吻"监狱之花"，梳理好头发，换上整洁的蓝旗袍，平整好衣服的皱痕，而后从容地走向刑场。此外，齐晓轩、成岗、华子良等人，虽着墨不多，但也给读者留下了深刻的印象。在刻画反面人物时，作者并不是简单地把敌人丑化，而是用高度的艺术概括，写出他们的反动本质和性格特征。

这部小说的素材源于作者罗广斌、杨益言当年在重庆国民党监狱渣滓洞、白公馆的亲身经历。小说中相当一部分人物，曾是他们在渣滓洞、白公馆的革命战友与狱友，只是这些同志牺牲在重庆解放的前夜。

渣滓洞、白公馆，位于重庆西北郊的歌乐山下。1938 年，国民党特务机构军统霸占了这两处地方，改为监狱，专门关押、屠杀共产党人和革命志士。我党高级将领叶挺和廖承志曾被囚禁在这里，共产党员江竹筠、罗世文、车耀先等都在这里关押并遇害；发动过西安事变的爱国将领杨虎城也曾在此关押，杨虎城一家在这里被羁押三年后，全部遇害。

渣滓洞和白公馆成了共产党员与革命者口中的“两口活棺材”。《红岩》写的就是这“两口活棺材”里的故事。

小说《红岩》创作前的文学准备

1949 年 11 月 30 日，重庆解放。“死里逃生”的罗广斌不忘牺牲烈士们的嘱托，很快写出一份长达 2 万字的《重庆党组织破坏经过和狱中情形的报告》。1949 年 12 月 25 日，罗广斌将该报告递交给党组织。该报告包括“案情发展”“叛徒群像”“狱中情形”“脱险人物——白公馆（全部）”和“狱中意见”等 7 个部分。其中“狱中意见”是罗广斌对狱中难友们集体意见的归纳。狱中革命者在牺牲前，预见到国民党政权在溃败前夕很可能要对他们实行疯狂的大屠杀，他们也许看不到重庆解放的那一天，但他们希望在牺牲前对党再讲一些真挚的话。其中，“狱中八条”最为重要。因为，这八条是烈士们披沥赤忱的诉说，是他们集体意志和智慧的结晶。其内容如下：

一、防止领导成员腐化。

二、加强党内教育和实际斗争的锻炼。

三、不要理想主义，对上级也不要迷信。

四、注意路线问题，不要从右跳到“左”。

五、切勿轻视敌人。

六、重视党员特别是领导干部的经济、恋爱和生活作风问题。

七、严格进行整党整风。

八、惩办叛徒特务。

时至今日，这“狱中八条”依旧具有极强的现实性。它对于我们今天加强党的建设、廉政建设和党员修养等都具有非常重要的警示意义。

重庆解放后，罗广斌被安排在“重庆市追悼杨虎城将军暨遇难烈士筹备委员会”工作，与他一起工作的还有刘德彬。刘德彬也是“11·27”大屠杀中渣滓洞集中营的幸存者。1949 年 11 月 27 日下半夜，特务把渣滓洞剩下的 200 余名犯人集中到楼下八间牢房，然后每个牢房用两把锁锁上。紧接着，特务们用枪向每间牢房内扫射，而后再打开牢门逐室补枪。刘德彬所在的牢房是最后补枪的，也许特务们是急于逃走松懈了，也许是见刘德彬满身是血，以为他已经死了，就没再往他身上补。补完枪，特务们又把牢门锁上，把事先准备好的干柴堆在走廊上，浇上汽油点上火。火烧起来后，特务们纷纷撤走。刘德彬等了一小会儿，发现外面没有了动静，就与另外几个幸存的难友破门而出，逃出了渣滓洞。刘德彬是一名老共产党员。他 16 岁就加入了中国共产党，在彭咏梧和江竹筠的领导下工作，具有丰富的地下斗争经验，《红岩》中关于江姐的不少细节就是他提供的。1948 年 6 月 14 日，因刘国定和冉益智的叛变，刘德彬很快也被抓捕。江竹筠等大批地下党员相继被捕，中共在下川东的地下组织遭到大破坏。国民党当局对下川东一案十分重视，希望从“匪首彭咏梧”之妻江竹筠身上突破，对她多次刑讯逼供。但江竹筠十分坚强，宁死不招。她的英勇表现，传遍了各个牢房，难友们无不对她充满敬意。1949 年 1 月 19 日，是彭咏梧牺牲周年纪念日，关在渣滓洞的下川东地下党人，建议全体难友写信给江姐表示慰问。刘德彬向大家讲述了彭咏梧的英雄事迹，以及江姐听到彭咏梧牺牲消息时的坚强，很多人被感动得流下了眼泪。正是刘德彬的这些亲眼所见、亲耳所听、亲身所感，为其后塑造江姐形象打下了坚实基础。

当时，罗广斌、刘德彬的任务是要在一个月内整理好“11·27”大屠杀中近300名遇难者的材料，以作为烈士评定的参考依据和国民党重庆集中营的档案材料。由于时间紧，任务重，组织派杨益言来帮助罗广斌、刘德彬工作。罗广斌、刘德彬、杨益言三人夜以继日地工作，在追悼会举办前夕，终于编印出20万字的《如此中美特种技术合作所——蒋美特务重庆大屠杀之血录》特刊，其中收录了罗广斌撰写的《血染白公馆》、刘德彬撰写的《火烧渣滓洞》、杨益言写的《我从集中营出来——磁器口集中营生活回忆》。

不久，罗广斌、杨益言、刘德彬被分配到共青团重庆市委工作。1950年，抗美援朝战争爆发。为鼓舞民众努力生产、积极为抗美援朝做贡献，共青团重庆市委要求罗广斌、杨益言和刘德彬大力宣传重庆解放前革命志士的英雄事迹。于是，他们便开始在重庆各机关单位、学校、人民团体，以亲身经历的真实事件为素材进行演讲，深受广大听众欢迎。为更好地宣传烈士们的英雄事迹，罗广斌、杨益言、刘德彬决定将其在狱中与敌人英勇斗争的亲身经历写出来。很快，他们三人合作撰写的报告文学《圣洁的鲜花——记97个永生的共产党员》，在重庆《大众文艺》杂志上发表。文章发表后，在重庆等地读者中引起强烈反响。

1956年夏，中国青年出版社文学编辑室成立传记文学组，并创办了一个新型刊物《红旗飘飘》。该刊主要任务就是宣传烈士及英雄人物事迹。为更好地搜集资料，编辑室向全国各地发出了征稿函。当时，他们制订了一个包括著名烈士和英雄人物共一百多人的回忆录、传记名单。当在安排第二期稿件时，编辑室收到四川省长寿县（今重庆市长寿区）读者赵山林的一封来信。信中，他反映了四川群众的一个意见：他们听了罗广斌同志介绍重庆解放前“中美特种技术合作所”的血录，受到很大教育，希望中国青年出版社收集材料，“通过写小说的形式出版发行”，以便收到更好的效果。这封读者来信促成了中国青年出版社向罗广斌、刘德彬、杨益言的第一次约稿。1956 年秋，罗广斌、刘德彬、杨益言三人联名向重庆市委书记处请创作假，想将歌颂烈士的宣传讲演写出来，以便让更多的青少年受到教育。重庆市委批准了他们的这个请求，三人便住到重庆南温泉，开始紧张地创作。三人的分工是：罗广斌写陈然、“小萝卜头”，刘德彬写江姐、老大哥、云雾山、“黑牢诗人”蔡梦慰、流浪儿蒲小路，杨益言写龙光章和“水的斗争”。半年后，罗广斌、刘德彬、杨益言整理出回忆录《在烈火中得到永生》，并寄给中青社。1958 年 2 月，该革命回忆录发表在《红旗飘飘》杂志上。这是红岩故事第一次以回忆录的方式与全国读者见面。不久，中国青年出版社想将该回忆录作为单行本出版发行。于是，中青社请罗广斌等人将该作品再一次作了修改。1959 年 2 月，中国青年出版社出版了单行本《在烈火中永生》。这次出版，使得红岩故事在全国广为传播。

《红岩》的创作经过

1958年10月，时任团中央常委、中国青年出版社社长兼总编辑的朱语今和文学编辑王维玲赴四川、云南考察，为中青社文学编辑室组稿。在成都，四川省作协主席沙汀向朱语今推荐了罗广斌、刘德彬、杨益言等人所撰写的反映革命志士在重庆渣滓洞、白公馆集中营与敌人英勇斗争事迹的报告文学和回忆录。朱语今敏锐地意识到，这部作品很可能是对广大人民群众进行革命传统教育和爱国主义教育的好素材。中青社这几年也一直关注着这些作品。于是，朱语今和王维玲匆匆奔赴重庆，想找罗广斌等人面谈。

在重庆，他们受到共青团重庆市委的热情接待。当得知罗广斌、刘德彬正在长寿县境内的长寿湖农场劳动锻炼，朱语今一行在已经担任共青团重庆市委办公室主任的杨益言的陪同下，前往农场拜访。在与三人面谈时，朱语今郑重其事地向他们约稿，请他们根据亲身经历创作一部长篇小说。他们因从未写过小说，恐难胜任，故没有立即答应。朱语今见状，便热情地鼓励道："你们都是共产党员，都是团干部，天天动员团员青年响应毛主席'破除迷信，解放思想'的号召，你们自己就不能带头实行？你们没写过小说，为什么就不能学着写？就不敢写？你们写小说，目的很明确，不为名，不为利，为了教育青年一代，为了完成烈士的嘱托，完成一个幸存者、一个革命者应尽的义务，把笔拿起来，不要犹豫了，写吧，一定要把书写好！"

在这番话的鼓舞和激励下，罗广斌等人最终接受了小说创作任务。

朱语今、王维玲从长寿湖农场回到重庆市，立即向分管共青团工作的市委常委、组织部部长肖泽宽汇报了向罗广斌等人约稿之事，并建议市委提供一切便利条件。肖泽宽随后向市委第一书记任白戈进行了汇报。任白戈很重视朱语今的建议，但他听了肖泽宽的汇报后，并未立刻表态。任白戈是20世纪30年代我国著名作家，他对文学创作很了解。他知道罗广斌、刘德彬、杨益言有“中美特种技术合作所”狱中斗争的经历，但经历与写作并不是一回事。他们都没有写长篇小说的经验，他们能完成这个任务吗？万一写不好，怎么向团中央、向热心的朱语今交代？当任白戈说出自己的顾虑后，肖泽宽也谈了自己的意见：“朱语今是我的老战友，万一写不好，只要我们尽力了，团中央也不会说什么的，而且朱还向我表示，中青社也会帮助他们的。”听到肖泽宽这样说，任白戈表态说：“好，我支持。”此后，经重庆市委讨论，决定由罗广斌、杨益言来创作这部小说。市委强调要把长篇小说《红岩》的创作，当作一项严肃的政治任务来抓。为此，市委指定肖泽宽负责组织领导小说《红岩》的创作。任白戈对肖泽宽说：“写‘中美合作所’狱中斗争这样题材的小说，作品的主题思想，应该是‘表彰先烈，揭露敌人。’”

1959年初，罗广斌、杨益言开始小说《红岩》的创作。为便于他们集中精力创作，市委特意安排两间平房供其使用。为完成这项光荣的政治任务，罗广斌、杨益言白天搜集素材，晚上写作。为更好地了解当时敌特情况，市委特许罗、杨二人到公安部门查看众多的敌特档案，并可采访在押的敌特分子。在此过程中，罗、杨二人发现了一整套跨度长达15年的特务日记。通过阅读日记，他们对特务内部相互倾轧又相互利用的错综复杂的关系以及各种人物的面貌、心理特点有了更深刻、更具体的了解，从而加深了对敌特人员的认识。这不仅进一步提升、丰富了他们已掌握的素材，而且还为他们后来成功塑造军统大特务的形象奠定了基础。对此，杨益言曾有忆述："仅凭我们掌握的敌特人员的材料，是塑造不出徐鹏飞、毛人凤、严醉、沈养斋那样级别军统特务形象的，也很难表现出他们各自不同性格特征和不同时期的内心活动和心理变化。"

经过一段时间的努力，罗、杨创作出《红岩》初稿。初稿完成后，市委以"征求意见本"形式印刷出来，送交各界人士审读、提意见。不久，有关方面在读后提了很多意见。有人认为小说整体"低沉压抑""满纸血腥""缺乏革命的时代精神"等。有人从罗、杨从没有写过长篇小说的实际情况考虑，建议他们不要写渣滓洞、白公馆两个监狱的斗争，应集中笔墨写一个监狱的斗争。有的则建议他们只写狱中的斗争，不要铺展开来，写狱外地下党的活动。

由于罗、杨受以前只写过报告文学和革命回忆录，创作受到束缚，又因内心怀着沉重的悼念烈士的心情，整个作品初稿确实格调不够高昂，感伤、压抑的内容比较多。任白戈看后，也直接指出："小说的精神状态要翻身。"肖泽宽读后也有此感，他给罗、杨二人指出："'中美合作所'狱中的生活，确实是非常黑暗、非常残酷的，所以人们才说它是座人间魔窟。但是在这里，共产党人用自己的热血和生命、气节和情操，写下了不朽的一页。你们写小说，不能仅仅停留在写一个，抓一个，死一个，要通过烈士的事迹，写出烈士的精神和本质。"肖泽宽认为能否成功塑造许云峰、江姐等一批狱中的共产党员的形象，是《红岩》成败的关键。

中青社的编辑看完稿子后，也认为作品的整体框架大致可以，但基调过于阴沉压抑，应该在思想、主题上进一步深化，让小说的精神昂扬起来。

当罗、杨二人听到这些反馈意见后，心情十分低落。为帮助作者跳出真人真事的束缚，站在更高的角度反映“中美合作所”渣滓洞、白公馆监狱里面的斗争，为让作品能表现出高昂的英雄气概和烈士们大无畏的牺牲精神，重庆市委特意召开了三次座谈会，邀请文学界和一些从事过地下工作的老同志参加，给“征求意见本”继续提意见，给作者提供材料。一位老同志在座谈会上，向他们提供了一个很重要的情况：原国民党军统重庆站站长李克昌，喜欢搞“红旗特务”那一套，重庆解放后很久，这个人才在黔江被抓获，后押回重庆。会后，肖泽宽让罗、杨去翻看李的全部供词记录。这使罗、杨对特务的狡猾、阴险、罪恶行径有了更深刻、具体的了解，为他们在《红岩》中塑造郑克昌这个军统“红旗特务”的复杂形象，提供了有效的借鉴。

座谈会后，肖泽宽鼓励两位年轻作者说：“三个座谈会开下来，听了不少意见和建议，你们还是要独立思考的，自己负责，放开思想，大胆创作，才能进步。你们半路出家，更要下功夫补上这一课，边学边写，不要急躁，要有长期思想准备，一年不行两年，三年不行五年，为党争气，为死难烈士争气，也为自己争气，一定要把小说写好。”

肖泽宽也积极给作者提供素材。在一个深秋的晚上，肖泽宽找到罗、杨，向他们介绍了自己的战友、重庆地下党工运书记许建业烈士，谈了许建业生前从事地下工作时的感人事迹和牺牲前表现出的视死如归、大义凛然的浩然正气，以及他牺牲后在重庆市人民群众中产生的巨大影响。罗、杨二人之前只了解许建业烈士狱中斗争的一些片段，而对他被捕前和牺牲时的事迹，以及牺牲后在公众中产生的影响是不太了解的。听后，他们很感动。在之后的创作中，他们把肖泽宽提供的有关许建业烈士的第一手珍贵材料糅进了许晓轩烈士的经历中，在《红岩》中成功地塑造了许云峰这一人物形象。

对于小说是写一个监狱的斗争，还是写两个监狱的斗争，肖泽宽认为："如果你们能够写好两个监狱的斗争，又能写出特色，为什么不可以写呢，如果没有那么多内容可写，或写不出特色，也可以不受生活的限制，集中写好一个监狱的斗争。总之，一切从你们的实际出发，从内容出发，形式服从内容。……'中美合作所'狱中的斗争，与重庆市地下党的工作和活动，都是与反抗国民党暴虐统治的斗争分不开的。你们在写小说时，一定要掌握好重庆地下党的工作、活动，是紧密地配合全国解放战争这个大形势的。解放战争的发展越迅速，第二条战线的斗争就越深入，一切都不是孤立的，是互相配合、互相影响的。"

为提高作者的文学创作水平，重庆市委提出罗、杨二人应拜老作家沙汀为师。当重庆市委向沙汀发出邀请函后，沙汀愉快地接受了邀请。在看完《红岩》"征求意见本"后，沙汀特地从成都赶到重庆，面对面向罗广斌、杨益言提出了自己的意见。他提出："你们现在还是关在牢房里，带着手铐脚镣写这场斗争。要从牢房里走出来，把手铐脚镣全丢掉，以胜利者的姿态，眉飞色舞地写这场斗争。"他很同意任白戈提出的"小说精神状态要翻身"的意见。为开阔罗、杨的思想和视野，解决好局部与全局的关系，沙汀向重庆市委提出了一个建议，让罗、杨亲自到北京参观学习。当时北京刚刚建立中国革命博物馆和军事博物馆，正在内部展出1947年到1949年党中央、中央军委、毛泽东主席指挥解放战争的电报、指示、文件、社论等历史档案的原件。

1960年夏，罗广斌、杨益言到北京参观。在中国革命博物馆，他们偶然看到毛主席指挥解放战争的电报手稿，这使得他们猛然醒悟到他们小说的症结所在：对解放战争的全局缺乏了解，小说没有和革命大形势结合起来。罗广斌和杨益言的思维立刻活跃了起来。他们对许多问题都有了新的认识，对于怎么样塑造好革命烈士的形象，找到了新的感觉、新的亮点，有了新的构思、新的突破。北京之行后，罗、杨写出的新稿有了很大进步，新稿无论是在思想内容上，还是在艺术技巧上，水平都有明显提高。众多正面人物如许云峰、江姐的形象加强了。通过许云峰、成岗、刘思扬，把渣滓洞和白公馆的斗争交融在一起；通过江姐，把城市地下斗争和山区的武装斗争联系在一起；通过李敬原，又使狱外活动和狱内斗争互相呼应。

那时，每当写作出现困难时，罗广斌、杨益言就索性放下笔，专门学习一阵《毛泽东选集》第四卷。这不但使他们对小说所反映的时代背景有了更清晰的认识，而且还使他们能够在小说中始终贯穿敢于斗争、敢于胜利的精神，将革命志士在艰苦斗争环境下依旧保持着机智勇敢、有胆有识的革命乐观主义精神在小说中充分反映出来。

1961年1月，罗广斌、杨益言把重新构思、修改过的小说新稿寄到北京。中青社安排曾负责《在烈火中得到永生》编辑工作的张羽担任该小说的责任编辑。张羽在读完稿子后，写信给罗广斌和杨益言，希望他们来一趟北京。3月7日，罗、杨来到北京。3月8日、9日，编辑室的同志和他们连续开了两天讨论会，议题主要有两个：一是讨论稿子一些地方的修改问题，二是确定小说的名字。之前小说的名字暂定为《禁锢的世界》。经过讨论，大

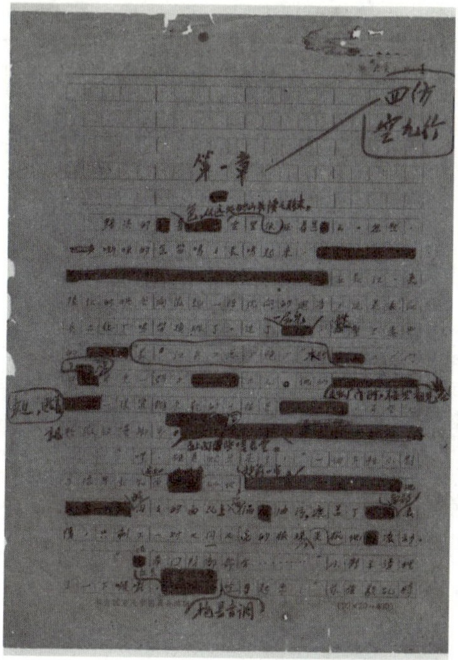
第一章

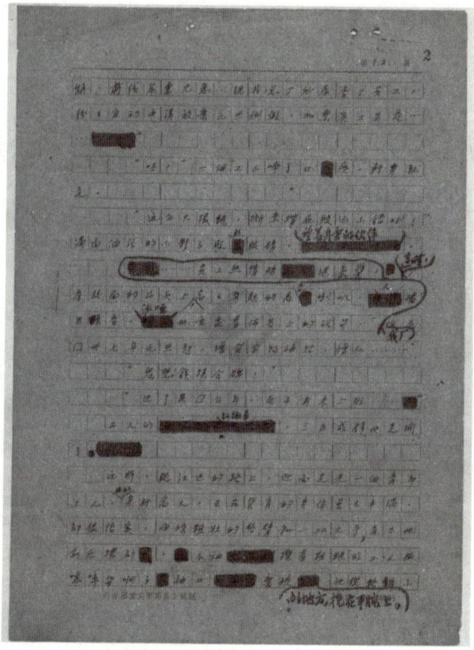

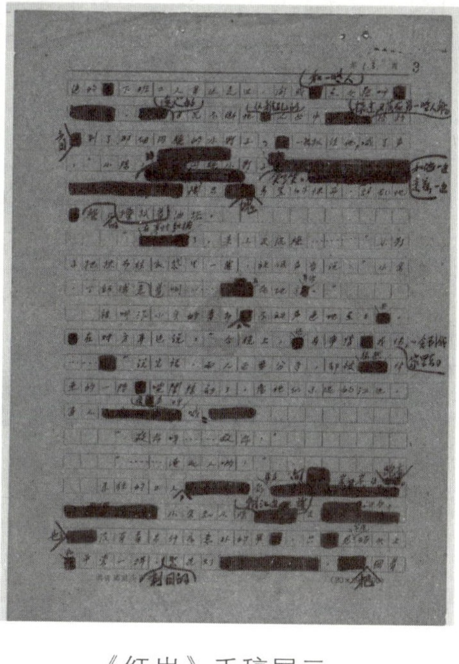

《红岩》手稿展示

家一致同意将书名确定为《红岩》。因为重庆的红岩村曾经是中共中央代表团住过的地方，曾是中共中央南方局所在地。取名《红岩》意味着这本书的主题是在中国共产党领导下，大后方人民和美蒋反动派展开了一场错综复杂的斗争，党的光辉指引着人民艰苦奋斗、不怕牺牲，最终夺取胜利，而烈士们就是大后方人民的代表。书名《红岩》不仅格调高昂，还表明了渣滓洞、白公馆的斗争与红岩村即中共中央南方局的关系，得到各方面一致认可。

在中青社编辑的指导下，罗、杨二人又奋斗了三个多月，于1961年6月完成《红岩》第四稿。6月27日，罗、杨带着小说清样，乘车回川。他们先在成都下车，把四稿清样送给沙汀审读。沙汀当时正在省委开会，他专门请了假，赶着看完了此稿。沙汀认为："四稿可以了，作品的精神状态较过去翻了身，作品的结构基本组织起来了，再加工一下，即可出版，不必再放了。"同时，沙汀还要他们在听取重庆市委和各方面的意见后再来成都，他要和他们逐章研究作品的修改问题。罗、杨回到重庆，立即向重庆市委作了汇报，市委很快作了安排：

第一，请宣传部部长黄友凡，文艺处王觉、冯旭，市委党校余时亮，团市委书记廖伯康，组织部副部长高兰戈看四稿，在半个月内提出意见。

第二，之后汇集大家意见，向任白戈汇报，请他把个舵。

第三，再去成都，向沙汀汇报，并在他的指导下进行修改。

第四，之后，再去北京，在中国青年出版社的指导下，最后定稿。

1961年8月，沙汀再次审读《红岩》书稿，他花了9天时间对全稿进行了润饰。9月中旬，罗广斌、杨益言带着多位同志的意见，再次来到北京，准备对书稿做最后一次修改。张羽为了及时和他们交流情况、解决问题，也与他们同住。12月9日，经过两个多月的修改，全书终于定稿。

《红岩》出版后的巨大影响

《红岩》封面

1961年12月，长篇小说《红岩》由中国青年出版社出版。该书一出版，便受到广大读者的喜爱，好评如潮。人们将《红岩》称为“共产主义的教科书”。《红岩》成为广大读者认识中国共产党人、理解革命英雄主义精神的最具代表性的文本。首都文学界评论家对小说给予了高度评价。其中，罗荪、晓立的《黎明时刻的一首悲壮史诗——评〈红岩〉》、朱寨的《时代革命精神的光辉——读〈红岩〉》和阎纲的《共产党人的“正气歌”——长篇小说〈红岩〉的思想力量和艺术特色》是评论中较为突出的代表。大家认为《红岩》的艺术成就主要有三点：一是生动鲜活地塑造了一组革命英雄的群体形象，即使是在对反面人物的刻画上也很有特点；二是结构宏伟、严谨，错综复杂又井然有序；三是注重心理活动的描写和环境气氛的渲染，充分展示了人物的精神世界。该书责任编辑张羽曾说：“小说一出，洛阳纸贵。北京所有的宣传机构几乎不约而同地行动起来，纷纷著文介绍，形成开国以来少有的对一部小说进行宣传的热潮。”

《红岩》出版时，新中国正处于三年困难时期，但书中革命先烈的形象和事迹深深感染、激励着中国广大民众，它引导着广大读者以坚定的信心和高昂的斗志，从饥饿的困境中，从低迷消沉的状态中走出来，勇敢地去克服困难、战胜困难。

1962年中秋，罗广斌作为全国青联委员应邀参加全国青联在北京北海公园举行的联谊活动。在联谊会上，他见到了团中央第一书记胡耀邦。胡耀邦亲切地与他握手，并谈了自己对小说《红岩》的看法："你们写了一部《红岩》，我不说你们写了一部好书，因为用好书这两个字，已经不能概括它的意义了。在现在经济十分困难时期，你们出版的《红岩》，以出色的描写、感人的事迹，吸引了广大青年读者，以革命烈士高尚的牺牲精神，成功地进行了一场革命理想和革命气节的教育，使人们从关心自身的热量，到树立起乐观的信心，保持高昂的革命精神境界去战胜困难。《红岩》对社会的贡献，已经远远超过了一部好小说的作用。"

不到两年时间，《红岩》被多次重印，累计发行达四百万册。书中人物江姐、许云峰等成了家喻户晓的人物。

全国各地各类剧团也争相排演根据《红岩》改编的剧目。其中，歌剧《江姐》影响最大。歌剧《江姐》由阎肃编剧，羊鸣、姜春阳、金砂作曲，陈沙导演，由中国人民解放军空政文工团1964年在北京首演。该剧的编排，以江姐为主线，成功地塑造了一个临危不惧、视死如归、大义凛然的女共产党员形象。而且，该剧音乐旋律优美动听，歌词朗朗上口，特别是其中的歌曲《红梅赞》。歌剧《江姐》一公演，便取得了极大成功。1964年10月13日，在周恩来等领导人的陪同下，毛泽东观看了《江姐》。演出结束后，毛泽东等领导人走上舞台和演员握手合影。次日《人民日报》头版刊登了合影照片。后来，毛泽东在会见空政文工团的领导和有关演员时，对歌剧《江姐》给予了高度评价。他为江姐的死深感惋惜："那么好一个同志，为什么让她死了呢？"毛主席对编剧阎肃说，"你看是否可以不要江姐死，要把沈养斋抓住。就让双枪老太婆带兵把沈养斋包围。"他鼓励全团同志："你们的剧情催人泪下，主题歌《红梅赞》唱得人心潮澎湃。我看你们的歌剧打响了，你们可以走遍全国，到处演出了。"该剧成为中国三大经典歌剧之一。

历经六十年的岁月，小说《红岩》早已成为新中国最为经典的红色文学作品，至今仍畅销不衰。它不仅被中国一代又一代年轻读者阅读，而且还在被翻译成英、法、俄、德、日、朝等十多国文字后走出国门，被外国读者所关注。在国外，《红岩》被誉为"共产主义的奇书"，它为我国社会主义文学赢得了巨大的国际声誉。

原文链接

红岩（节选）

“谅你一个女共产党，还制服不了？你不愿讲，好嘛，我们帮你打开嘴巴。来人！”

接着，传来一阵狼嚎似的匪徒的狂吼。

夜，在深沉的痛苦、担心与激动中，一刻一刻地挨过。星光黯淡了，已经是雄鸡报晓的时刻。

在那斑斑血迹的墙壁上映着的江姐的身影消失了。大概她从倒吊着的屋梁上，被松了下来……

“现在愿意说了吧？”

魔影狂乱地移动着。

“不！”微弱的声音传来，仍然是那样的平静。

“十指连心，考虑一下吧！说不说？”

没有回答。

铁锤高高举起。墙壁上映出沉重的黑色阴影。

“钉！”

人们仿佛看见绳子紧紧绑着她的双手，一根竹签对准她的指尖……血水飞溅……

“说不说？”

没有回答。

“不说？拔出来！再钉！”

江姐没有声音了。人们感到连心的痛苦，像竹签钉在每一个人心上……

又是一阵令人心悸的泼水的声音！

“把她泼醒！再钉！”

徐鹏飞绝望的咆哮，使人相信，敌人从老许身上得不到的东西，在江姐——一个女共产党员的身上，同样得不到。尽管他们从叛徒口里，知道她做过沙磁区委书记，下乡以后可能担任更负责的工作，了解许许多多他们渴望知道的地下党线索，可是毒刑拷打丝毫也不能使江姐开口。

一根，两根！……竹签深深地撕裂着血肉……左手，右手，两只手钉满了粗长的竹签……一阵，又一阵泼水的声音……已听不见徐鹏飞的咆哮。可是，也听不到江姐一丝丝呻吟。人们紧偎在签子门边，一动也不动……

为人进出的门紧锁着，
为狗爬出的洞敞开着，
一个声音高叫着：
“爬出来吧，给你自由！”
我渴望自由，
但我深深地知道：
人的身躯，
怎能从狗洞子里爬出？……

是谁？天刚亮，就唱起了囚歌。迎着阵阵寒风，久久地守望在风门边的刘思扬，听着从楼下传来的低沉的歌声，一边想着，一边望了望那远处深秋时节的山坡。刚升起的太阳，斜射着山坡上枯黄了的野草。远近的几株树木，也已落叶飘零，只剩下一些光秃秃的枝干。只有墙头上的机枪，闪着寒光的刺刀和密密的电网，依然如故……刘思扬的心潮澎湃着，血在翻腾。

他从风门边疾速地回到自己的铺位，轻轻地从墙角下取出了一支竹签削成的笔，伏在楼板上，蘸着用棉花余烬调和成的墨汁，在他一进集中营就开始写作的《铁窗小诗》册上，又写出愤激的一页……

“江姐回来了！”签子门边的余新江，回过头来，告诉大家。一阵脚步声，人们又一齐涌到牢门边。

高墙边的铁门打开了。猫头鹰从铁门外窜了进来，他站在门边，瞪着眼睛，望着一长排牢房，大声地吼叫：“不准看，不准看！”

谁也没有去理睬这只凶暴的野兽，大家踮着脚尖，朝签子门缝望出去。只见江姐被两个特务拖着，从铁门外进来了。通宵受刑后的江姐，昏迷地一步一步拖着软弱无力的脚步，向前移动；鲜血从她血淋淋的两只手的指尖上，一滴一滴地往下滴落。

人们屏住呼吸，仇恨的烈火在心中燃烧，眼里噙着的泪水和江姐的鲜血一起往下滴……

一阵高昂雄壮的歌声，从楼八室铁门边最先响起。江姐在歌声中渐渐苏醒了。她宁静地聆听了一下，缓缓地抬起她明亮的双眼，像要找寻这歌声发出的地方。目光一闪，江姐仿佛发现了从楼八室传来的，许云峰的信任与鼓舞的眼波。战友的一瞥，胜过最热切的安慰，胜过任何特效的药物，一阵激烈的振奋，使她周身一动，立刻用最大的努力和坚强的意志，积聚起最后的力量，想站定脚步。她摇晃了一下，终于站稳了。头朝后一扬，浸满血水的头发，披到肩后。人们看得见她的脸了。她的脸，毫无血色，白得像一张纸。她微微侧过头，用黯淡的、但是不可逼视的眼光，望了一下搀扶着她的特务。像被火烧了一下似的，她猛然用两臂甩开了特务，傲然地抬起头，迈动倔强的双腿，歪歪倒倒向女牢走去。

“呵——江姐！”大家禁不住喊出声来。

可是，江姐只跨了几步，便扑倒了。蓬乱的头发，遮盖着她的脸，天蓝色的旗袍和那件红色的绒线衣，混合着斑斑的血迹……

女牢里奔出来几个同志，把江姐轻轻地扶了起来，抬进女牢……“咔嚓”一声，女牢的门，被紧紧锁上了。

“怎么啦？怎么啦？”楼上楼下的风门口，探出了战友的头，彼此焦急地询问着。阳光透进女牢的签子门，只见忙乱的身影，在室内不停地来回走动。

阅读加油站

选段是描述江姐遭受酷刑的情节。江姐是《红岩》中着力刻画的人物，她面对酷刑顽强不屈，从容镇定。作为一个坚定的共产主义战士，她视死如归，宁折不弯。面对敌人惨无人道的酷刑，她忍受百般折磨，对党的秘密守口如瓶。

曲波创作的《林海雪原》

以最深的敬意，献给我英雄的战友杨子荣、高波等同志，以表达对战友的深切怀念。

——曲波

三分钟了解一本红色经典

朗读者：张鹏禹

人民日报海外版编辑。曾于《光明日报》《文艺报》《中华读书报》等报刊发表多篇文学评论、散文、诗歌。

“穿林海，跨雪原，气冲霄汉。抒豪情，寄壮志，面对群山。”这几句唱词，是著名京剧《智取威虎山》的经典唱段。而《智取威虎山》则改编自曲波的长篇小说《林海雪原》。《林海雪原》是一部表现解放战争初期我军在东北剿匪战斗的作品。文中宣扬的革命英雄主义与革命乐观主义精神，至今仍使读者深受激励。

小说讲述了1946年冬天，东北民主联军一支小分队在团参谋长少剑波的率领下，深入林海雪原执行剿匪任务的过程。其中，小说着重描写了侦察英雄杨子荣与威虎山座山雕匪帮斗智斗勇的传奇故事。小说出版后，一直被视作“革命通俗小说”的典型代表，并被誉为“新的政治思想和传统的表现形式互相结合”的光辉典范，它是新中国“十七年文学”发展中重要的红色经典小说。而这部作品，是作者曲波根据其亲身经历创作而成的。

根据《林海雪原》改编京剧剧照

曲波

曲波与战友的战斗经历

曲波（1923—2002），1923 年 2 月出生于山东黄县（今山东龙口）丰仪枣林庄曲家村一个贫农家庭。他的父亲曾当过染匠，后失业归农。曲波少年时曾上过五年半的私塾。那一时期，曲波就非常喜欢读《说岳全传》《水浒传》《三国演义》等中国古典小说。13 岁时，曲波失学在家务农、打柴。1938 年，15 岁的曲波参加八路军，后曾在山东地区部队任连、营指挥员。1943 年，曲波进入胶东抗日军政大学学习，毕业后在胶东军区任报社记者。1944 年，曲波在胶东军区海军支队四中队担任政委。不久，曲波便与杨子荣、高波等人相识。

抗战胜利后，1945 年 10 月曲波所在部队奉命渡渤海，前往东北开辟解放区。

1946 年 4 月牡丹江军区剿匪小分队部分官兵在海林火车站外合影

到达东北后，曲波所在部队改为“东北人民自卫军辽东军区三纵队二支队”。他们沿着辽东一路打到黑龙江五常县，部队到达五常县后重新编队。后奉上级命令，曲波所在部队开往北满剿匪。听说这支部队要剿匪，沿途各村庄的老百姓都积极参军。到达牡丹江后，部队改为“牡丹江军区二支队”，下辖两个团。当时年仅 22 岁的曲波被任命为牡丹江军区二团副政委。由于当时二团团长和政委空缺，曲波实际上是该团的最高指挥员。

1946 年冬，曲波带领部队，深入林海雪原，剿灭国民党在牡丹江一带的残匪。当时牡丹江可谓是土匪聚集地，座山雕、许大马棒、江左撇子等土匪都活跃于此，他们在国民党特务的庇护下残害百姓，胡作非为。这其中，最为棘手的便是盘踞在威虎山的国民党保安旅旅长座山雕（张乐山）匪帮。威虎山工事复杂，易守难攻，座山雕本人又极为狡诈，在遭遇我军多次围剿后，他带领亲信隐蔽在深山老林中，以威虎山作掩护继续为非作歹。为了以最小的代价捉住座山雕，消灭匪帮，战斗经验丰富的侦察排长杨子荣提出，由他假扮成土匪深入威虎山内部，取得座山雕信任后与大部队里应外合，将其歼灭。虽不忍战友只身入虎穴，独自面对重重危险，但为了消灭敌人，保护百姓，曲波还是在进行周密的计划后，目送着杨子荣的背影融入了茫茫的雪原之中。很快，凭着自身的机智勇敢，杨子荣顺利地打入匪帮，帮助主力部队活捉了座山雕及其联络部部长刘兆成、秘书官李义堂等关键人物。在1946—1947年，前后一年多的时间里，曲波的部队一共打了72场战斗。经过艰苦斗争，曲波带领部队终于歼灭了这些顽匪。在剿匪战斗中，曲波和战友们谱写了许多可歌可泣的故事。

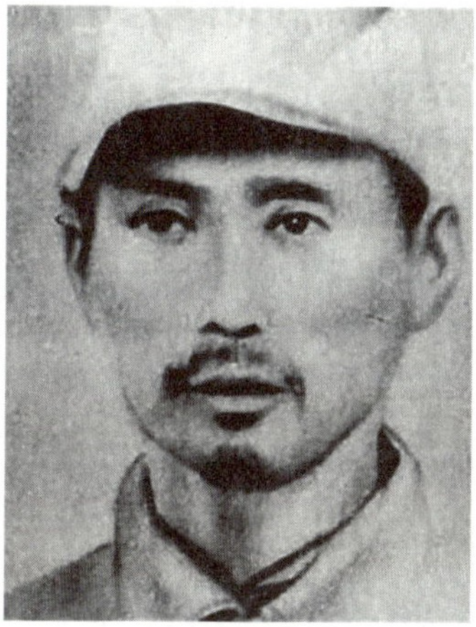
杨子荣

其中，曲波战友杨子荣的故事最为传奇。杨子荣是山东胶东半岛人。4岁时，便随家人闯关东。其后，杨子荣在东北生活了22年。1943年，为生计所迫，杨子荣回到山东老家。1945年，杨子荣在山东参军，加入曲波所在的胶东军区海军支队。后随队一直打到东北。杨子荣年纪较大，性格稳当，善于与人讲各种故事。曲波对他极为欣赏，后让他当侦察排长。1946年3月，胆识过人的杨子荣在一次战斗中孤身闯敌穴，向土匪宣传党的土改和俘虏等政策。他巧妙利用敌人内部矛盾，兵不血刃地说服了400多名土匪缴械投降。此事轰动一时，杨子荣因此荣立特等功，被评为“战斗英雄”。同年11月，杨子荣加入中国共产党。

杨子荣作战十分有特点，他利用自己熟悉东北风土人情的优势，在战斗中积极思考，根据实际情况指挥战斗。这使得他的战果也极为辉煌。他首先生擒了“许家四虎”（许福、许禄、许祯、许祥），消灭了“九彪”李发林、马希山等惯匪。其后，杨子荣又带领四名战士化装成土匪，深入匪巢摸清敌情。1947年2月6日晚，杨子荣只身打入虎穴，里应外合，活捉国民党东北先遣军第二纵队第二支队司令、牡丹江一带的匪首座山雕张乐山。为此，东北军区司令部给杨子荣记三等功，授予他“特级侦察英雄”的光荣称号。杨子荣曾向曲波表达过自己对前途的一些看法："我今天的战绩，就是昨天的前途；明天的战绩，就是今天的前途；这样一天一天就走到了穷人翻身阶级消灭的太平年。"1947 年 2 月 23 日，在追剿丁焕章、郑三炮等匪首的战斗中冲在最前面的杨子荣，被敌人的子弹击中胸部，壮烈牺牲，年仅 30 岁。杨子荣牺牲后，曲波悲痛不已，他带人将杨子荣的遗体装棺运回海林县。在杨子荣牺牲的一个月前，曲波的另一位战友，年仅 19 岁的高波也中了土匪的埋伏，在受尽敌人酷刑后壮烈牺牲。高波在生前曾给父亲写过一封信。在信中，他这样写道，"为了把祖国建立成一个民主、独立、幸福的新中国，就是死了，也愿为革命服务……"

杨子荣、高波，这些昔日的战友都没有等到他们所期待的新中国，过上他们想过的"太平年"。在当时牡丹江军区政治部召开的政治工作会议上，曲波汇报了杨子荣和小分队的事迹，大家听了非常感动。

剿匪战斗结束后，曲波参加了随后的辽沈战役。在战斗中，曲波也曾在"鬼门关"上走过一遭。1948 年 11 月，曲波在战斗中被炮弹片割断了股动脉，大腿骨折，生命垂危。由于当时医疗条件有限，曲波受伤的骨头接得并不是太好，他的右腿比左腿短了 4 厘米。1949 年下半年，当曲波能够拄着拐杖走路时，他就吵着要出院回部队。可他也知道自己现在的身体状况，再回作战部队确实不现实。当他听说我军要组织一个海军学校时，他立刻给组织写信。在信中，曲波提出："苏联有个无脚飞将军。我不能干陆军，就去海军学校工作吧。"根据曲波的要求，组织安排他到安东海军学校任二大队政委。该校校长是张学良的弟弟张学思，这所学校培养的不少官兵后来都成为新中国海军的骨干。在学校，曲波主要负责政治课，他每天拄着双拐上课，给学员讲近百年中国历史，做学员的思想工作。曲波主动去听有关海军的业务课。但该校的苏联顾问看到曲波是一个拄着双拐的教员时，曾对学校说："二大队政委拄着拐，怎么上舰？应将他调往其他地方工作。"曲波听说此事后，心里非常不舒服。他对别人说自己就是在舰上坐着也能指挥战斗。不久，总政来人找曲波谈话，建议他去陆军院校。曲波个性很强，他说自己不愿去。当时东北铁路总局局长刘居英听说了此事，他早在1943年就认识曲波，对曲波印象一直不错，便主动邀请曲波从部队转业，到他所在的铁路部门搞工业。

1950年12月，曲波依依不舍地离开部队，脱下军装转业到地方工作。他最初在沈阳机车车辆厂担任党委书记、副厂长。1953年，曲波被调到齐齐哈尔车辆厂担任党委书记。因为工厂离宿舍较远，有时他会迎着大雪上下班，这让他常常想起自己在剿匪斗争中所经历的那些狂风暴雪的日子。

在新的工作环境中，每当曲波工作不如意时，他总是会想起那段和战友们并肩作战的峥嵘岁月。曲波当时主要的工作就是抓单位的思想政治教育。他常常要通过宣传党的理论方针，鼓励职工为社会主义事业而奋斗。为了做好这项工作，曲波常需要在单位做政治思想报告。在报告中，作为亲历过战争的军人，曲波常讲起当年自己与战友们浴血拼杀的事迹。他讲的是那样慷慨激昂，热泪盈眶，台下的听众也听得极为感动，备受鼓舞。随着时间的推移，曲波渐渐不满足于只是通过口头宣讲这种方式来宣传英雄的事迹，他很想将战友们的故事永久地留存下来。他曾说过："党和祖国的这些好儿子，这样光辉的事迹，我有什么理由不把它更广泛地公诸于世呢？"

《林海雪原》的创作经历

1955 年发生一件事，促使曲波决定动笔开始创作。那一年，上级领导让曲波在单位推广苏联实行的“一长制”，但耿直的曲波认为这个制度并不适合中国国情而坚决反对。因为抗命，领导让他写检讨。在委屈的情绪中， 曲波拿起笔。但他写下的不是检讨，而是一串长长的，那些在战斗中牺牲的战友们的名字：杨子荣、高波、陈振仪、栾超家……

那一时期，曲波变得有些无所事事。在百无聊赖之际，他有一天悄悄问单位的团委书记，从省文联下来挂职体验生活的作家满汝毅：“老满，人没事干不行，我也干点事好不好？”满汝毅问他想干什么。曲波说：“我熟悉打仗，我想写海林剿匪那段。”说着，他站起来，取出一个油纸包，打开包了三四层的油纸，从里面取出一张已发黄的作战地图。把地图铺在桌上，指着地图，滔滔不绝地讲“哪儿是许大马棒的老窝”“蝴蝶迷住哪儿”“在哪儿抓的小炉匠”“神话奶头山”等等。不用纸笔，曲波一口气把一部剿匪小说的大构思，讲得头头是道。人物、肖像、性格和叙事风格都具备。

讲了一段，曲波停下来问：“老满，我这玩艺行不行？算不算小说？”满汝毅点头道：“算，不但算，还得算是一部好小说。”曲波听后，很高兴：“我又有事干了，我就干这件事了！”

1955 年 2 月，曲波开始了自己的文学创作。但曲波只有小学文化水平，自尊心又极强，害怕自己写不好让别人笑话，说他自不量力。于是曲波就决定自己偷偷地写。关于这件事，曲波只告诉了妻子刘波。他知道妻子一定会理解他。果然，当他告诉妻子刘波后，刘波非常支持他，并答应替他保密。夫妻俩商定，写作这件事连孩子也不告诉，并还要瞒着他们。在家里创作时，即使在白天，曲波也要挂上门帘，他写作的书桌抽屉也一直开着缝，只要听到有外人来，他就会将书稿塞入抽屉，然后再若无其事地招呼来客。后来，这都成了他写作的习惯。直到小说完成，也没有第三个人知道曲波创作小说这件事。

开始创作后，曲波一直沉浸在对战友们的深切怀念中，写到动情处，他常常泪湿衣襟。在《林海雪原》的后记中，他曾这样写道："及抵家，一眼望见那样幸福地甜睡着的爱人和小孩子，一阵深切的感触涌上我的心头……我的宿舍是这样的温暖舒适，家庭生活又是如此的美满。这一切，杨子荣、高波等同志没有看到，也没有享受到。但正是为了美好的今天和更美好的未来，在最艰苦的年月里，他们献出了自己最宝贵的生命。"

由于指挥林海雪原剿匪战斗是自己的亲身经历，那些惊险激烈的战斗经历为曲波提供了大量素材，所以曲波的创作也比较顺利。尤其在描写土匪所说的"黑话"时，因曲波对当时东北土匪的黑话都了如指掌，所以写起来非常自如。比如："蘑菇，溜哪路？什么价？"（什么人？到哪去？），"嘿！想啥来啥，想吃奶，就来了妈妈，想娘家的人，小孩他舅舅就来啦！"（找同行），"紧三天，慢三天，怎么看不见天王山？"（我走了九天，也没找到哇。），"野鸡闷头钻，哪能上天王山。"（因为你不是正牌的。），"地上有的是米，唔吖有根底。"（老子是正牌的，老牌的。），"拜见过啊么啦？"（你从小拜谁为师？），"他房上没有瓦，非否非，否非否。”（不到正堂不能说，徒不言师讳。）“哂哒？哂哒？”（谁引点你这里来？），“么哈？么哈？”（以前独干吗？），“正晌午时说话，谁也没有家。”（许大马棒山上），“天王盖地虎”（你好大的胆！敢来气你祖宗。），“宝塔镇河妖”（要是那样，叫我从山上摔死，掉河里淹死。）……

为了让曲波安心写作，妻子刘波承包了所有的家务事。到了星期天，她还特意带四个孩子到公园玩，让丈夫有一个安静的创作环境。刘波不仅全力支持丈夫的写作，而且还做他的第一个读者，同时还做了他的义务抄稿员。参军前，刘波也只有小学文化水平。曲波有时一天能写 1 万字，而刘波却要用两三天才能抄出来，遇到曲波空着的地方和他生造出的字，刘波还要费神去查字典才能补上。

1955 年，中央决定所有机械车辆厂归一机部管理，曲波和妻子刘波奉调北京。曲波被任命为一机部第一设计院副院长。到了北京，工作之余，曲波继续自己的创作。对这部小说，曲波要求非常严格。有一次，小说初稿完成前 3 章、15 万字时，曲波感到自己写出的文字根本不能表达其内心的情感，他一气之下便把原稿付之一炬。当他想要放弃时，牺牲战友的英勇事迹却一直在心里激励他，要他坚持写下去。于是，曲波又拿起笔，重新开始创作。由于有了之前的经验与教训，这次重新创作很顺畅。在创作中，曲波并没有呈现部队在牡丹江地区冬天剿匪的全过程，而是集中选取了剿匪的几个重头戏——“奇袭奶头山，消灭了许大马棒”“智取威虎山，活捉了座山雕”“巧上四方台，歼灭了匪首侯谢马（侯殿魁、谢文东、马希山）”。在情节组织上，曲波也特别突出了“奇”“智”“巧”的作战智谋的运用，这也是其多年的军事生活中“钻研兵法”的结果。在人物塑造上，曲波浓墨重彩地突出了杨子荣的英雄气概及精神气度：通过“杨子荣智识小炉匠”“杨子荣献礼”“杨子荣盛布酒肉兵”“逢险敌，舌战小炉匠”等场景，将杨子荣置于矛盾尖锐的风口浪尖上，在与阴险狡猾的敌人一次次惊心动魄的较量中体现出革命者的大无畏精神和战斗智慧。

一天夜里，曲波写到杨子荣牺牲时，他抑制不住自己的情感，潸然泪下。他把妻子刘波叫醒，说自己写到杨子荣牺牲，写不下去了……这种情感在《林海雪原》开篇，我们便能感受到。在小说开篇，曲波这样写道：“以最深的敬意，献给我英雄的战友杨子荣、高波等同志，以表达对战友的深切怀念。”

搬到北京后，曲波家中房间小，放不下两张桌子，妻子刘波便在缝纫机上帮曲波抄稿。每抄完一个章节，她就用毛线和布条装订起来。

经过一年多的艰苦创作，曲波终于写完 40 多万字的长篇小说《林海雪原》。

《林海雪原》主要人物的原型

在《林海雪原》中，主要人物都有生活原型。少剑波的原型大部分就是曲波自己。侦察英雄杨子荣则是曲波非常信任的战友——侦察排长杨子荣。高波也是曲波曾经的战友。高波，山东省海阳县人，原名高新亭。抗战胜利后，他随所在八路军部队挺进东北，于黑龙江省牡丹江一带剿匪战斗中牺牲。而小说中虚构出的小白鸽，其实也有原型。曲波后来也曾特意谈到自己笔下的这个人物。在茫茫林海中，我们的部队面对的是极其凶残的敌人，恶劣的环境根本不允许小分队带女兵作战。为什么要写一个女卫生员呢？曲波是这样想的，我们的战争是为了和平，在森林里除了大雪就是野兽和土匪，单纯地记叙这些太冷酷、太单调了，所以他有意识地创造了一个小白鸽。“如果你们要问小白鸽是参照何人塑造的，我可以告诉你们，是我的爱人。她活泼伶俐、聪

曲波、刘波夫妇

明能干，14 岁参加抗战，15 岁就成了胶东军区后方医院的护士长、医院党委委员。我就以她的性格特征，创作了白茹这位‘万军丛中一小丫’，以此烘托和平的气氛。”曲波也曾说道，“小白鸽”为伤员擦身子的细节，融进了抗战时期他和一些护士的故事，也加入了一些他们夫妻之间同患难的感情。

而大土匪座山雕，也是确有其人。座山雕原名张乐山，威虎山上的匪首。据史料记载，“座山雕”出生于清朝末年，由其堂兄将其带入东北，以伐木为生，后加入土匪，后因其有三绝，被推为匪首。解放战争时期，曾担任国民党东北第二纵队第二支队司令。“座山雕”一向深居简出，从不大股活动，其巢穴只有少数几个亲信知道，在这种情况下，牡丹江军区派出以曲波、杨子荣为首的剿匪小分队，承担“捞针”的任务。1947 年 1 月，东北解放军牡丹江军区战斗英雄杨子荣等人深入匪巢，在一个伐木工人留下的窝棚里发现了土匪的踪迹。杨子荣自称是另一帮土匪的副官，被共产党打散了，急于找“座山雕”投靠。这帮土匪正是“座山雕”的手下，他们见杨子荣对答如流，毫无破绽，便答应带他们上山。但狡猾的“座山雕”三番两次想出招考验他们，直到十几天后才由一伙土匪带路进山。绕过几十里山路，越过三四道岗哨，1947 年 2 月 7 日，杨子荣他们才来到“座山雕”的老巢。屋子里的地炕上横七竖八地躺着 7 名土匪，其中有个 70 多岁的老头，黑脸膛，白头发，鹰钩鼻，山羊胡，他就是臭名远扬的“座山雕”。“座山雕”睡觉很警醒，一听有人进来，急忙摸枪，但为时已晚，杨子荣一个箭步冲上去，踩住他的手，下了他的枪，在小分队队员的枪口下，其他几个土匪也都乖乖举起了手，“座山雕”匪伙就此覆灭。因为“座山雕”抗战期间曾打过日本鬼子，所以没有被处决。2 月 11 日，召开公审大会后，“座山雕”在牡丹江监狱服刑，最后病死于监狱。

反面人物中的谢文东、李华堂也有其原型。谢文东，黑龙江省依兰县土龙山镇地主豪绅，反抗日伪统治发动“土龙山暴动”，组织抗日民团部队，后编入东北抗日联军，任东北抗日联军第8军军长；李华堂，原东北抗日联军第9军军长。二人后投降日本侵略军，抗战胜利后投靠国民党部队，在东北根据地组织土匪部队，与人民政府、东北民主联军为敌，后被东北民主联军剿灭，公审处决。

所以说，小说《林海雪原》中的人物有真实的原型，也有艺术的创作。

《林海雪原》的出版经历

《林海雪原》封面

《林海雪原》初稿完成后，妻子刘波特意买了两米做衬衫的布剪成包袱皮，将文稿分装成两包。曲波很想试着去投稿，他希望自己辛苦创作的这本书稿能有机会出版。这样就可以让更多的人知道他们曾经为新中国的成立付出过怎样的代价，他想让更多的人知道我们的部队曾经有杨子荣、高波这样的英雄。但曲波夫妇对图书出版完全不了解。刚好，他们家对面是外文局大楼，大楼挂着“中国文学杂志社”的牌子。于是，曲波对妻子说：“路远的不好去，咱先去近的地方看看吧。”不久，夫妇俩每人拎着一包稿件就去了“中国文学杂志社”。进了大楼他们发现，里面大多是外国专家。听说是来投稿，一位外国专家问是什么语种，曲波说：“是中文。”外国专家笑着说：“我们只负责把中国文字翻译成外文。”他建议曲波夫妇去东总布胡同的人民文学出版社投稿。于是，夫妇俩又坐公交车去了人民文学出版社。到了门口，曲波对稿件登记处的工作人员说：“我不是作家，你们给看看行不行？如果不用，你们打个电话我来取。”

他再三叮嘱工作人员，打电话一定要打到他家里，千万别打到单位。他怕单位同事知道后走漏风声。

那时候，写文学作品的人不少，人民文学出版社每天都能收到全国各地寄来或送来的各种书稿，稿件早已堆积如山，而那时出版社的编辑比较少，对于这些送来的稿件，他们其实是很难及时审阅的。几个月过去，出版社那边音信全无。曲波感觉自己这部稿子应该是没有什么机会了。忽然有一天，一个叫龙世辉的编辑打电话到曲波家："曲波同志，你到出版社来一趟吧。"曲波以为书稿没戏了，他到出版社见到龙世辉便说："我是来取稿子的。"龙世辉一听，哈哈一笑："我们是要出你的稿子了。"原来有一天，年轻编辑龙世辉从稿件登记处偶然间领走了厚厚一大摞暂用名为《林海雪原荡匪记》的书稿。他打开书稿一看，稿纸有大有小，每一沓都用各色不同的毛线拴着，字体老长，一个个伸胳膊撂腿的，很不好认。起初读稿时，龙世辉对这个装订粗糙的书稿并没抱什么希望。可当他一页页翻下去，他越读越兴奋，完全被小说中惊险传奇的战斗故事所吸引。尤其是读到"奇袭奶头山"和"智取威虎山"，杨子荣和少剑波的英雄事迹深深地感染了他。不知不觉，他就沉浸在这个故事当中了。读罢书稿，龙世辉马上向出版社副社长楼适夷作了汇报，在总体上肯定这是一部优秀的长篇新稿，只是在语言等方面要进一步修改。

在这次面谈中，龙世辉建议曲波在一群男人的战斗中增加一些诗性与爱情文字。回家后，根据龙世辉的建议，曲波对小说进行了精心的修改。但由于自身文学功底不够，曲波对自己的修改总有一种力有不逮之感。后来，曲波虚心地向编辑龙世辉请教，在龙世辉的帮助下，曲波对一些章节进行了加工润色。小说最突出的地方就是增补了女卫生员白茹这一人物。曾有评论家对这个新出的人物给予了很高评价，“白茹的出现，几乎是神来之笔：其意义并不是因为她是小分队中唯一的女性，健康美丽；也不是因为她是青年军官少剑波的恋人，位置突出；更不是因为她的原型是曲波的恋人，有文献学上的意义。而是因为她以差异化的性别身份，打破了小说此前一个战斗接一个战斗的叙事常规，以一种空间化场景降低了叙事上的密度。由此，人物深层次的心灵与性格在这种叙事停顿中得以立体展现，小说由此呈现出一种灵动的空间化特征。白茹的出现，也为少剑波等人物的性格展现与精神成长提供了特殊的诗性空间”。

经过三个月的努力，小说终于修改完毕。在出书的准备期，龙世辉将该稿推荐给了《人民文学》杂志社。时任《人民文学》副主编的秦兆阳看到书稿后连夜审读，他也被小说故事深深吸引，“看到困得一个字也看不了了，才睡”。

1957 年 2 月，《人民文学》以《奇袭虎狼窝》为题，从《林海雪原》中选载了“受命”“杨子荣智识小炉匠”“刘勋苍猛擒刁占一”“夜审”“蘑菇老人神话奶头山”“破天险奇袭奶头山”六章。刊登时，秦兆阳亲自撰写按语，向读者热情介绍这部小说。在按语中，秦兆阳认为《林海雪原》的出版“将是我国文学创作上的一个可喜的收获”。

《林海雪原》片段在《人民文学》连载后，在全国读者中引起了热烈反响。这让人民文学出版社对出版该书更有信心。

1957 年 9 月，《林海雪原》由人民文学出版社正式出版。但书名直到出版前，才最后定为《林海雪原》。该书的书名，由曲波的妻子亲自题写。书出版后，时任中国作协副主席、党组书记的邵荃麟曾问过曲波书名的由来。曲波解释说：“我站在高山之巅，俯瞰着眼前的森林，风一刮，森林鼓凹鼓凹的，像海洋的波涛一样，‘林海’两个字出来了；这个雪是无边无岸的原野，这个‘雪原’就出来了。”听到曲波这样介绍，邵荃麟连声叫好：“看，没有生活怎么能行呢？你看，一个词也需要生活。”

《林海雪原》出版后的影响

《林海雪原》出版后，立即在全国引起轰动。从 1957 年 9 月到 1958 年 8 月，不到一年时间，《林海雪原》印刷 7 次，累计印数近百万。有一次曲波去医院看病，恰巧遇到贺龙元帅。贺龙当时任国务院副总理、国家体委主任、国防委员会副主席。那时，贺龙并不认识曲波，在与曲波聊天时，问他："年轻人，在哪儿工作啊？""报告首长，在一机部。"曲波回答道。"一机部？你们那里有个人写了一本长篇小说，叫《林海雪原》，你知道不？"曲波一下子愣住了，他没想到，连贺龙元帅也知道他写的小说，激动得脸都红了。当贺龙得知眼前这个年轻人就是曲波时，高兴地拉着他的手，把他介绍给周围的人："他就是《林海雪原》的作者，有时间你们好好读读这本书。"好几个人笑着说"看过了"。"那就再看一遍。哈哈哈！"贺龙又环顾一下四周，问曲波："咦——你爱人白茹呢？她怎么没来陪你？"曲波赶忙解释："我爱人不叫白茹，叫刘波。"贺龙笑道："不行，改过来，叫白茹！"一句话把大家都逗笑了，《林海雪原》的受欢迎程度可见一斑。

1958 年 6 月，《奇袭虎狼窝》被译成俄文。10 月，中国作家代表团出席在苏联塔什干召开的亚非作家会议时，该文是从国内带去的文学作品之一。《林海雪原》则先后被译成英文、俄文、日文、蒙古文、朝鲜文、越南文。

曲波在《林海雪原》中"讲故事"的能力得到当时权威批评

家倏金镜等人的肯定，“每一个战斗都有不同的打法，每一个英雄战士都有自己不同的遭遇和行动。这就是充沛的革命英雄主义感情，接近民族风格并富有传奇特色”。

除此之外，《林海雪原》还以各种艺术形式被广泛传播。1958年5月，由焦菊隐担任导演，北京人民艺术剧院排演的四幕九场话剧《林海雪原》在北京人艺公演。中国京剧院则根据小说前8章改编成现代京剧《林海雪原》。同年，上海京剧院创作了现代京剧《智取威虎山》。此后，《林海雪原》还分别被改编为评剧、评书、电影等。1958年，更是《林海雪原》改编的高潮期。1960年，《林海雪原》电影全国公映。1963年5月，为迎接全国京剧现代戏观摩演出大会，上海京剧院对京剧《智取威虎山》进行再次加工，突出了正面英雄杨子荣、少剑波的戏份。现代京剧《智取威虎山》，毛主席是到现场去看的，他很喜欢这部戏，喜欢杨子荣这个角色。杨子荣“打虎上山”有一段唱，唱词是：“我恨不得，急令飞雪化春水，迎来春天换人间。”毛主席说：“这句唱得好，但有一个字要改，‘迎来春天换人间’，改为‘迎来春色换人间’。”这一下子味道就不一样了。迎来春天太直白了，迎来春色，马上一个形象就出来了。

时至今日，有关《林海雪原》的电影、电视连续剧、动漫，甚至邮票、年画、屏风、雕塑等各种艺术形式仍是层出不穷，《林海雪原》也成为中国人永恒的红色记忆。

在《智取威虎山》中有这样一段唱词：“共产党员时刻听从党召唤，专拣重担挑在肩。一心要砸碎千年铁锁链，为人民开出那万代幸福泉。明知征途有艰险，越是艰险越向前。任凭风云多变幻，革命的智慧能胜天……”这唱词不仅唱出了中国共产党党员的心声，同时还展现出中国共产党人的豪迈气魄与高尚追求，让人感慨，催人奋进。这唱词同样也体现出以曲波、杨子荣、高波为代表的那一代中国军人的崇高精神追求与奉献牺牲精神，他们值得我们永远怀念。

原文链接

林海雪原（节选）

天色昏暗了，小炉匠走得越加快起来，虽然他的样子看来是十分疲倦了，脚也一拐一拐的，可是他还是咬着牙根往前奔，像是要奔一个什么目的地似的。尽管杨子荣和孙达得一再提出露宿下来，可是小炉匠总坚持说："这块地方林深野兽多，再走一程才安全些，越靠林外边越保险。"

可是有时碰到树林子并不浓密的地方，小炉匠还是这样说，这倒引起杨子荣新的怀疑，他暗暗触了孙达得一把，示意要他警惕。

夜深了，三星高悬在东南天上。走到一座高大的石峰根下，小炉匠却坚持要在这里宿下了。

杨子荣和孙达得一看这座险恶的石峰，和周围漆黑的密林，心里有些胆虚："这里是不是会有匪伙？"又马上冷静下来，摸了摸插在裤带上的二十响手枪，一壮胆，便宿下来了。

这样冷的天气，小炉匠竟不愿意和杨子荣两人靠在一起睡，却自己掠了一大抱荒草，躺在一棵大树根下，距杨子荣两人十余步远。

杨子荣的心老是跳个不止，虽然疲劳得全身一点力气也没有，却总不能睡着。只听得小炉匠躺下不久，便发出了呼呼的鼾声。杨子荣的怀疑，又在随着他那似乎很安静的鼾声而逐渐消逝着。

深夜的寒气彻透了他商人式的棉袍，连特别能睡觉的孙达得也被冻醒了。可是小炉匠依然是呼呼地打鼾。杨子荣心中对这一现象，却又惊又喜，惊的是恐怕这里有匪伙，自己只有两人两枪，力量是过于单薄了；喜的是这个狡猾的家伙的破绽被进一步发现了。最明显的是小炉匠过多的翻身，和他熟睡的鼾声不相称，他翻身时也呼呼地打着鼾。尽管杨子荣有些胆虚，却很兴奋，暗暗一笑，“好！我就来一个‘投其所好’，‘施其所求’。”杨子荣触了孙达得一下，自己便由小声到大声，打起鼾来，为了装得像，他努力忍受着刺骨的寒冷，不翻身。他心想：“你这个狡猾的家伙，我装得比你像得多。”

“老客！老客！老客！”从小炉匠那里发出了低沉而胆怯的喊声。“杨掌柜的！杨……”他又改换了一下称呼。

杨子荣扯了孙达得一下，一声没响，右手紧握着裤带上的枪把。

小炉匠见没有声音，便悄悄地从草窝里爬起来，轻手轻脚，绕过几棵树，向石峰那边摸去了。

杨子荣一触孙达得：“你躺着别动，准备好，我跟上去。”他的声音低得几乎连他自己也听不见。

杨子荣那双久经黑夜锻炼过的眼睛，紧盯着小炉匠那条腰带上的白手巾。他那轻静无声的脚步，再加上一棵棵大树的掩护，尽管小炉匠警惕得像个惊了枪的狐狸，却没有发觉背后十五六步有人跟着。

小炉匠走出了二百多步，好像非常宽心似的，蹽开了大步，向石峰根快步走去，在石峰下边的几棵大树下停住了。只见他弯下腰又直起来，哼的一声，仿佛在用力，接着就咕的一响，像石头敲击的声音，接着又是第二声，第三声。那家伙靠在一棵大树上待了一会，像是在观察周围的动静，然后就大步走了几步，随着吱咯一声响，他的影子不见了。

杨子荣像一个捕鼠的狸猫，躲在一棵大树根下，两只眼透过黑暗，紧盯着吱咯响的地方。突然，那地方闪了一下火柴的光亮，接着便闪出了灯光，杨子荣的心突然像火光一样地亮了。他从棉袍襟下抽出小分队每人特备的匕首，轻轻地刮掉了一小片树皮，树上显出了一片白茬。他看了一下北极星，判定了一下方向，然后又仔细看了一下险恶的山峰。当他相信自己在任何情况下也可以找到这里时，他便轻迈着步子，走近了亮光。嘿！出现在他眼前的是一个一尺见方的小窗户。他借着窗里照出来的微弱灯光，看清了这是一个小石洞，洞口有一张用细圆木编排成的小门。里面什么声音也没有，只有小炉匠一个人在里面喘气。

杨子荣又轻脚走回来，躲在一棵大树后边，对这个秘密石洞注视着。

约有一点钟的时间，洞里的灯一灭，小炉匠急步闯出来了。杨子荣没来得及先走，那家伙已闯过去了，向原来宿下的地方走去。

杨子荣心中一急：“坏了！这家伙回去一定先看我在不在，怎么办？”他脑子里一阵激烈的思索，便蹽开大步，绕着小炉匠的影子向回转。可是小炉匠走的是直线，他走了个大弯子，总是没能抢先。

小炉匠到了宿下的地方，又低声叫了两声：“老客，杨掌柜！”

“怎么，冷吗？”杨子荣高声而温和地从他背后问道。

“哎！”小炉匠的声音显然很慌张。“杨掌柜，你，你……”

“哎呀，把肚子冻了！痛得厉害，拉稀了，我怕臭得你们俩睡不着，到北边解了解。怎么样？这里闻不到味吧？”

“哎，哎……”小炉匠虚假地笑了，“闻不着，闻不着，哎！不客气。”

杨子荣躬着腰捂着肚子，装着肚子痛的样子，走回自己的铺上，给没睡着的直挺挺躺着的孙达得盖了盖棉袄，自己就躺下去。

第二天下午，到了森林边缘一个百多户的屯落梨树沟。杨子荣和孙达得为了不引起小炉匠的怀疑，便马上和他告别，向正西的呼家屯走去。

傍晚，他俩转回来，完全换了一套装束，成了两个解放军战士。在梨树沟屯东小丘上的一个破房框里掩蔽下来，因为这里可以看见屯中的街道和院落里的一切。

阅读加油站

这里的“小炉匠”指的是栾平，他是小说《林海雪原》中的反面角色，外号“小炉匠”，是奶头山许大马棒的联络副官。这一选段写的是杨子荣、孙达得与“小炉匠”斗智斗勇的过程，杨子荣警惕性高、聪明机智、反应灵敏，看穿了小炉匠的破绽。

魏巍与他的《谁是最可爱的人》

你，听到炮声了吗？／青年人！／不要光知道幸福，／不知道仇恨。

——魏巍

三分钟了解 一本红色经典

朗读者：饶翔

文学博士，光明日报高级编辑，兼任中国现代文学馆特邀研究员，中国作协青年工作委员会委员等职务。

1951 年，一篇反映中国人民志愿军在抗美援朝战场上英雄事迹的战地通讯《谁是最可爱的人》发表。该文一经发表，立即响彻中华大地。正因为它，我们的军人自那时起便被称为我们这片土地上“最可爱的人”。该文不仅深刻影响了人们的生活，同时还影响着中国人的精神世界。它激励着更多的年轻人参军入伍，使自己能够成为中国社会中“最可爱的人”之一。

这篇优秀的战地通讯，是作者魏巍在朝鲜战场经过三个月的采访而写出的。

人民日報

誰是最可爱的人

治淮春季工程全面開工

《人民日报》刊发《谁是最可爱的人》

魏巍

魏巍的革命成长经历

魏巍（1920—2008），原名魏鸿杰，1920 年 3 月 6 日出生于河南郑州。少年时，魏巍便在县立第五小学学习期间，读了《儒林外史》《元曲选》等中国古典文学作品，同时他还接触了鲁迅、郭沫若、茅盾、叶圣陶、冰心等现代作家的著作。这一时期，魏巍也开始了自己的文学创作，他向当地出版的《华北日报》《大华晨报》《通俗日报》《中州日报》和《大东商报》等报纸文学副刊积极投稿。由于勤于写作，并常有文章发表，当地报纸副刊常向年少的魏巍约稿。

1935 年“一二·九”运动爆发，魏巍积极参加郑州学生示威游行，并在《大华晨报》文学副刊《铁笛》上发表有关抗日救亡的文章。

抗日战争爆发后，1937 年 9 月，魏巍在山西洪洞县参加了八路军。在洪洞县白石村，魏巍第一次见到了八路军总司令朱德。1938 年，魏巍抵达延安，他先后在抗大（中国人民抗日军政大学）第四期军事队、政治队学习。同年 4 月，魏巍光荣地加入中国共产党。这期间，他积极参加由诗人柯仲平、田间等在延安发起的街头诗运动。魏巍将自己写好的长诗《黄河行》寄给了在鲁艺（鲁迅艺术学院）任教的著名诗人何其芳。何其芳看后，肯定了该诗的创作，并撰写了《〈黄河行〉读后》一文。1939 年，西安进步报纸《国风日报》发表了长诗《黄河行》。

1939 年初，魏巍离开延安奔赴晋西北抗日前线，他被分配在晋察冀抗日根据地。同年 11 月，晋察冀军区在 6 天时间内连续取得雁宿崖战斗和黄土岭伏击战的胜利，歼灭日军 1500 多人，其中包括日本军“蒙疆驻屯军”最高司令官阿部规秀中将。随团作战的魏巍，据此创作了战地通讯《雁宿崖战斗小景》和《黄土岭战斗日记》。另外，他还创作了诗歌《滹沱河》《高粱长起来吧》《黄槐花飘落的时候》《月夜短曲》等。此后，魏巍参加了百团大战以及数不清的大大小小的反“扫荡”作战。

在血与火的战斗中，魏巍积累了大量的创作素材。正如他所说：“在血与火的斗争中，伟大的人民群众不仅教育了我，也养育了我，我对此将永远感念不忘。”他创作的《黎明风景》后来还荣获晋察冀边区文联鲁迅文艺奖金委员会“甲等奖”，《连队生活诗章》则在晋察冀军区政治部开展的“部队文艺创作运动”

中荣获“甲等作品奖”。

解放战争时期，魏巍创作了诗歌《开上前线》《白窑子战斗赞歌》《秋千歌词》《好兄弟歌》《黄牛还家》《英雄的防线》（组诗）和散文《在突破口——记石家庄内市沟西南突破口的激战》等。

魏巍在朝鲜战场的采访经历

1950 年 10 月，为抗美援朝，保家卫国，中国人民志愿军入朝参战。在中国人民解放军总政治部工作的魏巍，时常翻看《人民日报》，关注着朝鲜战场的局势。那时的他，曾创作过一首诗，以表达自己的参战决心：

你，听到炮声了吗？
青年人！
不要光知道幸福，
不知道仇恨。

1950 年 12 月初，为更好地开展对美军的政治攻势以及了解美军战俘的思想情况，组织决定派魏巍随同新华社记者陈龙以及英国共产党员夏皮诺，前往朝鲜战场了解美军情况。为能够顺利完成这次任务，途中，魏巍主动向夏皮诺学习英语。到达朝鲜君子里志愿军总司令部后，魏巍有两件事要办：一是采访彭德怀总司令，听他讲讲他对这场战争的看法；二是尽早接近美军人员，了解美军动态。政治部主任杜平建议他们，要想了解美军情况，最好到我军在碧潼设立的美军战俘营去采访。在采访中，魏巍发现这些战俘除了充满敌意之外，还隐藏着萎靡不振和极端厌战的情绪。

魏巍

在朝鲜战场采访的日子里，魏巍常常处于兴奋、激动之中。他时常思考着这场抗美援朝战争的意义。新中国成立不久，经过二十年战争苦难，国家百废待兴；可当自己的邻居、好友遭受帝国主义侵略时，这个新生的人民政权不怕打破自己的坛坛罐罐，毅然伸出友谊之手，这是何等伟大的胸怀和气概！国家要建设，朝鲜要援助，一方面抡锤头，一方面拼刺刀，两个战场的情景又是何等的壮丽！中国人民这种共产主义精神是何等的伟大！

在这里，魏巍看到了、听到了一场场撼人心魄的厮杀，一个个艰苦卓绝的攻坚，这常使他夜不能寐，辗转思忖。这里的每一寸土地，都在被反复地争夺。我们的战士为坚守阵地，即使嘴唇干裂、耳朵震聋、眼睛熬红，也从未后退半步。为了充饥，他们用干焦的嘴唇吞一口炒面，咽一口雪；耳朵听不见，他们就用结满红丝的眼睛，在滚滚的硝烟里，专注地向前凝视；为击退敌人，当子弹打光时，他们用被炮火损坏的枪把、刺刀，甚至石头，与敌人血战。这里的指挥员们，有时不得不在烧着大火的房子里卷起地图转到另一个房子里去。这里的电话员，每天几十次地去接被炮火击断的电话线。这里的每一个指挥员的表，不是一分钟、一分钟地过，而是一秒钟、一秒钟地走。

在采访中，魏巍一次又一次地被我们的将士感动着。

在采访松骨峰战斗英雄营时，王宿启营长含着眼泪向他讲述

魏巍在采访

了那场发生在1950年11月30日的激烈战斗。在抗美援朝第二次战役中，为追击南逃美军，我38军112师335团一路穿插到松骨峰一带。为给大部队合围赢得时间，聚歼敌人，335团1营3连奉命抢占松骨峰北侧的无名高地，截击敌人。清晨6时30分，3连在击溃敌尖兵小部队后，占领这个光秃秃的山包，未及修筑工事，便与在军隅里遭40军痛击后败退下来的美二师部队打了“照面”。松骨峰是敌人南撤必争的军事要点。为拿下松骨峰，美军集中了32架飞机、18辆坦克、几十门榴弹炮和上千名步兵向该阵地发起猛攻。战斗十分惨烈，整个山顶都被敌人的炮火掀翻，3连处于火海的包围之中，其伤亡巨大。连长戴如义中弹牺牲，副连长杨文海3次负伤。指导员杨少成在子弹打光后，捡起刺刀冲向敌人。一个美国兵抱住了他的腰，杨少成掏出最后一颗手榴弹砸向其脑袋，并拉响了手榴弹，与合围他的六七个敌人同归于尽。共产党员张学荣身负重伤后，捡起4颗手榴弹，拉开弹弦冲入敌群。战士邢玉堂跟前落了一发汽油弹，他迅即被大火吞没，虽抱着枪连打了几个滚儿，但身上的大火仍然不灭。牺牲前，邢玉堂奋力冲向敌阵，刺倒几个惊慌失措的敌人后，又死死地抱住一个敌人的脖子，咬着敌人的耳朵，滚下山去，用身上的火焰将敌人活活烧死。全身被汽油弹烧着的副班长井玉琢，像一发火箭似的扑向敌群，抱着美国兵滚下山去……这场战斗从早晨6点打到中午12点，最后3连仅剩6人，但他们依旧顽强地坚守着阵地。激战结束后，当王宿启来到3连阵地时，他只见阵地前沿堆满了几百具美军尸体和打坏摔碎的枪支。牺牲的3连官兵，有的紧紧握住敌人的机枪，有的手中的手榴弹上沾满了美军的脑浆，有的嘴里衔着敌人的半块耳朵……战士邢玉堂、2排副排长王金候身上的余火还在燃烧，他俩的身子压着敌尸，牙齿和指甲深深地嵌进敌人的皮肉里。3连以巨大牺牲，赢得了整个战斗的胜利。听到这里，魏巍感觉自己身上有一种推卸不掉的、神圣的、沉重的责任。他应该用自己手中的笔，把志愿军在朝鲜抗击美帝国主义的情况，真实地告诉祖国人民。

在采访牛山里高地战役的22岁战士辛九思时，魏巍再一次感动了。辛九思深情地向魏巍讲述了自己的战斗经历。一天傍晚，当辛九思从前哨阵地反击敌人回来后，他看见自己排的阵地上许多战友都坐在自己的工事里，保持着投弹射击的姿势。可当他向战友们打招呼时，他们都没有反应，原来他们都已在战斗中牺牲了。整个阵地只剩下他和一个名叫王治成的战士。即使阵地只有他们两人，他们也没有退缩，当敌人进攻时，他们勇敢地和敌人对战起来。为守住阵地，饿了，他们就吃口炒面；渴了，就吃一口雪；子弹不多了，就当敌人走近时，一个目标一个目标地打。就这样，他们一直坚守到敌人撤走。随后，辛九思告诉魏巍，他是最不爱流眼泪的人，小时候母亲把他卖给别人，母亲哭成了泪人，可是他没掉一滴眼泪。可这次到了朝鲜，他哭了，他为一个孩子失去了母亲哭，他为朝鲜的房屋被烧成灰烬哭。他想，要是美国鬼子打过鸭绿江，像这样地炸，像这样地烧，他们不也同样受苦吗？所以，当听说部队要去反击敌人的时候，他们不知道从哪里来的那股劲儿，就像春天头一回放青的马一样，连缰绳都拉不住了，一个劲儿地往前窜！

当采访一位来自城市的志愿军战士时，魏巍问他为什么要到朝鲜来作战，这位战士告诉魏巍："我要是留恋后方生活，我就不出来了。咱们的祖国如果也变成朝鲜这样子，一个村，一堆灰，光光的马路不能走，把脸贴到地皮上钻洞、吃雪，我能忍心吗？我出国战斗，就是为了我们的祖国能天天像赶集那么热闹，扭秧歌、打腰鼓、种田、唱歌、学文化，在马路上随便走！"

在前沿阵地的防空洞里，当魏巍见到战士们吃一口炒面，就一口雪时，曾问他们："你不觉得苦吗？"其中一个战士乐观地说："怎么不觉得呀，我们又不是神仙。不过，咱的光荣也就在这儿。"

在汉江北岸的一个山坡上，魏巍和一名叫马玉祥的战士坐在一起交谈。这位年轻战士给魏巍讲述了自己救朝鲜小孩的真实故事。一天，敌人的燃烧弹把阿妈妮的草房点着了，火又烈，烟又大，房子里传出一个小孩哇哇的哭叫声。马玉祥刚从阵地上下来，当他听到孩子的哭声时，他就像在祖国遇到险情时一样，毫不犹豫地冲进房子，大人们已躺在血泊中。他踹开门，冒着满屋子的浓烟，忍着烈火烧灼的疼痛，抱起小孩就往外跑，救出了这个刚刚失去父母的孤儿……

和这些战士们的谈话在魏巍的脑海中久久回荡。他从这些普通战士的话语中，感受到一种强大的思想。这些可爱的战士们，舍弃自己的家庭，甘愿到朝鲜，在潮湿的坑道里，在散发着尸臭的阵地上，吃苦，煎熬，这说明了什么？

作为一名党的宣传干部，作为一位人民的作家，魏巍感到自己应该做点什么。

很快，一个一直萦绕在他心中的问题跳了出来——

“谁是最可爱的人？”

“谁是最可爱的人？”

“谁是最可爱的人？”

魏巍思索着，品味着。

《谁是最可爱的人》的创作与发表

1951年3月，魏巍从朝鲜战场回到北京。他到解放军文艺社报到后，在工作之余，走入自己位于半壁店的屋中，根据自己在朝鲜的所见所闻开始创作。本来，魏巍想先动笔写别的，但他考虑到，这样伟大的斗争和伟大的战士自己必须要很快写出来。如果自己慢慢在那儿钻长的、刻细的，最后如果又写不成，怎么能对得起战士们？就这样，魏巍决定动笔创作《谁是最可爱的人》这篇战地通讯。对于这篇通讯的主题，魏巍有着自己的考虑。

“《谁是最可爱的人》这个主题，是我很久以来就在脑子里翻腾着的一个主题。也就是说，是我内心感情的长期积累。我在部队里时间比较长，对战士有这样一种感情，觉得我们的战士是最可爱的人。每当我和他们坐在一起时，不知道为什么，我就觉得满心眼儿的高兴。这次我到朝鲜去，在志愿军里，这种感情更加深了一层。我更加觉得战士们可爱。”

“这个题目不是硬想出来的，而是在朝鲜战场上激动的情况下从心里跳出来的，从情感的浪潮中蹦出来的。我能写出《谁是最可爱的人》，最基本的原因是我们战士的英雄气概，他们的英雄事迹是这样的伟大，这样的感人，把我完全感动了。”

为写好这篇文章，魏巍从自己记录下的20多个最为生动的故事中，几经推敲、删减，最后选定了五个最能表现本质的典型事例。在创作《谁是最可爱的人》时，魏巍虽主要侧重于写战争，写战争中那些最可爱的军人，但其实他的创作动机是要呼唤和平与幸福。也正因如此，魏巍才会在文章的结尾处写下这样一段话：“亲爱的朋友们，当你坐上早晨第一列电车走向工厂的时候，当你扛上犁耙走向田野的时候，当你喝完一杯豆浆，提着书包走向学校的时候，当你安安静静坐到办公桌前计划这一天工作的时候，当你向孩子嘴里塞着苹果的时候，当你和爱人悠闲散步的时候，朋友，你是否意识到你是在幸福之中呢？”

一切准备就绪，魏巍展开解放军文艺社 20×25=500 的红色竖排格纸，拿出自己蘸满蓝黑色墨水的钢笔开始了创作。那几天，魏巍屋中的灯火直到很晚才熄灭。魏巍像“钉子”一样，将自己钉在了凳子上，他抓紧一切时间书写自己内心的感受。在创作时，魏巍心中常涌动着一股激情，这激情不吐不快，这激情清晰地传导到他的笔端！魏巍的创作几乎是一气呵成，当他放下手中还在微微颤抖的笔时，心中充满了无限的清爽与愉悦，全身就像卸掉

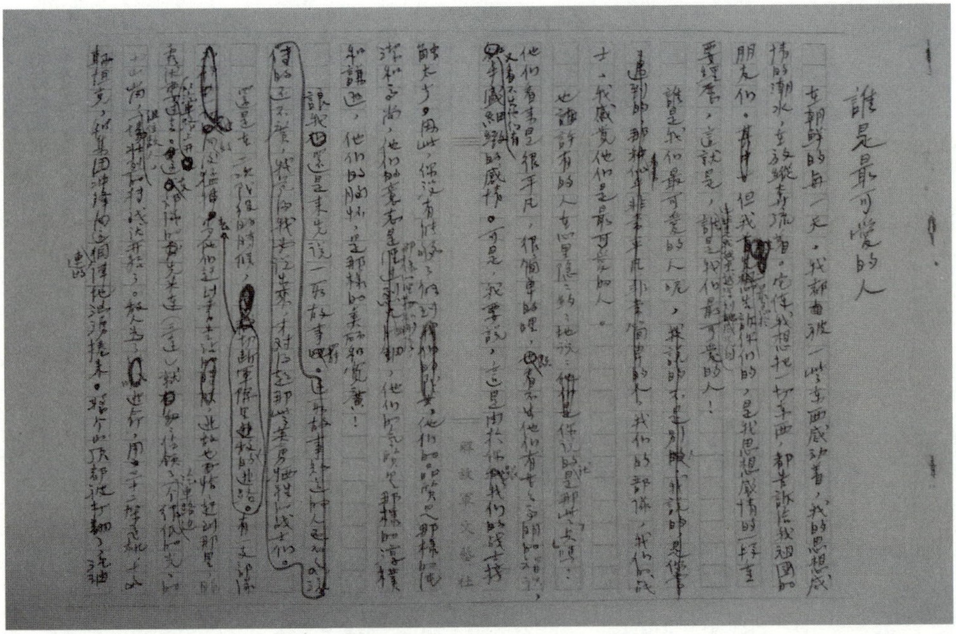

《谁是最可爱的人》手稿

了几十斤重的负重那样轻松。

《谁是最可爱的人》初稿于 1951 年 4 月 1 日完成。完成后，魏巍又认真地用毛笔进行了修改。修改中，魏巍删去了两个事例，最后在文中只保留了三个典型事例。对此，魏巍的看法是：用最能代表一般的典型例子，来说明本质的东西，给人的印象是清楚明白的，那它也会是突出的。《谁是最可爱的人》定稿时，全文共 3365 字。

稿子完成后，魏巍将它交给了自己的领导《解放军文艺》主编宋之的审读。宋之的看后，激动地对魏巍说："这篇稿子好，快送出去！马上送《人民日报》！"送走这篇文章后，魏巍心中总有着一种萌动、不安的心绪。他不知报社的编辑们会怎么看他这篇文章。

《人民日报》社长兼总编辑邓拓看了该文后，内心同样十分激动。邓拓认为这篇文章是自己这几年看过的最好的一篇。他与魏巍是老朋友，魏巍在晋察冀时写过的很多作品，包括长诗《黎明风景》他都读过。当邓拓读到这篇《谁是最可爱的人》时，他感觉自己一下子就被文章抓住了，尤其是文中喊出了抗美援朝战争中震撼人们心灵的最强音——"谁是最可爱的人"，这强烈表达出时代对志愿军战士最崇高的赞赏，表达出广大人民对志愿军战士最热烈、最恰如其分的赞誉。邓拓决定将该文在 4 月 11 日《人民日报》第一版刊发。

《谁是最可爱的人》发表后的影响

4月11日，《谁是最可爱的人》在《人民日报》头版发表后，在全国广大人民心中迅速激起了强烈共鸣。无论是在城市还是乡村，校园还是工厂，处处都有人在诵读这篇作品。读后，祖国人民更加牵挂那些在朝鲜战场浴血奋战的我们这个时代“最可爱的人”，这使得当时国内支前活动空前高涨，大家纷纷捐钱、捐物，多劳动，多增产。

当《谁是最可爱的人》传到朝鲜前线时，志愿军各部队立即以显著位置在自己的报纸上转载了该文。一位抗美援朝的战士曾说：“就在那天，我们赶着编印了一期前线快报。《谁是最可爱的人》被转载在头版头条。报印好后，我们一人背了一大卷去追赶部队。我们觉得浑身是力量，即使横在我们面前的，是美国鬼子设下的20公里宽的火墙，我们也会毫不犹豫地一冲而过的。”在朝鲜前线，全体指战员争相传阅这篇文章。“最可爱的人”，这五个字叩击着每个将士的心灵，这使得他们的战斗意志更为昂扬。在朝鲜的志愿军将士们感谢魏巍代表祖国人民给予他们的崇高评价。为了无愧于这个光荣称号，在战斗中，他们更加勇往直前、奋勇杀敌。他们认为只要祖国人民幸福，他们做出怎样的牺牲都是值得的。

《谁是最可爱的人》发表后，同样受到作家们的好评。丁玲在《读魏巍的朝鲜通讯〈谁是最可爱的人〉与〈冬天和春天〉》中，对该文和魏巍作了充分肯定：“魏巍同志，不久以前从朝鲜回来，连续在《人民日报》上发表了两篇通讯，据说还在写下去。这两篇通讯，我都以极其欣悦的感情读过了，并且常常以这种感情去回想它。为什么我会这样不能把它随便地放过去呢？因为我觉得不只是由于他写得好，人们还可以从这两篇通讯中，看出来它替我们的创作工作解决了些问题，对我们文艺工作者、作家们，说明了些问题。这两篇文章好在哪里，就是他写了英雄人物的思想活动。写了有崇高思想，崇高品质的人物的灵魂。”

《谁是最可爱的人》封面

周扬曾说：“《谁是最可爱的人》，以其强烈的国际主义的革命情感和对人民军队的热情赞颂，而传诵一时。”

《人民日报》编辑部发表该文后不久，便邀请魏巍去报社座谈，请他谈谈他究竟是怎样写出这篇文章的。社长邓拓亲自主持了这次会议。座谈会上，邓拓首先深情朗诵了《谁是最可爱的人》。

其后，邓拓热情地邀请魏巍介绍自己的写作体会。魏巍用他浓重的河南家乡口音，和大家倾谈起来。

“‘谁是最可爱的人’这个主题，是我很久以来就在脑子里翻腾着的一个主题。我怎样表现这一主题呢？首先，我希图追求最本质的东西。在朝鲜，我脑子里经常想着一个问题：我们的战士，为什么那样英勇呢？就硬是不怕死啊！那种高度的英雄气概是从什么地方来的呢？为了找答案，我谈了好多话，开了好多座谈会。我细细跟他们谈，让他们把心里的话谈出来。跟我谈的，有指挥员、战斗英雄、一般的战士、干部、新参军的学生和过去曾经是落后的人。我了解到，他们由于锻炼与认识的不同，虽然有些差异，但是都有着共同的一点，即对于伟大祖国的爱，对朝鲜人民深刻的同情，和在这个基础上的做一个革命英雄的荣誉心。于是，我了解了在党的教育下这种伟大深厚的爱国主义与国际主义的思想感情，就是我们战士英勇无畏的最基本的动力。我想，这不是最本质的东西吗？这就是最本质的东西。我肯定了它。我一定要反映它。我毫不怀疑。一切其他枝节性的、片面性的、偶然性的东西，都不能改变我对这个问题的认识。……”

之后不久，魏巍的这次发言被整理为《我怎样写“谁是最可爱的人”》一文，作为附录收入 1951 年冬出版发行的散文集《谁是最可爱的人》。该散文集一出版便十分畅销，供不应求，一年之内便被再版，后被翻译成俄文由莫斯科国家艺术文学出版社于 1957 年在苏联出版发行。苏联作家 C. 马尔科娃在该书的序言中写道：“魏巍属于在中国人民觉醒起来进行革命、在动荡的战争年代成长起来的那一代青年作家。……魏巍的这些特写作品现在已经引起了读者的广泛关注。在这些作品中，他真诚地赞美、歌颂朝鲜前线的中国人民志愿军。他的每一篇特写，都浸透着难以遏制地相信普通人、相信人民的光明未来的信念。这些特写作品，现在仍未失去其魅力。”

毛泽东主席在读了《谁是最可爱的人》后，立即批示“印发全军”，并要求中央领导都要看看这篇文章。朱德总司令在看了这篇文章后，连声称赞：“写得好！很好！”周恩来总理在 1953 年召开的第二次文代会上作报告时，对这篇文章同样给予了高度评价：“我们就是要写工农兵中的优秀人物，写他们中间的理想人物。魏巍同志所写的《谁是最可爱的人》，就是这种类型的歌颂。

它感动了千百万读者，鼓舞了前方的战士。我们就是要刻画这些典型人物来推动社会前进……”讲到这里，总理推开讲稿，对着话筒大声说：“在座的谁是魏巍同志，今天来了没有？请站起来，我要认识一下这位朋友。”当魏巍站起来后，全场爆发了热烈掌声。周总理大声地对魏巍说：“我感谢你为我们子弟兵取了个‘最可爱的人’这样一个称号。”

时至今日，《谁是最可爱的人》仍然是中国当代文学中，具有历史坐标意义的红色经典文学作品。它所宣扬的爱国主义精神依旧激励着一代又一代的中国人，而“最可爱的人”一直是中国人民对中国人民解放军的亲切称呼。当时间走入21世纪的第三个十年的时候，正是因为有这些“最可爱的人”的辛勤付出与浴血奋战，我们的国家才越来越有力量。

原文链接

谁是最可爱的人（节选）

在朝鲜的每一天，我都被一些东西感动着；我的思想感情的潮水，在放纵奔流着；它使我想把一切东西都告诉给我祖国的朋友们。但我最急于告诉你们的，是我思想感情的一段重要经历，这就是：我越来越深刻地感觉到谁是我们最可爱的人！

谁是我们最可爱的人呢？当然，我们的……我们的战士，我感到他们是最可爱的人。

也许还有人心里隐隐约约地说：你说的就是那些“兵”吗？他们看来是很平凡、很简单的哩，既看不出他们有什么高明的知识，又看不出他们有丰盛细致的感情。可是，我要说，这是由于他跟我们的战士接触太少，还没有了解到我们的战士：他们的品质是那样的纯洁和高尚，他们的意志是那样的坚韧和刚强，他们的气质是那样的淳朴和谦逊，他们的胸怀是那样的美丽和宽广！

让我还是来说一段故事吧。

还是在二次战役的时候，有一支志愿军的部队向敌后猛插，去切断军隅里敌人的逃路。当他们赶到书堂站时，逃敌也恰恰赶到那里，眼看就要从汽车路上开过去。这支部队的先头连就匆匆占领了汽车路边一个很低的光光的小山岗，阻住敌人。一场壮烈的搏斗就开始了。敌人为了逃命，用三十二架飞机，十多辆坦克和集团冲锋向这个连的阵地汹涌卷来，整个山顶的土都被打翻了，汽油弹的火焰把这个阵地烧红了。但勇士们在这烟与火的山岗上，高喊着口号，一次又一次把敌人打死在阵地前面。敌人的死尸像谷个子似的在山前堆满了，血也把这山岗流红了。可是敌人还是要拼死争夺，好使自己的主力不致覆灭。这激战整整持续了八个小时，最后，勇士们的子弹打光了。蜂拥上来的敌人占领了山头，把他们压到山脚。飞机掷下的汽油弹把他们的身上烧着了火。这时候，勇士们是仍然不会后退的呀，他们把枪一摔，向敌人扑去，身上帽子上呼呼地冒着火苗，向敌人扑去，把敌人抱住，让身上的火，也要把占领阵地的敌人烧死。……据这个营的营长告诉我，战后，这个连的阵地上，枪支完全摔碎了，机枪零件扔得满山都是。烈士们的尸体，保留着各种各样的姿势，有抱住敌人腰的，有抱住敌人头的，有掐住敌人脖子把敌人摁倒在地上的，和敌人倒在一起，烧在一起。还有一个战士，他手里还紧握着一个手榴弹，弹体上沾满脑浆；和他死在一起的美国鬼子，脑浆迸裂，涂了一地。另有一个战士，嘴里还衔着敌人的半块耳朵。在掩埋烈士们遗体的时候，由于他们两手扣着，把敌人抱得那样紧，分都分不开，以致把有些人的手指都掰断了。……这个连虽然伤亡很大，他们却打死了三百多敌人，更重要的，他们使得我们部队的主力赶上来，聚歼了敌人。

这就是朝鲜战场上一次最壮烈的战斗——松骨峰战斗，或者叫书堂站战斗。假若需要立纪念碑的话，让我把带火扑敌和用刺刀跟敌人拼死在一起的烈士们的名字记下吧。他们的名字是：王金传、邢玉堂、王文英、熊官全、王金侯、赵锡杰、隋金山、李玉安、丁振岱、张贵生、崔玉亮、李树国。还有一个战士，已经不可能知道他的名字了。让我们的烈士们千载万世永垂不朽吧！

这个营长向我说了以上的情形，他的声音是缓慢的，他的感情是沉重的。他说在阵地上掩埋烈士的时候，他掉了眼泪。但他接着说："你不要以为我是为他们伤心，我是为他们骄傲！我感觉我们的战士太伟大了，太可爱了，我不能不被他们感动得掉下泪来。"

朋友们，当你听到这段英雄事迹的时候，你的感想如何呢？你不觉得我们的战士是可爱的吗？你不以我们的祖国有着这样的英雄而自豪吗？

我们的战士，对敌人这样狠，而对朝鲜人民却是那样地爱，充满国际主义的深厚热情。

阅读加油站

在当代文学的发展史上，不能不提到魏巍的报告文学集《谁是最可爱的人》。在这些作品里，作者以饱含深情和诗意的笔触，报道了抗美援朝战场上惊天动地的英雄事迹，揭示了彭德怀带领的中国人民志愿军光照日月的崇高心灵，歌颂了中朝两国人民的血肉情谊。

吴强的长篇小说《红日》

看来，我不是写战史，却又写了战史，写了战史，但又不是写战史。

——吴强

三分钟了解一本红色经典

朗读者：李壮

青年评论家、青年诗人。供职于中国作家协会创作研究部，出版诗集《午夜站台》、评论集《亡魂的深情》。

1957 年 4 月，吴强历时七年终于创作完成 37.8 万字长篇小说《红日》。同年，《红日》部分章节在《延河》杂志 3 月号和 4 月号发表。1957 年 7 月，《红日》被列入“解放军文艺丛书”，由中国青年出版社出版，第一次印刷起印 45000 册。

《红日》是一部正面描写解放战争的鸿篇巨作，它以涟水、莱芜、孟良崮战役为情节主线，以宏大的结构和澎湃的气势描写展示出解放战争时期华东战场波澜壮阔的历史画卷。该小说在表现现代革命战争和战争中人的生存状态方面取得较高的艺术成就，成功突破了传统战争小说的审美方式，在艺术上超过了我国第一代战争文学中的其他作品，因此《红日》被誉为“中国现代战争文学发展史上的一个里程碑”。

《红日》出版后，在全国引起很大轰动。不到一年的时间，《红日》加印 6 次，共印刷出版 279000 册。1959 年 9 月，中青社再版《红日》。1963 年 10 月，根据小说《红日》改编的同名电影公映，反响强烈，红遍全国。与电影一起红遍全国的还有影片插曲《谁不说俺家乡好》：

一座座青山紧相连／一朵朵白云绕山间／ 一片片梯田一层层绿／一阵阵歌声随风传／哎／谁不说咱家乡好／得儿哟咿儿哟……

小说《红日》的主要内容

《红日》以吴强亲身经历的革命战斗为基础创作而成。小说讲述了1946年陈毅、粟裕领导的华东野战军，经过半年多的时间，历经三场战役——涟水战役、莱芜战役、孟良崮战役，全歼国民党王牌整编第七十四师，击毙师长张灵甫，实现了人民解放军由战略防御转为战略大反攻的历史过程。

孟良崮战役遗址

其主要内容如下：

1946年深秋，国民党王牌整编第七十四师开始向我解放区疯狂进攻，华东解放军沈振新部一个军奋起抗击，经过苦战，我军被迫撤退，北上山东，实施战略转移。作战失利，撤离熟悉的家园，使部队的思想一时处于压抑茫然的状态。军长沈振新的心情和战士们一样沉重，他坐卧不安，心烦意乱，对敌人的愤恨以及对作战失利的懊恼，使这位一贯勇敢善战的将领一时竟失去了冷静、沉着。他渴望有朝一日能与七十四师再度交手，一决雌雄。部队进入山区东北部休整待命，统一思想，提高认识以增强战斗力。整训后，军情激奋，部队战斗情绪处于十分饱满高昂的状态。同时，蒋介石向华东解放区全面进攻，步步紧逼，妄图以优势兵力，把华东三十万解放军压迫在山东狭长的沂蒙山区，以最后决战。华东解放军司令部经过精密部署，决心分批吃掉敌人，打开敌人包围的缺口，让敌人计划彻底破产。战略反攻的目标首先确立在对以莱芜为中心及附近吐丝口地区敌人李仙洲部的包围上。沈振新的部队遂由南向北参战。一阵急行军后，部队按预定时间接近了吐丝口，与友邻部队一起完成了对李仙洲部五万余人的包围。

莱芜大战打响了，在三十里长的战线上，我军向敌人发动了势不可挡的进攻。沈振新部迅速攻占了吐丝口敌人外围阵地，但敌人凭借坚固的地堡工事及精良装备，负隅顽抗，双方一时处于僵持状态。这时，华东解放军司令员陈毅直接指示沈振新，要求快速解决吐丝口战斗。关键时刻，沈振新把作为预备队的刘胜、陈坚的“老虎团”调往前沿，组成一支突击力量，冲破敌火力网，插入吐丝口心腹地区，消灭敌指挥所。在我方炮火的支援下，战士们奋不顾身地向前突进，很快突破了敌军几道防线，直接攻到了敌师指挥所前。敌师长何莽见大势已去，仓皇化装逃走，被神枪手王茂生发现，生擒活捉。吐丝口失守，迫使李仙洲下决心突围，但在进入我军的伏击圈后，敌人溃不成军，很快丧失了战斗力，李仙洲也被活捉。莱芜大战，不到三天时间，歼敌五万六千余人，瓦解了敌军对我军的压迫围攻。蒋介石震怒，飞抵济南，亲自督战，妄图再次拿出王牌整编第七十四师，以之作为核心和中坚，再次向山东的战略要点沂蒙山区发起新的进攻，诱逼我军与之决战。敌人的行动很快被我军钳住，经过研究，决定对单兵冒进的七十四师进行包围，坚决消灭七十四师，以打击敌人的嚣张气焰。

敌师长张灵甫是蒋介石亲自栽培的忠实部下，他骄横专断，凭借自己装备精良，又有和蒋介石的亲密关系，因而并未意识到眼下的危机，他信心百倍地以孟良崮一带为据守中心，妄图以“中间开花”的形式，配合敌军其他部队歼灭我华东主力部队。与此同时，沈振新部接到了命令，从鲁南星夜兼程赶往沂蒙山区，参加会战。整个部队从上至下，斗志昂扬，和七十四师一比高下以报涟水之仇的时机终于到来了。刘胜、陈坚团率先赶到了垛庄，消灭了同期到达垛庄的一个敌辎重部队后，又抢占了垛庄和孟良崮之间的一个重要高地，对敌军形成了最严重的威胁。包围七十四师的口袋进一步收缩，战斗进入了白热化阶段。沈振新亲临前线指挥战斗，刘胜、陈坚的部队首先攻上了山腰，与敌军展开了肉搏争夺战。战斗异常残酷激烈，凶恶的敌人拒不投降。沈振新部不怕牺牲，奋勇杀敌，决不后退半步。在挽救危机的关头，团长刘胜壮烈牺牲。刘胜的牺牲进一步激怒了战士们，战士们拼命向前，终于攻占了孟良崮敌军最主要的阵地玉皇顶。沈振新决定以陈坚的团固守玉皇顶，以有利地形对敌军实施打击，同时又派出精干小分队，从绝壁悬崖上踏出一条路来，直捣敌人的指挥机关。小分队在杨军等的带领下，机智勇敢地接近了张灵甫的巢穴，与洞外及洞里的敌军展开了血肉拼杀，在激烈交战中，张灵甫被乱弹击毙。失去了指挥的敌军见败局已定，纷纷弃枪投降。骄横一世的七十四师至此终于全军覆没，孟良崮的主峰上飘扬起了我军胜利的旗帜。

对于自己所选取的这三场战役，吴强在后来的《创作谈》中曾有提及。

“涟水是我的家乡，涟水一仗之后，我的家乡，处在敌人的践踏之下，因而对敌人七十四师有着更加具体的憎恨，对我捕捉这个题材，在思想里酝酿和构成这个故事也是一个小小的、虽然是并不重要的因素。虽然我对参加过的战斗都有感受，也都觉得那些战斗的历程，是客观存在的生动的故事，有些战役在某种意义上，比消灭七十四师的孟良崮战役更有特色，我也很想写写那些故事，但我却没有首先去写那些故事，而首先写了从涟水战役到孟良崮战役的这个故事。其主要原因，我觉得，就是这个由许多人物活动而组成的战争故事，在我的心里有着比其他战役更多、更深刻也更真切的感受，因而激起了表现它的比较强烈的思想冲动。就是说，《红日》题材的选取和故事的形成，并非单是由于题材的客观意义和战争史实的富有艺术性，而是客观现实和我主观上的思想情感自然结合的成果。”

小说中出现的一些历史人物如陈毅、粟裕、蒋介石等都是真实存在的，而我军指挥员沈振新、梁波等虽为作者虚构，但也都有历史原型：军长沈振新的原型是时任华东野战军第六纵队司令王必成，副军长梁波的原型是华东野战军第六纵队副司令员皮定均。

小说一开始，作者就把解放军放在“置之死地而后生”的绝境之中：1946 年底发生的涟水战役，以国民党军队攻占涟水，解放军因伤亡惨重被迫撤退而结束。这样的结构布局，与当时习惯于描写解放军“横扫千军如卷席”的文学作品相比，显得独特而又真实。同时，吴强在作品中还突破了以往重点写“连队”的表现方式，他直接以我党一支“常胜英雄军”与国民党王牌军之间展开的大规模战役为叙述中心，他的描写从军师团到连排班，从高级将领到普通战士，从军队到地方，从前方战场到后方医院，视野开阔、层次分明，场面宏大、结构紧凑。除此之外，在小说中吴强还善于展现生活细节，他用笔为我们写出了解放军将士在战争间隙中的“日常生活”，为我们描绘了一幅色彩斑斓的历史图卷。

吴强早年的文学创作

吴强

1910年2月，吴强出生于江苏涟水一个贫苦家庭。吴强从小就爱读书。在极其艰苦的条件下，他一直坚持求学，期间虽曾几次辍学，但他从未放弃学习。学徒期间，即使再累，年少的吴强也要挤出睡眠时间来阅读《水浒传》《石头记》《三国演义》《镜花缘》等古典文学作品。在淮安中学求学时，吴强开始喜欢郭沫若、郁达夫、茅盾、蒋光慈等进步作家的文学作品。1929年下半年，吴强与同学一起创办了文学刊物《狂风》。1932年，在上海正风中学上学的吴强，参加了党领导的革命文学组织——中国左翼作家联盟，并担任正风中学“左联”小组组长。自此，吴强正式开始了自己的文学生涯。1935年，吴强在上海相继发表短篇小说《苦脸》《电报杆》。其中《苦脸》还获得当年5月上海《大晚报》短篇小说征文奖。1937年“七七事变”爆发，正在河南大学读书的吴强开始积极投身民族解放运动。他一边拿起手中的笔积极创作反映中国人民抗战的文学作品，先后在茅盾主编的《文艺阵地》等刊物上发表短篇小说《激流下》，散文《老黑马》《夜行》《夜宿二十里铺》等；一边和王阑西、姚雪垠在学校创办抗日救亡刊物《风雨周刊》。除此之外，他还与爱国学生、热血青年组成话剧团，奔赴黄河以北的战场，为中国抗日军队和民众进行宣传演出。

为实现自己的“抗日救国”理想，1938 年 8 月 15 日，吴强来到安徽南部泾县云岭村参加了新四军，在新四军服务团工作。在服务团中，吴强主要从事文学创作和戏剧活动。虽身处频繁的战斗中，但吴强的文学创作十分高产，他下笔很快，创作出反映苏军出兵波兰的《激变》，以及以活捉日本俘虏兵香河正男为内容的独幕剧《一条战线》。此外，他还执笔多幕剧《繁昌之战》《丁赞亭》，并积极参加新四军的戏剧活动。

1938 年 10 月，新四军军部召开“鲁迅逝世两周年纪念大会”，会上演出了田汉编改的《阿 Q 正传》，吴强在戏中饰演阿 Q。这是新四军服务团第一次演大戏。在演出中，吴强表演认真，一丝不苟。在之前排演《阿 Q 正传》时，每当阿 Q 双腿扑通一跪，口中念念有词向吴妈求爱时，一旁看戏的人都忍不住笑得前仰后合，吴强却不动声色，只是专心致志把戏演下去。在后来参演多幕剧《魔窟》中，吴强饰演伪教育局长吴从周，一副咬文嚼字的假道学样，一开口就一连串喷嚏，令人忍俊不禁，而吴强却毫不在意。他说：“演戏就要进戏，才能真实。你演的是让人发笑的角色，别人笑，不说明你演得好吗？”

1939 年 7 月 7 日抗战两周年时，由李一氓任社长的抗敌剧社组织演出夏衍的四幕话剧《一年间》，吴强出任导演，该剧获得成功。

在服务团慰问演出期间，吴强曾与新四军高级将领粟裕将军有一次难得的谈话。1939 年春，服务团奉命到二支队慰问演出，吴强随队到狸头桥，他一直希望有机会和粟裕谈谈，从他那里了解更多关于战争的事情。但服务团在当地只演了两场戏，就因中央军委副主席周恩来代表中共中央视察新四军军部而停止演出。粟裕奉命要去云岭军部开会，恰好军服务团与他同行。见面时，粟裕笑着对服务团团员们说：“你们是军部的宝贝呀！我护送你们回军部。”行军路上，吴强瞅准一个机会，跑到粟裕身边攀谈起来：“粟司令，你怎么不骑马？”“我走惯了，很少骑马。”“长途行军也这样？”吴强又追问了一句。“也这样，”粟裕解释道，“骑马骑惯了，就怕走路。老是骑马，久而久之，两条腿就会没有用了。”接着粟裕讲了自己在闽浙赣边打游击时的经历：开始自己有一匹马骑，后来马成了打仗的累赘，因为它吼叫易暴露目标，就把马杀掉吃了。其后，粟裕还向吴强谈道：“那时候，不论干部还是战士，要做到三个得。”“三个得？”吴强不太明白。“唔！”粟裕笑着解释道，“一个是打得，一个是跑得，还有一个是饿得，没这个三个得，坚持不了三年游击战争。”听后，吴强陷入了沉思，想着在江南敌后打游击是否还需要这“三个得”。粟裕好似看透了吴强的心思，很有针对性地说：“这三个‘得’字，要长期地用下去。在江南打游击与三年游击战争相比，那时，全在山区地瘠民贫的地方活动，现在这里是鱼米之乡，有山区，有丘陵地带，有水网，也有平原，地情地形复杂，作战活动的方法方式，自然要和三年游击战争不同，但要明白，这里是日寇汪伪的心腹之地……”“卧榻之旁，岂容他人酣睡！”吴强不等粟裕说完，抢着说了一句。“对呀，何况我们不是酣睡，而是要像孙猴子那样在铁扇公主的肚子里翻筋斗呢！他们会让我们翻肠倒肚吗？”略一停顿，粟裕略有所思地说：“在江南地区同日本军队作战，打游击，对于我们是个新课题，三年游击战的经验有用，但不是完全有用，要根据新情况，用新的方法、新的战斗形式，创造新经验……，无论怎样，还是要艰苦奋斗！”“还是要‘三得’。”吴强忍不住又抢话了。“对！一得也少不了！”粟裕斩钉截铁，充满自信，然后笑着偏过头问吴强：“吓怕了？不用怕，多跑跑路，多饿几回，就跑得饿得了！”

对于这次谈话，吴强记忆十分深刻。他认为粟裕所讲的“三得精神”其实就是新四军精神。

1939 年 10 月，吴强光荣地加入了中国共产党。此后，他历任新四军政治部宣教部干事、科长，苏中第二分区政治部敌工部副部长等职务。

吴强创作《红日》的经历

解放战争时期，吴强先后任苏中军区政治部副部长和华东野战军第六纵队宣教部部长，他随部队一起亲身经历了第二次涟水战役、莱芜战役、孟良崮战役等多次战役。孟良崮战役胜利结束的第二天（1947 年 5 月 17 日），希望能“立马沂蒙第一峰”的国民党“常胜将军”张灵甫被击毙，其尸首被解放军用门板抬下了山。当时吴强就住村头，当他看到被击毙的张灵甫就躺在六纵队宣教部门前的一块门板上时，他想：从去年秋末冬初，张灵甫的七十四师进攻涟水城，华东野战军经过苦战，可还是撤出阵地北上山东，后二月莱芜战役，我军取得大捷，到现在经过孟良崮战役，第七十四师被全部消灭，一代抗日名将张灵甫被击毙。张灵甫是国民党王牌整编第七十四师师长，七十四师是蒋介石用美式装备武装起来的嫡系王牌部队，号称“天之骄子”，身为这样一个部队的将领，张灵甫绝非等闲之辈，他被称为“常胜将军”“名将之花”。他在攻占涟水城后显得不可一世，甚至在他已陷入了解放军的重围之中时，仍然气焰嚣张，叫嚣着要创造惊人奇迹，一举解决山东战场，这充分显示了他狂妄骄横、刚愎自用的性格。这不正好是一个情节和人物都具备的故事吗？

于是，吴强便有了要把这个故事串联起来写成小说的念头。但那时由于部队每天都要行军打仗，停下来时吴强还要做宣传，给大家鼓劲，做思想工作，忙得挤不出一点儿时间来认真构思这部小说，更不可能有时间坐下来安心写作，这让吴强心中很郁闷。无奈之下，吴强只得抽出一点儿时间来做一些记录。孟良崮战役胜利后的两个月，吴强写出了近两万字的笔记提纲。可是在当年7月夜渡朐河时，吴强被河中的巨浪冲出100多米，几经搏斗，虽游到对岸保住了性命，但他做记录的几个笔记本连同收集的七十四师《士兵报》都丢失了，这让吴强非常懊恼。但吴强并没有气馁，他仍然每天在思考小说中的人物形象和情节。无论是坐着、站着，还是行军、吃饭，他都时刻不停地思索着，连做梦都梦到自己心中的人物。就这样思考了很久，又经历了众多战争，看到了更多英雄人物的形象，吴强心中的故事情节越发丰满起来。

新中国成立后，吴强随华东野战军第十兵团进驻厦门。那时只要有空，他就会去海边散步。有一次，他来到大海边，看着波涛汹涌的海水，想到脑海中的故事，他不禁又细细地构思下去，于是刘胜、石东根等人的形象逐渐清晰起来。在那些日子里，刘胜、石东根、秦守云等人物形象搅得吴强彻夜难眠。有时睡到深更半夜，忽然梦中想起一个生动的细节，吴强立即披衣而起，扭亮电灯，写到拂晓；有时写着写着，他会为小说中撼人心魄的故事情节掩面而泣。有一天半夜，吴强边写边哭，竟然惊动了第十兵团司令员叶飞，叶飞还误以为他和爱人发生了感情危机，连忙跑过来调解劝说，知道缘由后他哭笑不得。

从那时起，吴强下定决心，自己一定要完成这部小说。但因平时行政工作繁忙，他只能抽空写。1952年吴强转业到地方。随着工作、生活稳定下来，吴强首先开始完善已经写了八万多字的《红日》的故事梗概和人物简述。这时，他心里基本有数了。在构思《红日》的过程中，如何将反映战争史实与塑造典型形象有机结合，曾令吴强大伤脑筋。关于这一点，吴强在《红日》第二版修订本"序言"中曾专门谈道："我曾经多次反复地考虑过，并且具体地设想过：不管战争史实，完全按照创造典型人物的艺术要求，从生活的大海里自取所需，自编一个有头有尾的故事，免得受到史实的限制。也许是我的艺术魄力太小，我没有这样做。我认为莱芜战役、孟良崮战役都是战争艺术中的精品、杰作，毛泽东的战略战术思想，在这两个艺术品上焕发着耀目的光华色泽。就是我军受了挫折的涟水战役，到后来，也起了成功之母的积极作用。我珍爱它们，我觉得我有义务有责任表现它们。我又认为：透过这些血火斗争的史迹，描写、雕塑人物，既可以有所依托，又能够同时得到两个效果：写了光彩的战斗历程，又写了人物。看来，我不是写战史，却又写了战史，写了战史，但又不是写战史。战史仿佛是作品的基地似的，作品的许多具体内容、情节、人物活动，是在这个基地上建树、生长起来的。"

经过长期的艺术构思，吴强准备动笔，为顺利创作完成该小说，吴强特意请了创作假，带着一大皮箱资料去无锡、杭州"躲藏"起来，构筑这项浩大的工程。吴强先是住进了南京军区招待所一间僻静的房间。在这小小天地，吴强开始了他有生以来的第一次"文学远征"。房间的桌子上、沙发上堆满了各种写作资料和中外军事名著，墙上贴着的工作日期表被一天天划掉，面前的稿纸越堆越厚，吴强的写作热情也不断高涨，他的脑海中常常能出现一些令自己满意的章节，某些篇章中含混不清的地方也在这种亢奋中不断被打通，情节、细节、人物呼啸着向笔下聚拢。他给自己规定：每天工作十五六个小时，要完成6000字任务，否则绝不上床。住在招待所里，吴强常因忙于写作而忘记开饭时间，他只得到商店里买一袋饼干充饥。有时，为了防止因写作而忘掉开饭时间，他干脆从食堂多带些馒头放在工作间，一天只吃一顿饭也是常有的事儿。那时的吴强完全沉浸在自己创作的欢愉中，但这样的饮食与工作方法，对他身体的伤害很大。那一时期，吴强两鬓生了许多白发，他满脸皱纹、憔悴不堪，走路也常力不从心。有一次晚饭后，吴强难得出去散步，因为天黑视线不好，他走着走着竟撞在一棵树上，吴强以为是撞到了别人，连连向那棵树致歉。路过的行人看到此景都驻足哄笑，以为他神经错乱了。

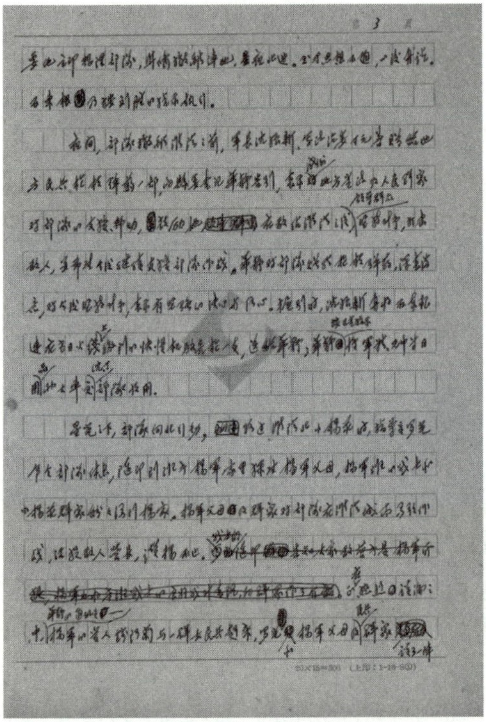

《红日》剧本手稿一张

初稿完成的那一刻，吴强感到自己身上再没有一丝力气，他晕了过去。招待所的同志发现后赶忙把他送进医院，因为身体过度虚弱，吴强只得在医院休养。经过半个月的休息，吴强身体稍稍复原。

这一期间，吴强得到了自己的老首长江苏省委第一书记兼省军区第一政委江渭清和上海警备区司令员王必成的勉励和关照。有一天，吴强将《红日》打印稿送给首长王必成审阅。王必成看后，建议吴强把书稿送给江政委让他拍板敲定。江政委看了书稿后，有些生气，他对吴强说：“中国革命战争，每一个胜利都是毛泽东军事路线的胜利。我们这个部队的光荣战绩，是刘伯承、邓小平、陈老总和粟裕指挥得力嘛，成绩怎么能记到六纵队身上？当然人物是虚构的，但番号是真实的。读者一看六纵队的司令和政委，就自然误会我和必成同志了。我认为我们不能贪功，我们共产党人的天职就是为人民服务。文学作品当然是为工农兵服务的，写工农兵，你吴强一点也没有错。但话又说回来，六纵是真实的，那么司令和政委也是帽子底下有人啊！反正我解决不了这个生活的真实和艺术的真实的辩证统一关系。我只知道，我们的一切胜利，归功于党，归功于毛泽东思想……”听到老领导这样说，吴强一言不发，他只是默默地抽烟。他想，孟良崮战役是六纵和其他兄弟部队打的，小说中不提六纵是不可能的。但首长的意见也是对的，因此吴强考虑将作品中六纵的主官由真名改为化名，而其中主要的反面人物张灵甫仍用真名。

他又提着一皮箱的稿子躲到了杭州的一个招待所，开始了第二次“远征”。在这里，吴强每天的工作量和工作时间仍不轻松，这道工序需要重新遣词酌句，修改抄写一直持续了四个月才完成。吴强的体重也由74公斤降到58公斤，人几乎又到了虚脱的状态。但不管怎样，吴强终于完成了这部长篇小说。

最初，吴强在创作《红日》时曾取名为《仇敌》，后改为《最高峰》。《最高峰》的命名源自于吴强对小说所呈现的孟良崮战役的深厚感情。孟良崮战役是吴强自认为在革命生涯中他打的最持久也最有意义的一场胜仗。在小说的结尾段落，吴强用浓重的笔墨多次渲染红旗插上孟良崮最高峰时的场面。在吴强心中，孟良崮战役是一场攀登“高峰”的战役，一方面在这场战役中解放军全歼国民党王牌整编第七十四师，另一方面这场战役是整个解放战争中华东战场的分水岭。“最高峰”显示了这场战役在吴强心中的地位。

小说完稿后，吴强将这部命名为《最高峰》的军事小说拿给了他的老领导粟裕将军，粟裕将军认为小说写得很好，但名字似乎不太合适，容易让人认为孟良崮战役是解放战争的最高峰，因此他让吴强再斟酌下名字。其实对于取名为“最高峰”，吴强也不是很满意，觉得它没有艺术性，不含蓄，可自己一时又找不到理想的书名。书名的事暂时就这样搁置下来。在快要出版的前不久，一天早上，当吴强从睡梦中醒来，看到窗外朝阳的光芒时，突然发现，给小说取名为“红日”再合适不过了。正是在那天，东方露出曙光的时候，华东野战军向七十四师发起了总攻；在红日的光辉照耀下，战士们登上孟良崮的山头，挥舞起了胜利的红旗。

《红日》的出版经历

小说创作完成后，吴强很想由人民文学出版社出版。为此，吴强将四十万字的小说改定稿寄给人民文学出版社，但等了很长时间，人民文学出版社一直没有回音。于是，吴强便亲赴北京，到人民文学出版社把稿子要了回来。之后，吴强将书稿送到了总政文化部“解放军文艺丛书”编辑部，亲自交给文艺处处长马寒冰。但等了半年，仍无人与他联系。无奈之下，吴强只得求助自己的老战友、电影文学剧本《渡江侦察记》的作者之一沈默君，请他联系一下中国青年出版社。

1957 年 5 月的一天，沈默君找到中青社文学编辑室主任江晓天，向他讲述了吴强长篇小说稿的遭遇，说：“我知道你们只看作品，不管作者有名无名。把他的《红日》送给你们出版好吗？”江晓天笑着回答说：“马寒冰我熟，我给他打个电话，催催他叫‘解放军文艺丛书’编辑部的同志快看，如稿子行，就列入‘解放军文艺丛书’，由我们中青社出版。”听后，沈默君还是有些担心，他说：“还是由我把稿子拿来给你，你们看得快，作者已经委托我代办。”次日，他就把一大包稿子送到江晓天家。

江晓天很快将《红日》手稿看了一遍。江晓天觉得，小说描绘的宏伟、激烈的战争场面，让他几乎嗅到了昔日的炮火硝烟味，其所散发的艺术魅力深深吸引了他。令他尤为感动和钦佩的是，吴强笔下众多的人物形象，大都颇具个性特色，鲜明生动。尤其是在对张灵甫这个国民党军高级将领的形象刻画上，很注重挖掘其内心世界，从而表现出了其狡诈、凶狠而又顽强的多重性格，使这个典型人物形象显得丰满、厚重。江晓天觉得，这正是真实生活的艺术再现。此外，小说还用相当的篇幅写了我军高级将领的爱情生活，这在当代军事题材作品中尤为难得，是重大的突破。

看完《红日》手稿的当晚，江晓天就把《红日》作为中青社向建军30周年献礼的重点书稿，交给了文学编辑室副主任陶国鉴审读。一个月后，陶国鉴向江晓天汇报。他认为《红日》确实写得很好，稿子已发排了。不过，他也提出，小说中对石东根连长这个人物的有些描写，可能会在社会上引起争议，看是否需要作一些删改。江晓天知道陶国鉴指的是在吐丝口战斗中，一个连出了两个英雄班，活捉千余名俘虏，石东根在庆功会餐时喝多了酒，兴奋之下，竟穿上从敌军那里缴获的将官服、大皮靴，挎上指挥刀，骑上大马到野外奔驰的情节。江晓天思考了一下，说："石东根那样是有点'出洋相'，不过军长已批评了他，事后他也感到后悔。再说，生活中人物的个性是多种多样的，这样描写更能表现生活的多彩，也显得很真实，就不必向作者提出修改意见了。"

为了赶在"八一"建军节前出版，陶国鉴与校对、美术设计、印刷装订、发行、宣传等业务部门紧急协商后，制订了一个详细的工作日程表。很快，他便把中青社为推出小说《红日》一路大开绿灯的情况及时写信告知了吴强。吴强高兴地回信说："你们对这部东西，采取热情的态度、紧急的步骤，我很满意，大样来不及，我就不看了。"虽这样说了，但吴强还是不太放心。此后，他又连续来了6封信，每封信自己都提出了一二处小的改动。其中有一封信是这样写的："现在可能发了稿，在书未和读者见面之前，心总是不安的，因为一本将近四十万字的书，在经济上要花好多的本钱，你们和印刷工人的劳动也很大，倘使保存许多毛病在书里，是很难过的。哪怕是个别字句不妥，也会引起这种难过，除非是作者自己为精力所限而确实无法补救的，为此，还得麻烦你们一下……”收到信后，陶国鉴很快便回了信：“历次修改的地方，均已一一照改，此点望您释念。至于校对是否仔细，我们感到已尽力了，当有待您看过样书后评价。全书未能请您看校样，我们有与您同样不安的心情，所以希望您看到样书后，立即提供一个校正本，以便再版时纠正。”

1957 年 7 月，《红日》由中国青年出版社正式出版。

《红日》的出版震撼了中国文坛，全国为之轰动，1961 年先后被译为英、法、俄、日、德等十多种文字在国外发行。

《红日》创作笔记

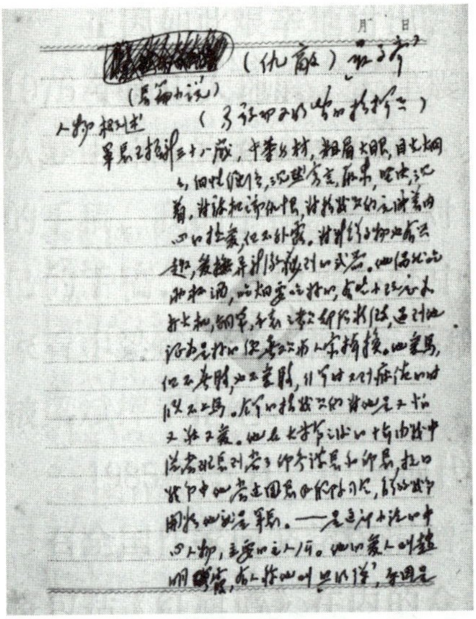

《红日》创作笔记手稿

在中国现代文学馆手稿库中，收藏着一本与红色经典小说《红日》有关的创作笔记本。笔记本的封面有一幅插图，图中画有一面挂在长矛上随风飘扬的五星红旗，一个英姿勃勃的年轻战士手持长枪立在红旗旁。这是 2010 年 11 月 3 日，吴强家属在上海捐赠给中国现代文学馆的。吴强《红日》手稿已经遗失，后多方寻找也未有结果。正因如此，这本有关《红日》的创作笔记本便显得格外珍贵，它向我们揭开了吴强创作这部长篇巨著的酝酿与构思过程。

吴强在这个 32 开“文艺工作者手册”中写下了自己关于小说《红日》的构思，在笔记本第一页中，吴强写下了“仇敌”“长篇小说”“最高峰”等字样，从笔迹中可以看出，“最高峰”与前面不同。在笔记本中，吴强对这部小说的构思大致分为 8 个部分:“人物概述”“故事概述与分章”“几个战略思想的恪守原则问题”“几个重要的关键问题”“几个重要的场面”“主题思想”“情节增补”“分章及每节标题”。

在“人物概述”部分，吴强对几个重要人物做了标记。首先是军长，吴强对军长的特点进行了细致的标记：38岁、中等身材、粗眉大眼、目光炯炯、个性倔强、沉默寡言、严肃、坚决、沉着，对敌极端仇恨，对指战员们充满着内心的热爱，但不外露。……他爱马，但不善骑，也不爱骑，行军时不到疲倦的时候不上马。解放战争开始他就是军长，是这部小说的中心人物，核心主人公。他的爱人叫赵明霞，有人称她为“照明弹”。有类似标记的重要人物还有军政治委员刘德本、副军长俞凤顶、军长警卫员唐有信、朱法山等等。

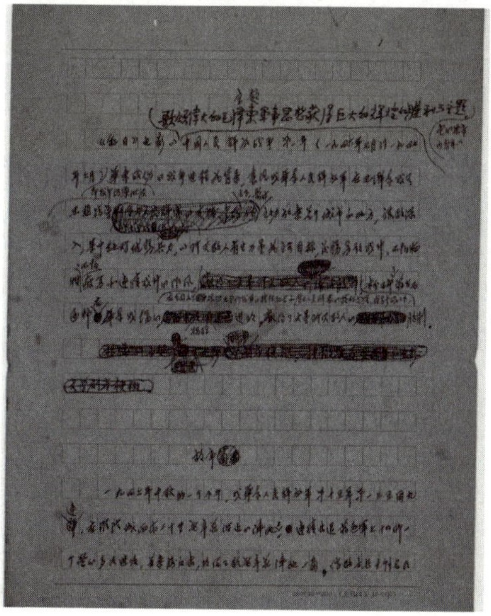

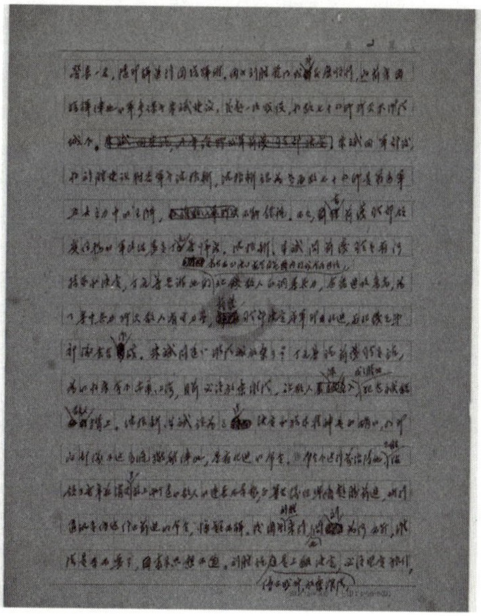

《红日》剧本手稿两张

在“故事概述与分章”中，吴强将小说分为24章，他对每一章节的内容都进行了概括。最后一章结尾处，吴强写了赵明霞从后方医院来到部队前线的情节。在这个部分的结尾页，标有“2月23日下午4时”和一个“完”字。

在“主题思想”中，吴强这样写道：“描写与表现我军高级指挥员运用毛泽东的战略思想，坚决、果敢、英明、灵活地指挥部队，与敌军艰苦、勇敢地作战，发扬了高深的集体英雄主义精神（胜不骄，败不馁，再接再厉），歼灭了敌人的主力军，赢得了辉煌胜利。”

从这份笔记中，我们可以看出吴强对于创作小说《红日》做了充分的准备。而这种准备，体现的正是作家对文学创作的一种精神：严谨与尊重。这种精神，时至今日，依旧值得我们学习。

原文链接

红日（节选）

两天以后，敌人终于攻到了涟水城下，杨军的一个班，只剩下五个人，副班长带的下半班，由于掩蔽部中了一颗一百磅的炸弹，全部牺牲了，酱黄色的发着油光的泥土掩埋了他们。杨军的左肩，楔入了一寸多长的一块炮弹片。他刚刚发觉自己受了伤，敌人步兵的第七次冲锋，到达了他们扼守着的战壕附近。来不及包扎伤口了，他和他班里仅有的四个战斗员，迎着敌人冲了出去。前进了一段之后，杨军凭据着单人掩体，忍着伤痛，把枪口对准着敌人射击。他看得清楚，他射出的子弹，穿进了正在向他面前奔来的兵士的肚腹，那个兵士的身材很高大，光秃着脑袋，手里拿着一支汤姆枪，在中弹之后，还向前跑了四五步，才抱着肚子倒下去。这时候，杨军的头脑，比坐在掩蔽部里清醒得多，对他的射击的准确性，充满以往所没有过的信心。“又是一个！”他的心头漾起了一种杀敌致果的快感。一个赤红脸高鼻头的敌人，在离他三十来米的地方，脑瓜掼倒在一棵树桩子上，血从口里喷吐出来。敌人的冲锋队形是密集的，真像是一窝狂蜂，低着头，躬着身子，看样子是受过最严格的训练，向前跑步冲锋的时候，竟还保持着先后层次，前头的总是跑在前头，后头的总是落在后头。大概是个军官，在杨军面前一百五十米远的一道矮墙后面，不时地冒出头来，举着手里的驳壳枪，“砰砰叭叭”地射击着，嘴里大声喊叫：“冲！冲上去！不许回头！”在他督战的枪声和喊声下面，兵士们冲进了几步，又伏下身子，头脸紧紧地贴到地面上，躲避着迎面射来的子弹，他们还不时地回过头去，看看后面的人跟着冲上来没有。这样冲锋的阵势和速度，使得杨军能够从容地观察敌人，从敌人群中选择他的射击目标。

那个军官又把脑袋露到矮墙上面来，他连续打了十多发子弹，喝令扑在地面上的兵士们，爬起身来继续冲锋。杨军没有让这一眨眼的良好机会滑过，他扣了一下枪机，一粒子弹从枪口飞了出去，矮墙上那个军官的头，从此就不再冒露到矮墙上面来了。全战壕的战士们，和出口的子弹一样，猛然地飞蹦出去，完全忘却了上空的敌机正在嚎叫着扔下雨点般的炸弹，他们急风骤雨似地扑向了敌人。敌人从地面上慌张地爬起来，有的回头就跑，有的爬起来又扑倒下去，有的对着向他们反击的队伍，颤抖着身子胡乱射击。杨军、张华峰冲在最前面，一口气冲到那道矮墙下面。

像前天夜晚那样的小出击，在杨军的战斗生活里，至少有过三十次。敌人在八个小时内举行了七次冲锋，在这第七次冲锋的时候，来一个凶猛的反冲锋，对于杨军确是当了五年战士的头一遭。他感到很痛快，也很新奇。“这样的战法很有味道。”他的心里，有这样的感觉。胜利的愉快，压服了肩部创伤的疼痛，在矮墙附近，他又打死了一个向他扑来的敌人。

他终于瘫软下来。高速度的奔跑和伤口的流血过多，使他的肢体失去了撑持的力量，昏倒在矮墙底下。烫热的枪压在他的身上。他虽然还很清醒，但脸色已经苍白，呼吸也显得微弱起来，他缓缓地呻吟着，嘴里非常干涩，口唇不住地掀动，在强烈的阳光下面，他闭上眼睛躺在地上。大约过了不到一分钟，一股硝烟窜入到他的鼻腔里，他又张开沉重的眼皮。淤河东岸的一个小庄子，落下了敌人的硫磺弹，房屋和草堆正在燃烧，浓烟随着风势吹拂过来。他想爬起身来，他从腰眼底下抽出麻木的右手，和他的臀部同时用力，按着坚硬的地面，紧紧地咬着牙关，把沉重的身体向上撑起，但是，他没有能够如愿，他又跌倒下去，仍旧躺在矮墙底下。喘息了一下，他摸着挂在腰皮带上的水壶，想得到一口水喝；用力摇晃一下，水壶轻得几乎没有分量了，水壶碰到枪杆子上，发着空洞的声音。“没有水了，”他喃喃地说道。他把贴在地面的头，歪向左右两边望望，没有什么动静，大炮不响了，枪声也很稀疏，除去在他的右前方淤河边上横着一具敌军士兵的尸体以外，他几乎什么东西都没有看见。这时候，他突然感到孤独和不安。“我不行了吗？”他心里暗自地问着。稍隔一会，突然一阵枪声，使他从迷蒙的状态里清醒过来。奔跑的脚步声越来越近，他本能地爬了起来，全身生发起一股热力，好似一盆烈火在燃烧。他的眼前出现了在十几分钟以前看到过的那个敌人的形象。他确信没有看错，是脑袋冒到矮墙上面被他一枪击倒的那个军官。军官的手里握着崭新的快慢机，枪上的烤蓝一点没有磨退，耀着闪闪的光亮，军官的眼睛也在发光，血从头发丛里经过鼻子、嘴唇，流到他的脖子里。军官好似明白面前的这个人正是开枪把他击倒的射手，恐惧从他那发着紫色的眼珠显露出来，他的一只颤抖着的黑手抓住矮墙的泥土，竭力地撑持着身体，另一只颤抖着的带血的手举起枪来，食指在枪机上连连抖动，朝着杨军射击。可是，没有一颗子弹射击出来。他焦急而又失望地靠在矮墙上，考虑着用别的什么手段重新对付他的敌手。杨军在敌军军官举枪向他射击的时候，迅速地把身子向旁边闪让一下，不料一块砖头绊了他，他踉跄了两三步，才站稳了脚跟。他完全没有想到，在这个时候的这个地方，还会发生这样一场白刃战。杨军清楚地知道了敌手的弱点，不是枪坏了，便是枪膛里没有了子弹。他停顿了一下，抱住他的枪托，举起闪光灼灼的刺刀，冲到矮墙的那一面，转过身子，拼力地朝着军官的胸口刺去，由于用力过度，他的两手抖动了一下，刺刀深深地插入到墙肚里去，刀锋侵入的地方，距离军官的臂膀大约还有二寸到三寸光景。杨军急得头上迸出了豆大的汗珠，正要从墙肚里拔出刺刀来，进行第二次刺杀，军官却颓然地倒了下去。杨军吃力地把刺刀从墙肚里拔了出来，头比先前晕眩得更加厉害，他的体力似乎已经消耗完了，瘫靠在矮墙上喘息着，好似刚才的敌军军官站立着的那个姿态一样。

阅读加油站

《红日》讲述了解放战争时期，中国人民解放军华东野战军在山东歼灭国民党部队整编第七十四师的故事。选段写的是涟水战役的一个场景，杨军用尽所有力气只为多杀一个敌人，在炮火漫天的战场上，从不肯后退与认输，这是怎样的一种革命英雄主义精神！

夏衍创作《包身工》的前前后后

世界上气力最大的，是植物的种子。一粒种子所可以显现出来的力，简直能超越一切。

——夏衍

三分钟了解 一本红色经典

朗读者：李伟长

青年评论家，中国现代文学馆特聘研究员，著有《未被摧毁的生活》《珀金斯的帽子》等阅读随笔集。

夏衍创作《包身工》的前前后后

夏衍

1936 年 4 月，夏衍在上海满怀悲愤地创作完成一篇名为《包身工》的纪实文学作品。该作品是中国现代文学史上第一部报告文学。它以上海杨树浦福临路东洋纱厂中的包身工“芦柴棒”“小福子”等人的真实遭遇为主线，以铁的事实、精确的数据，真实地描述了包身工在日本帝国主义开办的纱厂中丧失人身自由，丧失做人的尊严，受尽剥削、压榨的苦难生活，从而揭露了帝国主义和中国封建势力相互勾结、压榨中国人民的罪行。

为了这次创作，1935 年 4 月到 6 月，夏衍用了两个多月的时间对上海日资纱厂中的“包身工”现状进行了实地调研。其实早在 1927 年，夏衍就开始接触纱厂工人。当年 6 月，“四一二”反革命大屠杀发生后不久，从日本回到上海的夏衍，在中国无产阶级革命陷入低谷时，毅然加入中国共产党。当时他的组织关系在上海闸北区的第三街道支部。这个支部的主要工作就是从事提篮桥到杨树浦一带的工人运动。为更好地开展工作，夏衍曾特意从旧货店买了一套粗蓝布短衫裤，他还把自己的头发也推平了。根据组织安排，夏衍逐渐认识了一些在纱厂工作的工人朋友。1929年底，夏衍开始听到一些有关包身工的情况。当时，夏衍住在上海沪东唐山路业广里。业广里是工人区，与夏衍一起做工人运动的同志常到这里来“落脚”。在与这些同志的谈话中，夏衍知道了“包身工”制度和包身工们的非人生活。

“包身工”制度是二十世纪二三十年代在中国出现的一种定期卖身雇佣制度。该制度首先实行于日商在华的纱厂，是帝国主义、资本主义和封建主义相结合的残酷的奴役制度。包身工一般多为江浙农村来的女童工。由包工头迫使他们的父母或保人接受极少的包身费，订立包身契约。包身期间，包身工没有人身自由，一切听命于包工头，不准回家，不准到其他厂劳动，全部工资归包工头所有。包工头仅提供极差的食宿条件。包身工身受资本家和包工头的双重剥削，不少被迫致死。“包身工”制度是在半封建半殖民地社会的温床上，受到国民党政府“特殊优惠”的保护，伴随中国农村经济衰败生长出来的一颗毒瘤。

1930年4月末，夏衍、沈西苓、郑伯奇、陶晶孙等人组建的上海艺术剧社(中国共产党在国民党统治区领导的第一个话剧团)，被国民党上海警察局查封，并被勒令解散。为继续宣传革命，夏衍与在基督教青年会的工人夜校里担任教员的老友冯秀英接上了关系，并组织流动演剧队到上海各工厂演出。夏衍与冯秀英1928年就已经认识。冯秀英是在上海出生的广东人，她早前在沪西某大学念书，后因家庭困难辍学，白天她在私立小学当教员，晚上在基督教青年会在杨树浦开办的工人补习夜校当教员。1928年，冯秀英已是一名坚定的、靠自己双手养活自己的独立职业女性和一名共青团员。在多次交谈中，冯秀英告诉了夏衍许多关于包身工的事情。

1932 年“一·二八”淞沪会战后，夏衍的好友、导演沈西苓想写一部以上海女工为题材的电影剧本。夏衍听后就把自己了解到的有关包身工的材料告诉了沈西苓，并帮助沈西苓一起撰写剧本。由于创作需要，夏衍又搜集了一些有关包身工的材料。在搜集过程中，上海包身工的悲惨生活使夏衍感到了“灵魂的震动”。这时，夏衍才意识到，在二十世纪的中国工厂里，竟然还保留着这样残酷的“奴隶制度”。在此之前，夏衍也看过不少描写女工生活的文艺作品。尤其在日本时，夏衍看到过在资本主义世界里一致被认为生活水平最低、劳动条件最坏的日本纺织女工的生活。可是，和中国包身工相比，日本女工的生存条件简直就是天堂。

电影《女性的呐喊》

1933 年，沈西苓根据夏衍等人撰写的剧本，拍摄完成电影《女性的呐喊》。这是中国第一部反映包身工生活的文艺作品。影片围绕女主人公叶莲的遭遇，揭露了帝国主义、买办资产阶级和封建把头势力共同榨取女工血汗的罪恶行径，展示了包身工被压迫剥削凌辱的凄惨境遇，影片通过先进妇女少英走向革命的过程，揭示出女工的出路。但该片由于夏衍、沈西苓等人对包身工真实状况体会不深，生活不够熟悉，加之当时的客观环境限制，以及拍成电影后又受到国民党审查官的一再删减，这部反映包身工生活的影片整体表现力并不是很好。

在这次搜集材料、撰写剧本的过程中，上海包身工的凄惨境遇让夏衍感到无比愤怒，他认为自己有责任把这个人间地狱揭发出来，于是他决心去写一篇有关包身工的小说。为此，夏衍准备进一步去了解包身工的生活，但后来因为革命工作繁忙，有关包身工的文学创作也就搁下了。

夏衍、潘汉年、郁风、黄苗子等人合影

直到1935年，因为一个偶然原因，在朋友的帮助下，夏衍终于有机会对上海包身工的现状进行实地调研并动笔创作。1934年10月到1935年2月，为配合对中央苏区的军事“围剿”，国民党反动派连续对中共上海地下党组织进行了三次大搜捕。随着中共上海中央局书记李竹声、盛忠亮的被捕与叛变，1935年2月19日，国民党反动派在上海先后抓捕中共上海中央局代书记黄文杰、组织部长何成湘、宣传部长朱镜我、文委书记阳翰笙、负责剧联工作的田汉等人，夏衍则幸免于难。根据组织要求，夏衍在中学同学的掩护下，暂时隐蔽起来。正是利用这次隐蔽的机会，夏衍开始了有关包身工的实地调研工作。为全面真实地了解包身工的生活及工作现状，夏衍最初找到一位在日本纱厂当职员的中学同学帮忙，同学利用自己的便利条件，带夏衍到包身工工作的车间考察过几次，这使得夏衍对包身工的劳动条件有了一些直观感受。但这种“走马观花”式的调查，夏衍觉得还是不够。如果想进一步了解“带工头”如何管理包身工，包身工生活状况究竟如何，她们上下班的情况到底怎样，夏衍就必须到包身工住宿的工房实地去看，到她们上下班的路上实地去瞧。因为包身工受到严密监控，夏衍的这些问题无法从包身工那里得到答案。

包身工们一大早就进厂做工，晚上才能回工房，所以要看到她们上班下班的生活，必须在清早和晚间。但当时夏衍住在麦特赫斯德路，那里离杨树浦很远。为了在早上五点钟以前赶到杨树浦，夏衍每天半夜三点多就得起身走十几里路，才能看到包身工上班的情景。由于包身工们上班途中受到严密监视，这些小姑娘轻易是不跟别人讲话的，夏衍很难与她们交谈。

为了得到第一手真实材料，夏衍只得又找老友冯秀英寻求帮助。之前，冯秀英其实已为夏衍提供了许多有关包身工的资料。但夏衍依旧觉得这些资料还不足以让他完成这部作品。很快，冯秀英便将她在补习夜校的学生，在日本纱厂做工的一名青年团员杏弟介绍给夏衍认识。杏弟对夏衍顺利完成有关包身工资料的搜集起到了最为重要的作用。夏衍对她的评价是“她也是包身工那篇文字的最努力的协力者的一个”。杏弟有着中国工人阶级共有的率直和单纯，她将自己知道的有关包身工的情况都毫无保留地告诉了夏衍。为帮助夏衍了解更多情况，杏弟还曾几次特意赶早班，混在包身工的队伍里，向她们打探一些内部情况。可包身工由于被严密管理，不允许向外透露情况，再加上她们看见杏弟的服装与她们的略微不同，就害怕得不敢说什么；有的包身工甚至以为杏弟是“包打听”一类人，根本就不和她说一句话。这使得杏弟进一步了解包身工的工作变得十分艰难，但杏弟还是尽力与她们沟通。为帮助夏衍在包身工中做“调查问卷”，本身收入也很低的杏弟还曾自掏腰包买糯米饭请包身工吃。在自身也受到严密监控的情况下，杏弟最终得到了十一位包身工的回答，收到了十一份问卷。收到问卷后，杏弟赶忙交给夏衍。这让夏衍十分感动，“我早已经不再期待这请托的回答，而差不多已经是一件淡忘的事了，可是在她，还能在劳动、学习、工作的余暇，耐心地替我搜集了这些可贵的资料。”同时，杏弟还是一名充满正义感，毫不考虑自己得失的机智的纱厂女工。包身工的工房，由日本警察、巡捕、带工头手下的流氓紧紧地封锁着。为防止包身工与外界接触，他们规定“外头人”绝不能走进。为帮助夏衍得到真实材料，杏弟毫无畏惧地勇敢地带夏衍两次“混进”福临路东洋纱厂工房。在一次陪同夏衍“视察”时，幸亏杏弟的机智对答，才让这次调查得以顺利进行。当时，杏弟带着自己妹妹和夏衍去视察工房，但他们之前并没有约好相互间的关系。等杏弟一跨进她熟识的那家带工头的后门时，她心底就像早已准备好了似的，指着她妹妹对老板娘说：“这是我的同乡，在二厂里做。”回头又指着夏衍说，“这是她的‘爷叔’，在水电公司办事的。”杏弟表现非常镇定，她的妹妹也很平静，反倒是此时的夏衍有些“窘态”。杏弟镇定地继续对老板娘说：“独自租房子不方便，她‘爷叔’的意思想在这一带找一个‘搭饭’的地方。”说完，杏弟回头望了一眼夏衍，暗示他也要对老板娘说上几句。对于杏弟的临场表现，夏衍十分敬佩，“她那种镇定，敏捷，周密，使我相信这完全是由于实际生活和工作的必要所锻炼出来的可宝贵的才干”。

正是在杏弟的大力帮助下，从四月初到六月，夏衍足足做了两个多月的“夜工”，终于比较翔实地观察到包身工的一些日常生活。

当清晨四点一刻被喊起床时，包身工们因工作过度劳累而羞耻心钝感，她们“半裸体地起来开门，拎着裤子争夺马桶，将身体稍稍背转一下就会公然地在男人面前换衣服”，起床时相互常有踩踏，在离人不到一尺的马桶上很响地小便；早晨四点半，包身工们开始吃一些洋铅桶装的“浆糊一般的薄粥”；她们的定食是两粥一饭，早晚吃粥，中午干饭。粥的内容是“较少的籼米、锅焦、碎米和较多的乡下人用来喂猪的豆腐的渣粕！粥菜，这是不可能的事了，有几个‘慈祥’的老板到小菜场去收集一些莴苣菜的叶瓣，用盐卤渍一浸，就是她们难得的佳肴”。

旧中国棉纱工厂照片

包身工工作的工房里，“马达的吼叫，皮带的拍击，锭子的转动，齿轮的轧轹……一切使人难受的声音，好像被压缩了的空气一般的紧装在这红砖的厂房里面，分辨不出这是什么声音，也决没有使你的听觉有分别这些音响的余裕”。为使棉纱不容易扯断，工厂车间安装了有喷雾的装置，这些包身工无论春夏秋冬，每天都要在这样的潮湿环境中劳作。“她们每天过着黄霉，每天接触到一种饱和着水蒸气的热气。……身上有一点被蚊虱咬开或者被机器碰伤而破皮的时候，很快地就会引起溃烂。盛夏一百十五六度的高温下面工作的情景，那就决不是‘外面人’所能想象的了。”夏衍还了解到“纱厂女工没有一个有健康的颜色，做十二小时的工，据调查每人平均要吸入 0.15 克的花絮”。

由于遭受非人的压迫与折磨，面黄肌瘦、骨瘦如柴都已不能形容包身工的真实情况。没有病的包身工是很少的，最多的是肺病、脚气病、皮肤病。这些包身工的两只脚即使已经肿得像碗口一样粗了，她们还是要成天成夜地站在机器旁边工作，她们“连牛马也不如”，她们“是苍蝇、蚊子一样的虫豸。东洋老板和带工头打死一个工人，好像在地上踏死一个蚂蚁一样，一点也不算稀奇”。

正是因为看到这些真实的残酷的场景，夏衍认为小说已不足以反映包身工的现实境遇，他认为自己应该用“报告文学”的方式如实地、毫无保留地将这些铁一般的事实写出来。

《光明》创刊号封面

1936 年 6 月 10 日，报告文学《包身工》在左联刊物《光明》创刊号刊发。(《光明》为半月刊，由洪深、沈起予编辑，生活书店发行)《光明》创刊号在社评中对《包身工》评价颇高：“《包身工》可称在中国的报告文学史上开创了新的纪录”。

《包身工》一经发表，便受到文学界关注。作家周立波在《一九三六年小说创作的回顾》中，对该作品有一段非常中肯的点评：“夏衍的《包身工》是今年关于产业工人的一篇材料丰富、真情挚意的报告文学，在报告文学刚刚萌芽，工人文学非常缺乏的现在，它有双重的巨大意义。”作家魏金枝则认为《包身工》给中国的报告文学“这种文学形式留下了光辉的典范”。

正因为《包身工》的出现，以文学手法及时反映和评论现实生活中的真人真事的新闻文体——报告文学，开始走入中国现代文学史。

原文链接

包身工（节选）

已经是旧历四月中旬了，上午四点一刻，晓星才从慢慢地推移着的淡云里面消去，蜂房般的格子铺里的人们已经在蠕动了。

“拆铺啦！起来！”穿着一身和时节不相称的拷皮衫裤的男子，像生气似的喊叫。“芦柴棒！去烧火，妈的，还躺着，猪猡！”

七尺阔、十二尺深的工房楼下，横七竖八地躺满了十六七个“猪猡”。跟着这种有威势的喊声，在充满了汗臭、粪臭和湿气的空气里，她们很快地就像被搅动了的蜂窝一般骚动起来。打呵欠，叹气，叫喊，找衣服，穿错了别人的鞋子，胡乱地踏在别人身上，在离开别人头部不到一尺的马桶上很响地小便。成人期女孩所共有的害羞的感觉，在这些被叫做“猪猡”的人们中间似乎已经很钝感了。半裸体的起来开门，拎着裤子争夺马桶，将身体稍稍背转一下就会公然地在男人面前换衣服。

那男人虎虎地向起身得慢一点的女人们身上踢了几脚，回转身来站在不满二尺阔的楼梯上，向楼上的另一群人呼喊。

“揍你的！再不起来？懒虫！等太阳上山吗？”

蓬头，赤脚，一边扣着纽扣，几个睡眼惺忪的“懒虫”从楼上冲下来了。自来水龙头边挤满了人，用手捧些水来浇在脸上；“芦柴棒”着急地要将大锅子里的稀饭烧滚，但是倒冒出来的青烟引起了她一阵猛烈的咳嗽。十五六岁，除出老板之外大概很少有人知道她的姓名。手脚瘦得像芦棒梗一样，于是大家就拿“芦柴棒”当作了她的名字。

…………

包身工都是新从乡下出来，而且她们大半都是老板的乡邻，这一点，在“管理”上是极有利的条件。厂家除出在工房周围造一条围墙，门房里置一个请愿警和门外钉一块“工房重地，闲人莫入”的木牌，使这些“乡下小姑娘”和别的世界隔绝之外，将管理权完全交给了带工的老板。

这样，早晨五点钟由打杂的或者老板自己送进工厂，晚上六点钟接领回来，她们就永没有和“外头人”接触的机会。所以，包身工是一种“罐装的劳动力”，可以“安全地”保藏，自由地取用，绝没有因为和空气接触而起变化的危险。

阅读加油站

《包身工》的艺术感染力量，首先在于它用十分生动的形象，充满激情地反映了真实的生活。那“像鸽子笼一般的分割得很均匀”的狭小的宿舍中，拥挤得像“蜂房般的格子铺里”，“充满了汗臭、粪臭和湿气的空气里”，住着包身工。作者对包身工生活环境的勾勒，是跟各种人物急剧的动作紧紧结合在一起的。作品刚开始，就写出了带工老板在黎明前的黑暗中，命令包身工赶快起身，显现出一种压抑和紧张的气氛。作品接着描写包身工如何被骗来，以及她们像奴隶似的生活，饥饿、辱骂、殴打、禁闭和吊刑，时刻在折磨着她们，正当青春的岁月，却被蹂躏得异常衰老，离着死亡和坟墓已经不远了。

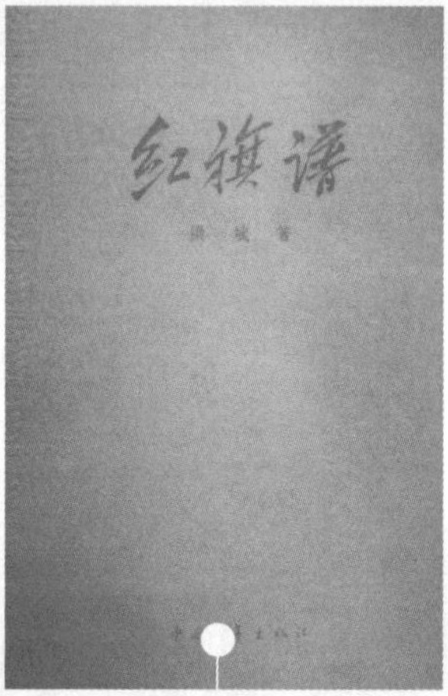

一部红色经典手稿：《红旗谱》

艺术无止境，要更上一层楼，好作品不怕改。

——梁斌

三分钟了解一本红色经典

朗读者：袁嘉颖

北京朝阳外国语学校五年级学生。业余爱好是阅读和制作美食，平时喜欢看小说。

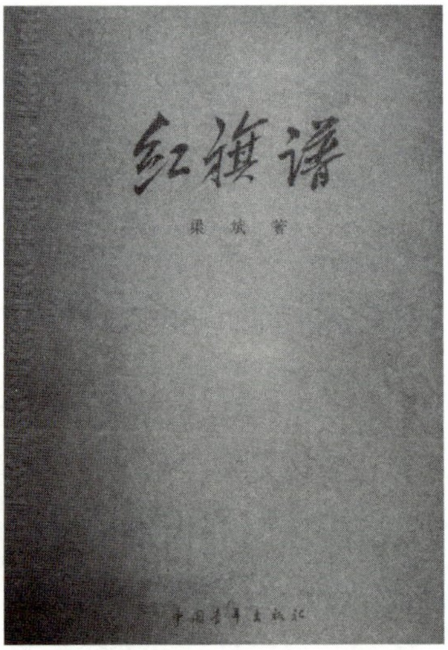

《红旗谱》是作家梁斌二十世纪五十年代创作完成的一部长篇小说。该小说以朱、严两家三代农民同冯老兰父子两代地主的矛盾斗争为主要线索，描写了冀中地区“反割头税”斗争和保定二师的学生爱国运动，真实地反映了从第一次国内革命战争前后到“九一八”事变时期北方社会错综复杂的阶级关系，展现了二十世纪二三十年代中国共产党领导中国人民进行革命斗争的伟大历程。

在该小说中，作者梁斌成功塑造了朱老忠、严志和、江涛、运涛、春兰等一批栩栩如生的农村出身的革命英雄人物形象。其中，朱老忠是众多人物中最具特点的一个。他有勇有谋、坚韧不屈，他嫉恶如仇、豪爽仗义，他正直无私、急公好义。在与地主阶级的斗争中，他逐渐意识到要想在与地主的斗争中获得胜利就必须有“印把子”“枪杆子”，只凭一时之勇是于事无补的。在找到中国共产党后，朱老忠更是积极参加党领导下的革命斗争，他自觉地把个人的复仇计划与整个被剥削阶级的反抗斗争结合在一起，逐渐从传统的草莽式英雄成长为优秀的无产阶级先锋战士。他是一个横跨新旧两个时代的农民英雄的典型形象，在这个人物身上集中体现了中国农民的优秀品质。朱老忠的出现，标志着中国新文学在农民形象的塑造上达到了一个新的高度。

一部红色经典手稿：《红旗谱》

一

在初中阅读《红旗谱》时，笔者就曾因出于对朱老忠的喜爱，拿起此书便不舍得放下。他那句有名的口头禅“出水才见两腿泥”让我时至今日记忆犹新。这句口头禅表现出他内心的一种必胜信念。在我看来，朱老忠身上不仅有坚韧的性格，更有一颗义薄云天、救危扶困、舍己为人的侠义之心。“侠义”可谓是中国人独有的一种精神情怀。

小说《红旗谱》涉及了中国革命一个最重要的问题——农民问题，其核心主题就是“民心归属”，小说主要叙述了中国农民为什么会在历史发展中选择中国共产党。

1957 年 12 月，《红旗谱》正式出版。因其描绘了壮阔的农民革命历史画卷，塑造了前所未有的中国现代农民的典型形象，体现了民族风格和中国气派，出版后好评如潮。茅盾先生对该作品曾特地写过一篇评论：“从《红旗谱》看来，梁斌有浑厚之气而笔势健举，有浓郁的地方色彩，而不求助于方言。一般说来，《红旗谱》的笔墨是简练的，但为了创造气氛，在个别场合也放手渲染；渗透在残酷而复杂的阶级斗争场面中的，始终是革命乐观主义的高亢嘹亮的调子，这就使得全书有浑厚而豪放的风格。”茅盾称这部作品为“中国当代文学史上里程碑式的作品”。

郭沫若不仅为该小说题词“红旗高举乾坤赤，生面别开宇宙新”，还亲自为该书题写书名。方明在《壮阔的农民革命的历史图画——读小说〈红旗谱〉》中，称《红旗谱》“是一部革命斗争的史诗，也是一幅壮丽和广阔的历史图画”。

二

收藏在中国现代文学馆手稿库中的《红旗谱》手稿，总计近2360页，均由右向左竖排书写。该稿分为上下两部，并分别装订成册。

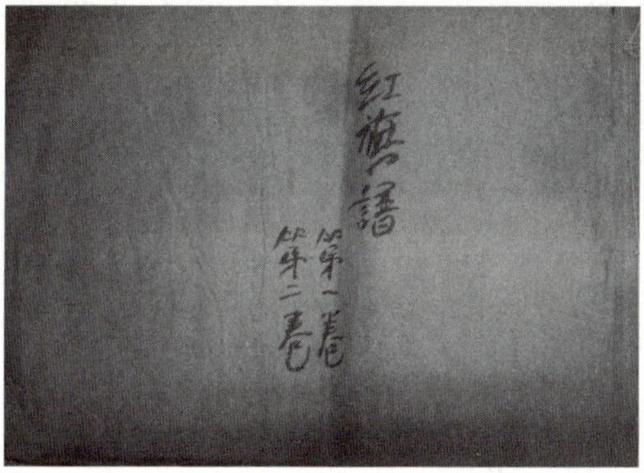

《红旗谱》第一、二卷手稿封皮

《红旗谱》上部分为三卷，第一、二卷由白线装订成册，第三卷则由铁钉装订单独成册。梁斌用毛笔分别书写了“《红旗谱》第一卷第二卷”“《红旗谱》第三卷”封皮。上部手稿中既有以 25×10=250 竖排红色格纸，还有 25×20=500 蓝色竖排长江日报稿纸、中国作家协会文学讲习所稿纸，以及印有“稿纸　保定文化用品分公司监制”字样稿纸。上部整体尚可，只是自第十一章起，修改痕迹非常多。

《红旗谱》下部封皮有红色油印字样“《红旗谱》下部　梁斌著”。在下部中，第 2095 页至 第 2244 页，均为油印件。剩下的则全是抄件与原稿。

该稿样态较为复杂。手稿中既有作家原稿，又有他人抄稿，还有油印稿和复写稿；书写笔迹也多达四五种。对于该稿，梁斌所作修改较多，有对标点符号的修改，有对人物语言的删减，有对段落的添加，等等。由此可见，作者梁斌在创作《红旗谱》时的艰辛、认真与严谨。

《红旗谱》手稿不仅完整，而且非常庞大。这在文学馆馆藏中十分难得。对于那次捐赠情景，曾亲自前往梁斌家中征集《红旗谱》手稿的征集编目部老主任刘屏曾有详细记录：

梁斌

“老人的个子不高，前额宽阔，体态敦实，虽是闻名遐迩的大作家，身上却还保留着北方农民的诚恳和淳朴的气质。听说我们是中国现代文学馆的工作人员，从北京来，老人频频点头请我们快快落座，又执意要亲自为我们沏上茶，然后才回身坐在了一把雕花木椅上，展开我们带去的文学馆领导的信专心看起来。……‘给你们的东西都准备好了，跟我来看看吧！’梁斌放下信，起身走到书柜前，拉开其中一个抽屉捧出一沓发黄的照片，一张一张地对我们如数家珍地交代起来。我发现，老人对早已逝去的岁月记忆犹新。接着，梁斌又抱来一大摞自己的著作，哗地摊在了桌案上，然后一本一本地签名盖上印章。转交给我们。我们则把书和照片轻轻地放进带去的皮箱里。

“他一边说着，一边亲自动手和我们清点移交着。《红旗谱》《播火记》《烽烟图》《翻身记事》《笔耕余录》……他的大部头著作手稿竟然都在这儿了。我突发奇想提议，希望梁斌老人能和他的手稿站在一起照一张合影，老人欣然应允，果然像对待老朋友那样扶着等身的手稿让我拍照。照毕，梁斌老人坐在沙发上深长地吐了口气，然后平缓地说：‘我这一辈子鼓捣的这点儿东西都在这儿了，都给了你们文学馆了。’听了梁斌老人平静的话语我的心里却久久不能平静。

“梁斌感慨地说：‘文学事业不容易，是一辈子的事，我十六岁开始写文章，想搞出点东西要付出相当的精力，靠吹捧不行，吹捧起来的东西像肥皂泡一样的短命。我写一部长篇要花四年时间，不知改了多少遍，每次写完搁笔都要大病一场。’梁斌指着小桌上的一堆药瓶又说：‘我的高血压、神经衰弱就是那时落下的。’稍顿，梁斌使劲地挥了一下手，按捺不住内心的喜悦和自豪说：‘不过，我的书在书店里可是从不压架的。’……”

梁斌对于《红旗谱》的正式创作，始于1953年。在《我为什么要写〈红旗谱〉》一文中，梁斌谈了自己的创作原因：“我时时刻刻心中在想念着，怎样才能遵照毛主席的指示（指《在延安文艺座谈会上的讲话》），把那些伟大的品质写出来。为此，才想到要写故乡人民的面貌，写故乡的民族，故乡的地方风光；我要把故乡的人物、性格、风貌、民族及地方风光，活跃于纸上，我不得不从这一方人民生活中，选择、提炼典型性的语言……”

但其实早在1935年，梁斌便开始筹划这部小说。对于创作该小说的原因，梁斌曾有过明确说明：“自入团以来，‘四一二’反革命大屠杀，是刺在我心上的第一个荆棘。二师‘七六惨案’是刺在我心上的第二个荆棘。‘高蠡暴动’是刺在我心上的第三个荆棘。自此以后，我下定决心，挥动笔杆做刀枪，同敌人战斗！”尤其是“七六惨案”“高蠡暴动”对于梁斌创作《红旗谱》影响巨大。1930年秋，梁斌考入省立保定第二师范学校。1931年“九一八”事变爆发不久，保定二师的广大师生热烈响应中国共产党“抗日救国”的政治号召，积极进行抗日宣传和反对国民党不抵抗政策。具有左翼思想的梁斌积极参加学生运动，并大量阅读进步书籍，主动接近中共党组织，政治思想觉悟得到了很大提高。1932 年 7 月 6 日清晨，保定国民党反动派政府当局突下毒手，冲入学校向学生开枪。12 名党员、1 名团员惨遭杀害，40 名学生被捕，史称“七六惨案”。当时梁斌身体染病，正在家休养。但作为“共产主义思想犯”，梁斌也遭到通缉。“七六惨案”发生后，梁斌十分震惊，他从好友蒋东禹及其他同学那里获知了事件发生的全部过程，同学们的无辜遇难和国民党反动派的凶狠残暴，使梁斌心灵震撼，难以释怀。同年 8 月下旬，中共河北省委和保定特委在保定高阳、蠡县一带领导当地农民掀起了一场震撼华北的反对国民党反动统治的大规模农民武装斗争，史称“高蠡暴动”。但由于当地国民党实力过于强大，“高蠡暴动”经过 5 天激烈战斗以失败告终。其后，国民党当局在保定展开了大规模的屠杀。为彻底摧毁中国共产党领导的革命力量，国民党政府下令通缉抓捕所有参加过暴动的人员及其家属。保定特委书记黎亚克、高阳县委书记翟树功和特委的赵志远、团特委马永龄等被捕杀害。很多革命者被迫离乡背井，远走他乡。反动政府和地主豪绅还对烈士家属子女斩草除根。这三个荆棘让思想进步的梁斌萌生了要以自己手中的笔为武器，与国民党进行坚决斗争的想法。

1935 年，梁斌开始创作短篇小说《夜之交流》，在北京左联主办的《伶仃》月刊 1936 年第二期上发表。该小说反映了保定“二师学潮”，其中严运涛被捕过堂、军警洗劫学校图书仪器以及叫卖二师同学血衣等细节，都是还原当年真实的历史。该小说虽在艺术表现上尚显稚嫩，但对梁斌后来创作《红旗谱》影响较大。1941 年冬，梁斌在新世纪剧社工作时接待了一位姓宋的老人。老人六十多岁，个头不高，说话声音很大，看上去非常干练。老人有三个儿子，二儿子宋鹤梅和小儿子宋汝梅都是梁斌高小时代的同学。宋汝梅在区自卫队当队长，不久前遭内奸暗害。关于暗害的情节，老人和县里有不同的意见，便赶来向区党委告状，要给他的小儿子报仇。他的大儿子也在革命斗争中牺牲了，他的二儿子参加“高蠡暴动”被捕后惨遭杀害。老人的遭遇十分悲惨，可他却非常刚强，没有一丝悲观绝望的情绪。这位老人的形象立刻刻入梁斌的脑海。1942 年，梁斌便以这位宋姓老人的经历创作了短篇小说《三个布尔什维克的爸爸》，在冀中油印刊物上发表。在该小说中。梁斌塑造了朱老忠这一艺术形象的最初原型。《三个布尔什维克的爸爸》比《夜之交流》架构更丰满，梁斌把故事时间设置为从“四一二”反革命大屠杀到“高蠡暴动”，一直延续到抗日战争，这基本上确定了后来《红旗谱》中朱老忠的活动脉络。1943 年，梁斌将短篇小说《三个布尔什维克的爸爸》拓展成中篇小说，取名《父亲》，还是写朱老忠，但在题材上丰富了许多，从“二师学潮”一直写到抗战开始，约 5 万字，在《晋察冀文艺》上刊登。在这篇小说中，不仅朱老忠的形象发生了很大变化，而且还出现了严知孝这个人物。再后来，梁斌创作的五幕话剧《五谷丰登》和短篇小说《抗日人家》，也都与《红旗谱》有关。这些早期的文学创作，不仅逐渐强化了《红旗谱》中的人物与事件，还一起建构起后来《红旗谱》故事情节的主体思路。1943 年以后，由于工作原因，梁斌没有再进行更多的文学创作，但他一直随身带着一个小本子，将自己一路征战中看到的、听到的中国百姓的故事记录下来。梁斌是一个非常细致的人，他总是随时观察、记录生活的感悟和群众的语言。正因如此，他对农村生活是那样的熟悉，哪怕对一些野菜的生长特点都那样的了解。他的语言也都是老百姓的，通俗、朴实、简洁，充满泥土气息，没有丝毫的造作和虚浮，一切顺其自然，水到渠成。

1953 年 6 月，梁斌决定在武汉开始全面创作自己酝酿多年的长篇小说《红旗谱》。创作伊始，梁斌便完全沉醉在自己的这部小说中，“我的创作欲、灵感升到高潮，欲罢不能。黎明起床，略作洗漱，即开始写作。早餐时间已到，我还没有写完一个节目，当我写完一个段落，饭时已过。午餐晚餐无不如此。有时写着写着，想起我还未吃饭，其实两顿饭已经过去了……”。他每天伏案疾书 10 多个小时，除了《红旗谱》，他什么也想不到了。他一旦进入创作佳境，手就停不下来，常常通宵达旦，有时夜间两三点就起来写作，想起吃早饭时，到食堂人家午饭都已经开过了。他就吃西瓜、馒头，把馒头掰碎，泡在西瓜里，大口大口地吃上一顿。《红旗谱》中的人物大多有生活原型，其中许多都是梁斌同生死共患难的同学、战友和农民兄弟。想着他们，写着他们，梁斌常常潸然泪下。有一次，梁斌在写到朱老忠济南探监，隔着铁窗见到运涛时，禁不住失声痛哭。

在紧张创作之余，梁斌偶尔也会抽空和别人聊聊天，换换脑子。但由于满脑子都是《红旗谱》，梁斌聊完天总是忘记拿扇子就回家了，以致一个夏天他就丢了 100 多把扇子。武汉的夏季，酷热时间长，湿度大，十分难熬，梁斌埋头写作时，汗水不断往下流，常会打湿稿纸、模糊字迹。为解决这个问题，梁斌想出一个“湿被单降温法”（即把被单用凉水浸湿，挂在屋中降温）。同时他又打一盆凉水，泡上一块毛巾，不断地用湿毛巾擦洗头和身子；或者索性将凉水盆搁到桌下，把两脚泡在水盆里。

梁斌夫人散帼英在回忆丈夫创作《红旗谱》的状态时曾说：“他就像傻了一样，送饭就吃，不送就饿着。不跟人说话，别人说话也不听，但谈起《红旗谱》中的人物时，他马上眉飞色舞起来。写作之后，他脑子仍处在亢奋状态静不下来，除了失眠还是失眠。”

正因为有着丰富的生活经历和充分的写作准备，《红旗谱》的创作非常顺利，“笔下千军万马，欢蹦乱跳，写作十分的顺畅，就好像往下流一样”。一年后梁斌便完成了初稿。不久，中国青年出版社文学编辑室副主任萧也牧从过去的老战友、中央实验话剧院演员张云芳（其丈夫在中央文学研究所工作）口中得知，已调任中央文学讲习所党支部书记的梁斌写了一部关于“高蠡暴动”的农民革命长篇小说，在征得文学编辑室主任江晓天同意后，就和编辑张羽一起去拜访梁斌，并把书稿借回来审读。编辑萧也牧和张羽在仔细阅读后，兴奋异常。他们认为该小说主题很好，既符合对新中国青年进行革命传统教育的出版宗旨，小说中的传奇色彩又能够引起广大青年读者的阅读兴趣。萧也牧随后给梁斌打电话，告知读后感，并向他详细反馈了审读意见，明确表示，稿子基础不错，已列入中青社的重点书目，希望作家认真加以修改、充实，使之成为一部“能一炮打响的杰作”。

1955 年，已调任河北省文联副主席的梁斌，终于可以以专业作家的身份专心致志地修改自己的《红旗谱》了。这时的梁斌心情无比舒畅，创作激情更高，他笔下的农民和地主、知识分子和开明绅士、流氓和地痞，农村中的各种类型的人物，似火山爆发般喷吐而出，全都涌上心头。梁斌说，在战争年代，朱老忠、严志和、春兰等人物，一直装在他的胸膛里，和他一起转战南北，出生入死，与他的热血和生命、欢乐和悲伤、大恨和大爱、激情和理想融合在一起，现在想放也放不下了。半年后，梁斌将《红旗谱》再次进行了修改。萧也牧、张羽先后阅读，由张羽执笔，以中青社第二编辑室的名义致信梁斌，对书稿作了肯定，并提出两条意见：“作品还写得粗糙，有些章节还缺乏很好的剪裁”“作品中对党的地下工作的艰苦性写得不够”。同时，他在信中还强调，

“作品中所写的历史事件中的人物活动，哪些应该肯定，哪些需要批判，有必要明确指出”，“也因为它是描写革命斗争的小说，将会在读者中产生深远的影响，我们和你都应以认真的心情来对待它……除了请河北党委审查外，还有必要请中央审查”。11月12日，梁斌在复信中表示：“感谢你们尊重我的劳动，我同意你们的意见，出版前要送中央及作家协会审查一下。”“现在我打算分两部出书。第一部《红旗谱》，约二十七万字；第二部《七月》，约二十四万字。第一部约在明年夏初交稿。第二部约在秋末交稿。这样，在现在的基础上，可以搞得好一点。”

正是在张羽和萧也牧的鼓励之下，梁斌再次对《红旗谱》中所涉及的人物和事件，进行修改。为更好地走进历史与人物，梁斌再次回到河北去拜访当年历史事件的亲历者。这次修改梁斌十分认真，对于个别情节，他的修改竟多达十多次。对于自己这样的修改，梁斌曾有解释：“艺术无止境，要更上一层楼，好作品不怕改，我要写一部农民喜闻乐见的长篇小说，要使有文化的农民看得懂，没文化的农民听得懂。”

1956年春，萧也牧专程去保定审看《红旗谱》第二次修改稿。看完后，他兴奋地对梁斌说：“诗，这是史诗，千字十八元，三万册一个定额……”萧也牧立刻从皮包里掏出出版合同，叫梁斌签字。梁斌根据萧也牧的意见签了名。三万册一个定额，是萧也牧填的。在五十年代，出版社付给作者稿费有两个规定：一是根据稿件质量，千字付多少稿费，十二元、十元、八元、六元不等。二是根据印数定额，五千、一万、两万、五万、十万不等。印够这个定额，就付一次稿费。定额一般由出版社掌握，最好保证作家能拿两次稿费。这一年年底，梁斌将《红旗谱》改定稿交给中青社。江晓天考虑到萧也牧曾在晋察冀革命根据地工作战斗过，对《红旗谱》中所写的“高蠡暴动”以及蠡县博野一带的生活比较熟悉，遂决定由他来当这部小说的责任编辑。

就这样，这部历经20年，被梁斌反复书写打磨的长篇小说，1957年12月正式出版。

三

为更好地创作这部《红旗谱》，梁斌三年内曾三次请辞。这种为写作而请辞的行为在中国文学创作史上并不多见。1953年，中央下达干部休养条令，每个局级干部一年有两个月的假期。当时正在武汉准备开始创作《红旗谱》的梁斌立刻请假北上，到北京碧云寺里正式开笔写作《红旗谱》。假期两个月，他便拿出了写作提纲。休假期满，梁斌回到武汉，但他仍记挂着《红旗谱》的写作。他很快找到领导，正式向组织提出“我要回到北方去”的要求。恰逢这时，中央文学讲习所所长田间发来一封信，邀请梁斌到文学讲习所工作。田间与梁斌是老朋友，当他听说梁斌有想去北京的想法后，便希望他能到文学讲习所帮助自己开展工作。梁斌见信后如获至宝，立刻回复：“我同意，请即刻发调令。”不久，梁斌便从《新武汉日报》社长任上，调任中央文学讲习所机关党支部书记。在研究所，梁斌再次请辞，理由是“为了《红旗谱》这部书”。他说：“我要回到河北去，因为这部书的时代背景，都是在河北省。”梁斌找到在华北局组织部担任领导职务的陈鹏，陈鹏说，到天津去吧，去当副市长。此时的梁斌，一心记挂着《红旗谱》的写作，他找了另外几位领导，经过几番周折，终于如愿以偿，到了河北省文联，专心致志地写起《红旗谱》来。

对于自己的一再请辞，梁斌曾对儿子散襄军有过解释："现在打下了江山，本应该安心治理江山了，但那些与我同患难的家乡父老的形象，像走马灯似的在眼前晃动，那些在战争年代倒下去的战友，一个个像走马灯似的站在我的面前，让我激动得头昏、心跳、肚子打颤，不写出他们来，就好像有人用鞭子抽打我。"

正因如此艰辛地付出，梁斌对于自己的这些手稿视若生命。1976年唐山大地震，天津震感强烈，人们纷纷从屋里往外跑，而从梦中惊醒的梁斌却不顾一切地跑向自己的书房，边跑边喊："我的手稿，我的手稿。"面对自己满屋的古董字画，梁斌只抢出自己的手稿，紧紧地抱在怀中。20世纪80年代初，一位国外收藏家看中梁斌《红旗谱》等手稿，找上门来，欲出十万美金的高价，被梁斌挥手拒绝。

1985年5月，中国现代文学馆在北京成立。为响应巴金先生号召全国作家向文学馆捐赠手稿的倡议，1986年梁斌在天津家中将包括《红旗谱》在内的众多珍贵手稿无偿捐赠给文学馆。梁斌希望中国现代文学馆不仅能很好地保存这些文学档案，更希望文学馆能利用好、研究好这些资料，让这些文学档案"活起来"，以发挥它们最大的历史价值和文学价值。

进入新时期，《红旗谱》依旧得到文学理论界极高的评价。北京大学洪子诚教授在其所著的《中国当代文学史》中，认为《红旗谱》是"一部描绘农民革命斗争的壮丽史诗……它以断代史的形式，以当时社会主流思想意识，诠释中国农民阶级和地主阶级反压迫与压迫的阶级矛盾和冲突……这样鲜明的主题，不仅使我们看到作者对那个时代中国农民命运的思考和对社会现实的认识，也使我们体会到革命战争小说的创作理念和时代背景。"复旦大学中文系陈思和教授在其主编的《中国当代文学史教程》中，认为“从民间的角度来解读《红旗谱》，就会发现这部小说在描写北方民间生活场景和农民形象方面还是相当精彩的……小说语言风格浑厚朴素，在看似有点自由散漫的叙事中，仿佛是无意地点染、绘织出一幅幅乡间的人情风土画卷”。华中师范大学王庆生教授在他主编的《中国当代文学史》中，也认为《红旗谱》“由此展示了中国农民从自发反抗到有组织斗争的历史转折，表现了中国农民阶级在中国共产党的领导下觉醒、成长的历史和他们在民主革命斗争中所承担的历史使命，也完成了以阶级矛盾为主线，以农民为主要同盟军的中国民主革命史的文学建构”。

回顾党的百年风雨历程，无数中国共产党人为中国革命做出了自己的贡献。而这之中，也包含了以梁斌为代表的中国作家群。他们以自己手中的笔为武器，与敌人做着坚决斗争，他们对于中国革命、中国新文学事业的发展起到了重要推动作用。我们不应忘记他们的历史功绩。

原文链接

红旗谱（节选）

三十年的时光，也在冯老兰身上留下显著的标记。他已经是六十开外的人了，肩膀弓起来，花白了头发，也花白了胡子。脸上瘦得凹下去，两只眼睛却很有神。

他提起长烟袋，把烟灰磕在地上，吊着眼珠，慢吞吞走出来。经过三层大院，走到场院里。在往日里，他会骄傲：锁井镇上，只有冯家大院配住这样的高房大屋。屋舍虽老朽，样式毕竟与别家不同！看见牛把式老套子牵牛套车，他又想：在锁井镇上，只有冯家大院才配使用这样的死头大车，才配喂养这么肥的牛！想着，他的骄傲心情又在心上蠢动起来，不住地伸出右手，捋着他的长胡子。

场院里有喂十几条牛的牛棚，有喂十几只猪的猪圈，有一棵高大的槐树，枝叶繁密，像伞盖一样遮住太阳。他走过牛车、井台、土粪堆，到了土围墙下，站在绿树荫中。往日，他爱站在这儿，回忆胜利的往事……

他的两只老眼掠过广阔的柳林，掠过苇丛上紫色的花穗，掠过池塘上清水波纹，看见对岸坡上站着两个人。一个是严志和，那个新拿败的对手，并不放在他眼里。当他看到另外一个像朱老巩模样的人，心里说："也许，那就是未能剪草除根，而又死灰复燃了……"又撅起长胡子，自言自语："唔！一只虎没杀绝，三只虎回来了！"登时他觉得办错了一件大事情，一时急躁，气喘起来，胸膛急骤地起伏，那颗心怎么也装不到肚子里，头脑晕眩起来。他提起大烟袋，慢慢走回来。走到大门口，门角上那对石狮子，龇着牙咧着嘴，瞪出大眼珠看着他。他愣了一刻，又走过三层宅院，走上高台砖阶，走回他的黑屋子，唉声叹气坐在大木椅上。这时他的二儿子冯贵堂走进来。

冯贵堂高高身材，穿着袍子马褂，白光脸儿，满脑袋油亮亮的长发。他上过大学法科，在军队上当过军法官。上司倒了台，他才跑回家来，帮助老爹管理村政，帮助弟兄们过日子。这几天，他有一件沉闷的心事。看见他的老爹一门儿唉声叹气，就问："爹！又有什么不舒心的事情，惹你老人家烦恼？"

冯老兰说："提起来话长呀！就是跟锁井朱老巩家那件事情。我费了多少年筹谋，费了多少心血，才把大铜钟毁掉，把四十八亩官地抠在咱的手心里。这样一来，咱家宅基愿怎么升发就怎么升发。这还不算，最主要的是根据阴阳先生推断，有那座铜钟罩着，咱冯家大院要家败人亡的。如今咱家日复一日，年复一年地升发起来，继承祖宗的事业，成了方圆百里以内的大财主。"

冯贵堂说："这就好了，朱老巩死了，他儿子也没了音讯。"

冯老兰憋住一口气，把嘴唇一鼓，摇摇头说："不，朱虎子昨儿又回到锁井镇上，还带回两个大小子。我估计他不会跟咱善罢甘休！"

冯贵堂听完父亲的谈话，噘起嘴，闷着头儿，在屋里走来走去。他倒背手儿考虑了老半天，才说："我早就说过，对于受苦的，对于种田人，要叫他们吃得饱，穿得暖，要叫他们能过得下去。在乡村里，以少树敌为佳。像朱虎子一样，树起一个敌人，几辈子不得安稳呀！"

冯老兰听到这里，不等冯贵堂说完，把黄脸一耷拉，拍着桌子说："你花的那洋钱，摞起来比你还高。白念了会子书，在外头混了会子洋事儿。又不想抓权，又讲‘民主’，又想升发，又不想得罪人。怎么才能不树立敌人？你说说！在过去，你老是说孙中山鼓吹革命好。自从孙大炮革起命来，把清朝的江山推倒，天无宁日！清朝手里是封了粮，自在王，如今天天打仗，月月拿公款，成什么世界？还鼓吹什么男女平等，婚姻自由，闺女小子们在一块儿念书。我听了你的话，把大庙拆了，盖上学堂。如今挨全村的骂，快该砌下席囤圈儿了……”

冯老兰这么一说，像揭着冯贵堂头上的秃疮疙疤。他不等老爹说完，抢上一句，说：“这就是因为村里没有‘民主’的过，要从改良村政下手。村里要是有了议事会，凡事经过‘民主’商量，就没有这种弊病了！咱既是掌政的，就该开放‘民主’。再说，你又上了年纪，又是村政又是家政，你一个人出主意，怎么管得过来？怎么不落人的埋怨？就说那铜钟吧，本来是四十八村的，你不通过村议会讨论，一个人做主卖了。把好事办坏，惹出一场人命案，使你老人家一辈子不舒心，多么不上算……”冯贵堂说得累了，喘了一口气，停了一刻。见老爹只是低着头，不抬起来，又说：“听我的话吧，少收一点租，少要一点利息，叫受苦人过得去，日子就过得安稳了。从历史上说，多少次农民的叛乱，都是因为富贵不仁，土匪蜂起，引起来的。这就是说，要行‘人道’，多施小惠，世界就太平了……”

…………

冯贵堂的话，不知跟老头子说了多少遍，冯老兰总是没有回心转意。他这种思想，从远祖遗传下来，压在心上比磐石还沉重。就是有千百人的力量，使不齐劲，也难撼动他古老的心灵。

阅读加油站

节选部分表现了两条矛盾主线：一条是地主冯老兰和农民严志和、朱老巩之间的矛盾。冯老兰砸了大铜钟，霸占了四十八亩官地，与严志和等农民发生冲突，朱老巩在冲突中丧命。另一条是冯老兰和儿子冯贵堂之间的矛盾。冯老兰要维护旧的统治制度，冯贵堂要改良制度。两条矛盾主线在父子的争执中结合在一起。